2만원의 행복; __게스트하우스   제주__

게스트하우스 제주

1판 1쇄 발행 2013년 1월 20일
1판 2쇄 발행 2013년 5월 15일

지은이 _ 강희은
펴낸이 _ 정원정, 김자영
편집 _ 홍현숙
디자인 _ Gata Design 010-3354-5646

펴낸곳 _ 즐거운상상
주소 _ 서울시 용산구 문배동 7-6 이안1차 102동 오피스 1003호
전화 _ 02-706-9452 팩스 _ 02-706-9458
전자우편 _ happywitches@naver.com
출판등록 _ 2001년 5월 7일
인쇄 _ 백산하이테크

ISBN 978-89-92109-98-7

* 이 책의 모든 글과 그림, 사진, 디자인을 무단으로 복사, 복제, 전재하는 것은 저작권법에 위배됩니다.
* 책값은 뒤표지에 있습니다.

2만원의 행복;

게스트하우스 제주

느릿느릿

천천히

행복하게

제주 게스트하우스

이야기

글과사진 강희은

즐거운상상

Prologue

또 다른 제주, 제주 게스트하우스

제주여행을 하는 동안 제주를 진심으로 사랑했다. 제주 게스트하우스에서 만난 이들과 열렬히 제주의 아름다움을 논했고, 길을 나서면 날마다 다른 눈부신 하늘과 바다에 감탄했다. 거대한 대자연 속의 작은 존재임을 깨닫고 절로 숙연해지기도 했다. 제주는 늘 여유롭고 평화로웠다. 빠르고 치열한 도시와는 완전히 다른 세계였고, 그 곳에 살고 있는 사람들은 완전히 다른 사람 같았다. 그 느릿느릿 여유로운 제주 안에서 여전히 바쁜 사람은 나뿐이었다. 하지만 하루하루 제주의 공기를 마시며 나 역시 그들과 같은 호흡을 하기 시작했고, 그 편안함 속에 젖어 들었다

이번 여행을 통해 놀란 건 대자연뿐이 아니었다. 변화하는 제주의 모습이었다. 십년 전까지만 해도 제대로 된 교통수단이 갖춰지지 않아, 하루 동안 대절하는 택시가 공항에 진을 쳤었다. 시내가 아닌 지역에서 식당과 카페를 찾는 건 상상도 못했다. 식당에서는 터무니없는 값을 부르기 일쑤였고, 숙소는 늘 따라다니던 문제였다.

하지만, 제주는 달라졌다. 잘 정리된 일주버스는 20분에 한대씩 동쪽에서 서쪽으로 서쪽에서 동쪽으로 여행자들을 실어나르고, 내륙으로 다니는 중산간 버스도 구석구석 닿지 않는 곳이 없어 보였다. 곳곳에 클래식한 인테리어의 식당과 홍대 거리에 두어도 손색없을 카페들이 생겨났고, 숙소도 삼사백 개에 달하는 게스트하우스가 하루가 멀다하고 문을 열었다. 제주는 하루가 다르게 여행지로 단단해지고 있다. 상업시설이 너무 많은 게 아닐까 우려의 목소리도 있지만 여행자 입장에서 좋은 조건들이 갖춰지는 중이다. 쉬멍놀멍 제주해안을 한 바퀴 도는 올레길도 얼마 전 2012년 하나의 선으로 완성되었다. 한라산 허리를 두르는 목표로 조성 중인 '한라산 둘레길'도 두 개의 코스를 개장했다. 368개에 달하는 오름은 매일 올라도 3개가 남고, 삼나무로 빼곡한 숲길부터 제주 허파 곶자왈로 만들어진 휴양림까지. 여행자는 여행코스를 짜며 매번 행복한 고민에 빠진다.

제주 게스트하우스 여행은 육지 게스트하우스 여행과 또 다른 느낌이었다. 낮은 건물들로 가득한 섬의 특성상 단독으로 옹기종기 지어진 게스트하우스는 휴게 공간이 따로 있고, 넉넉한 마당이 있는 집도 많았다. 문 밖으로 달려 나가 채 몇 분도 안 되어 뻥 뚫린 바다를 볼 수 있는 게스트하우스와 손 하나 까딱 안 해도 방 안 침대에서 비취빛 바다를 눈에 담을 수 있는 곳도 있었다. 해안가 뿐 아니라 깊은 숲속에 자리한 게스트하우스는 평화롭기 그지없었다. 평화로운 제주에 그보다 더 평화로운 게스트하우스에서 머

무르며 그 어느 때보다 나른한 하루를 보내기도 했다.

저마다의 매력을 뽐내는 수많은 게스트하우스 중에 내 취향에 맞는 곳을 골라내는 것은 보물찾기처럼 흥미진진했다. 여행자들도 색달랐다. 배낭에 가득 챙겨온 책을 읽고 가는 것이 여행의 전부라는 여행자도 있었다. 유명 관광지나 에메랄드빛 바다가 아니더라도 제주 햇살이 비추는 게스트하우스의 소박한 침대 위에서도 여행의 기분을 느끼기에 충분했다.

제주 도민들은 서귀포시에서 제주시까지 멀어서 못 가겠다 말하지만, 여행자들은 마음만 먹으면 동쪽 끝에서 서쪽 끝까지 서귀포시에서 제주시까지 한걸음에 달려갈 수 있었다. 한 섬에 있다는 이유만으로 여행자들과 금세 친구가 되고 제주라는 주제만으로 충분히 소통할 수 있었다. 여행지와 맛집을 알려주고, 게스트하우스를 추천하고 게스트하우스 정보를 얻기도 했다. 목적지가 같은 여행자들이 다음날 함께 움직이는 건 흔한 일이었다. 신나는 물놀이를 하거나 숲길을 걷기도 했다. 게스트하우스에서 만난 여행자들은 번번이 내 하루에 끼어들어 여행을 풍성하게 만들어 주었다.

게스트하우스 주인장들의 이야기도 빼놓을 수 없다. 치열한 도시를 벗어나 제주로 내려온 주인장, 세계 각국 안 가본 곳 없는 이가 제주에 단번에 반해 게스트하우스를 열게 된 주인장, 오름에 반해 4년을 매일 오름에 오르는 주인장, 제주를 제대로 느끼고 갔으면 좋겠다는 제주 토박이 주인장, 세 가족이 함께 살고 싶어 내려왔다는 주인장의 사연까지 그들이 살고 있는 제주는 내가 막연히 꿈꾸던 제주의 모습과 사뭇 달랐다. 그들은 조금 불편해도 지금의 삶이 만족스럽다고 했다. 환상이 아닌 제주에서의 삶을 그대로 안고 살아가는 그들은 모두 행복해보였다.

제주는 더 이상 에메랄드빛 바다와 눈부신 하늘, 장엄한 한라산과 오름이 아니다. 제주를 사랑하는 이들이 만들어 내는 풍경, 제주 게스트하우스. 그것이 곧 또 다른 제주였다. 제주에 살며 매일 여행자를 만나는 주인장 그리고 제주에 빠져든 여행자들이 만들어 내는 생기 넘치는 제주는 그동안 당신이 몰랐던 새로운 제주로 이끌어줄 거다.

2013년
강희은

Contents

Prologue 또 다른 제주, 제주 게스트하우스_4
Guesthouse Location 게스트하우스 지도_8
Guesthouse FAQ 게스트하우스 가기 전에 알아두기_10
Jeju Guesthouse 제주 게스트하우스의 매력_12

Part 1 | 동부지역 ①

14 　동부_신흥리 **아프리카 게스트하우스**
　　　제주도에 있는 '내집' 아게하

26 　동부_와산리 **자메이카 게스트하우스**
　　　돌연변이 무탄트 사람들이 있는 곳

36 　동부_월정리 **소낭 게스트하우스**
　　　소나무처럼 곧은 촌장과 떠나는 오름 여행

48 　동부_송당리 **자유 게스트하우스**
　　　중산간의 매력에 푹 빠지다

60 　동부_평대리 **미쓰홍당무 게스트하우스**
　　　평대리 미쓰홍 언니의 단정한 공간

◆ Other Guesthouse

함피디네 돌집_70 | 피디스테이션 게스트하우스_72
M게스트하우스_74 | 요셉나무 게스트하우스_76

78 　Around 동부지역 ①

Part 2 | 동부지역 ②

84 　동부_성산리 **성산 게스트하우스**
　　　성산 일출봉을 코 앞에 둔 편안한 숙소

94 　동부_온평리 **둥지 게스트하우스**
　　　백호대장이 만들어가는 여행자의 숨은 아지트

104 　동부_삼달리 **잠도둑 게스트하우스**
　　　푸짐한 밥상과 따뜻한 정이 넘치는 곳

114 　동부_가시리 **타시텔레 게스트하우스**
　　　평화로운 가시리 마을의 평화로운 게스트하우스

◆ Other Guesthouse

삼달재 게스트하우스_124 | 와하하 게스트하우스_126
산티아고 게스트하우스_128

130 　Around 동부지역 ②

Part 3 | 남동지역

136 　남동_신례리 **안녕메이 게스트하우스**
　　　공천포의 은빛 바다를 누릴 수 있는 깔끔한 공간

144 　남동_남원리 **나무이야기 게스트하우스**
　　　나무꾼 아저씨가 만든 나무집에서 보내는 하룻밤

◆ Other Guesthouse

룸바 게스트하우스_152 | 풍경 게스트하우스_154

156 　Around 남동지역

Part 4 | 서귀포시

158 　서귀포시_중문 **클럽JJ 게스트하우스**
　　　중문에 자리한 전망 좋은 방

166 　서귀포시_서홍동 **외돌개나라 게스트하우스**
　　　여행의 달인이 꾸민 클래식이 흘러나오는 공간

176 　서귀포시_서호동 **달팽이 게스트하우스**
　　　달팽이 여행자를 위한 느리고 행복한 공간

◆ Other Guesthouse

율 게스트하우스_186 | 쿨쿨 게스트하우스_188
슬리퍼 게스트하우스_190 | 백패커스 게스트하우스_192

194 　Around 서귀포시

Part 5 | 남서지역

200 남서_상모리 **루시드봉봉 게스트하우스**
　　　송악산 근처의 유쾌하고 달콤한 공간

208 남서_대평리 **곰씨비씨 게스트하우스**
　　　친한 언니네처럼 편안한 마력의 집

◆ Other Guesthouse

사이 게스트하우스_218 | 산방산온천 게스트하우스_220
레이지박스 게스트하우스_222 | 티벳풍경 게스트하우스_224
치엘로 게스트하우스_226 | 이응 게스트하우스_228
올레풍차 게스트하우스_230

232　Around 남서지역

Part 6 | 서부지역

236 서부_협재리 **밥 게스트하우스**
　　　협재 바다가 넘실거리는 보헤미안 감성의 공간

246 서부_금능리 **마레 게스트하우스**
　　　제주 박사가 이끄는 근사한 일몰투어가 있는 곳

258 서부_곽지리 **정글 게스트하우스**
　　　정글을 떠나서 보내는 정글에서의 하룻밤

◆ Other Guesthouse

릴리스토리 게스트하우스_268 | 쫄깃센타 게스트하우스_270
하쿠나마타타 게스트하우스_272 | 제푸 게스트하우스_274
드림 게스트하우스_276

278　Around 서부지역

Part 7 | 제주시

284 제주시_도두2동 **미라클 게스트하우스**
　　　시원한 바다와 공항의 풍경을 한눈에 담다

◆ Other Guesthouse

그린데이 게스트하우스_292 | 예하 게스트하우스_294
숨 게스트하우스_296 | 이레하우스_298
달리 게스트하우스_300

302　Around 제주시

Private House

306 특급 호텔보다 더 근사한 제주도 프라이빗 하우스

◆ 제주도 프라이빗 하우스

날으는 자전거 | 어랭이 | 신엄 1980 | 기린 | 위미단독주택

Epilogue_312
제주도 가기 전에 알아두기_314
제주도 더 깊게 알아보기_318
저자 추천 제주도 Best 7_320

Guesthouse Location

게스트하우스 가기 전에 알아두기

Q 게스트하우스가 뭔가요?

A 게스트하우스(Guesthouse)란, 여행자를 위한 공용 숙소다. 여행자들 사이에서는 주로 '게하'라고 부른다. 침실, 화장실, 주방으로 구성되어 있으며, 모두 공용으로 이용되는 것이 특징이다. 하루 숙박비는 보통 2만 원 내외다. 간단한 조식이 제공되며 자신의 침대를 지정받을 수 있어 여행 중에도 편하게 휴식을 취할 수 있다. 무엇보다 게스트하우스의 가장 큰 매력은 여행자들을 만날 수 있다는 것이다. 여행 정보를 공유하고 소통할 수 있는 공간인 셈이다.

Q 제주에는 게스트하우스가 언제부터 생겼고 현재 몇 개나 있나요?

A 제주는 국내에서 가장 빠르게 게스트하우스가 생겨나는 곳이다. 소문에 의하면 4년 전까지만 해도 다섯 곳 미만이었으나 현재 300개가 넘는 게스트하우스가 있다고 한다. 오늘 지나간 길을 내일 가면 또 새로운 곳이 생겼을 정도로 게스트하우스가 늘고 있다.

Q 예약은 어떻게 하나요?

A 대부분 전화 혹은 홈페이지로 예약하고, 선 입금을 하는 방식이다. 간혹 예약할 때 숙박비를 받지 않고 도착해서 정산하는 곳도 있다.

Q 입실 퇴실 시간이 어떻게 되나요?

A 각 게스트하우스마다 조금씩 다르지만 주로 입실은 오후 4시 이후, 퇴실은 오전 11시 정도다. 대부분은 입실 시간 전에 도착하면 짐을 맡아준다. 연박일 경우 계속 자리에 있어도 좋지만, 청소 시간에는 자리를 비워줘야 하는 곳도 있다.

Q 잠자는 방은 어떻게 생겼나요?

A 대부분 이층 침대가 있는 도미토리로 운영된다. 2인실, 4인실, 6인실 등 인원수는 다양하며 이불과 베개를 제공한다. 간혹, 온돌방에 이불을 펴고 자는 스타일의 숙소도 있다.

Q 제주 게스트하우스의 조식은 어떤가요?

A 대부분의 게스트하우스는 간단한 토스트와 잼, 계란, 우유, 커피 등을 제공하지만, 제주의 게스트하우스는 특별히 화려한 조식을 자랑하는 곳이 많다. 주인장이 직접 만들어 주는 샌드위치, 제주 특산물 성게알을 넣은 성게미역국, 푸짐한 가정식 백반이 제공되는 곳도 있다. 조식 값은 대부분 숙박비에 포함되어 있으나 별도로 추가되는 곳도 있다. 스스로 준비하고 정리하는 것이 게스트하우스의 룰이다.

Q 제주도 게스트하우스엔 어떤 사람들이 오나요?

A 전국 혹은 세계 각국에서 다양한 사람이 모여든다. 디자이너, 회사원, 학생, 의사, 취업준비생 등 여러 사람이 한 자리에 모인다. 아직 외국인 여행자는 많지 않은 편이다.

Q 게스트하우스는 어떻게 고르나요?

A 게스트하우스는 시설만으로 좋고 나쁘고를 따질 수 없다. 호스트와 코드가 잘 맞거나 그날 만난

여행자들과 즐거운 시간을 보내게 될지도 모른다. 마음이 맞는 단 한 사람 때문에 기억에 남는 좋은 게스트하우스가 될 수도 있다.

Q 게스트하우스엔 남녀 혼숙도 있다는데 사실인가요?

A 그렇다. 남녀 혼숙이 가능한 게스트하우스도 있다. 외국의 경우 열에 아홉은 혼숙으로 운영되지만 우리나라는 보편적인 정서와 맞지 않아 그리 많지는 않다. 제주의 게스트하우스 중에서도 간혹 도미토리를 혼숙으로 운영하는 곳도 있다.

Q 혼자 가도 될까요?

A 혼자 하는 여행이 두려운 사람은 더더욱 게스트하우스를 선택하자. 특히 게스트하우스 도미토리는 혼자 온 여행자를 위해 생겨났다고 보면 된다. 제주도 여행의 특성상 뚜벅이 여행자 혼자는 가기 힘든 곳들도 여럿이 모이면 가기 쉽다. 렌트카를 같이 빌린다든지, 게스트하우스에서 운영하는 투어를 이용할 수 있기 때문이다. 게스트하우스에서 여행 친구를 만들어보자.

Q 게스트하우스는 깨끗한가요?

A 유럽의 경우 침낭이 없으면 눕지 못할 정도로 더러운 곳도 있지만, 제주도에 있는 대부분의 게스트하우스는 매일 침대와 베개시트를 갈고 청결에 힘쓰고 있다. 이불 걱정은 괜한 걱정이다.

Q 제주도 게스트하우스는 가정집 느낌인가요?

A 시내가 아니면 높은 건물을 찾아보기 힘든 제주도의 특성상 옛집을 리모델링한 단독주택 형태의 게스트하우스가 많다. 3~4층으로 지어진 100명 가까이 수용할 수 있는 대형 게스트하우스부터 홍대 카페 스타일의 10명 미만의 아담한 곳도 있다. 육지의 게스트하우스와는 달리 제주도 게스트하우스들은 마당과 정원과 자연을 여유롭게 누릴 수 있는 곳이 많다. 제주도에 간다면 게스트하우스가 최고의 선택이다.

Q 게스트하우스에서 음주가 가능한가요?

A 물론, 가능하다. 다만 방에서 음식 섭취를 제한하는 곳이 많다. 제주 게스트하우스엔 여행자들이 자유롭게 이용할 수 있는 카페나 휴게공간이 독립적인 곳이 많다. 여행 중 들뜬 마음을 음주로 풀다 진상여행자가 되지 말고, 주량을 생각해 알아서 적당히 마시도록 하자.

Q 소등 시간이 있나요?

A 제주 게스트하우스의 소등 시간은 주로 밤 11시다. 제주는 제주시를 제외하고는 대부분이 작은 마을이다. 밤이 되면 모기소리마저 요란해지는 조용한 동네에서 늦게까지 이야기를 나누는 건 예의가 아니다. 간혹 마을에서 동떨어져 있거나 특색 있는 게스트하우스는 소등시간이 없는 경우도 있다. 체력 소모가 많은 도보 여행자나 자전거 여행자들은 소등 시간이 있는 게스트하우스에서 체력을 충전하는 것이 좋다.

Q 공용 공간이니 불편하지 않나요?

A 당연히 불편하다. 가끔 진상여행자들을 만나면 더더욱 그렇다. 설거지를 안 하고 쌓아두어서 뒷사람이 사용할 물 잔을 없게 만드는 여행자도 있고, 방에서 늦게까지 떠들어 수면에 방해를 주는 여행자도 있다. 게스트하우스를 편하게 이용하고 싶다면 자신을 먼저 돌아보자.

제주도 게스트하우스의 매력

Jeju Guesthouse

1 투어

대부분의 제주 게스트하우스에서는 투어 프로그램을 운영한다. 제주의 기생화산 오름을 느껴보는 오름 투어, 쏟아지는 별빛을 느낄 수 있는 중산간 지역 게스트하우스의 별빛투어, 일몰이 근사한 해안가 게스트하우스의 일몰 투어 등 각종 투어는 제주 게스트하우스만의 문화로 자리매김 하고 있다. 하지만 조용히 쉬는 분위기를 추구하는 게스트하우스에는 투어가 없으며 프로그램으로 운영하지는 않지만 랜덤으로 그날 그날 투어가 생기는 경우도 있다.

2 파티 문화

제주 게스트하우스에는 파티 문화가 자리잡고 있다. 여행자들과 함께 제주 흑돼지를 구워먹는 바비큐 파티 혹은 막걸리 파티 등 재료값 정도의 파티료를 내고 희망자에 한해 진행된다. 조용히 사색하고픈 여행자라면 파티가 없는 게스트하우스를 선택하는 것이 좋겠다. 모든 준비와 정리는 여행자들이 함께 하며, 파티가 따로 진행되지 않는 게스트하우스에서도 마음에 맞는 여행자들과 파티를 하기도 한다.

3 사색 VS 어울림

제주 게스트하우스는 크게 두 가지로 나뉜다. 여행자들과 자유롭게 이야기를 하고 어울림을 추구하는 '어울림 게스트하우스'와 혼자만의 생각을 정리할 수 있는 '사색 게스트하우스'가 있다. 어울림 게하는 파티를 진행하거나 투어 프로그램을 운영한다. 사색 게하는 차분한 카페 분위기로 꾸며져 조용히 쉴 수 있다. 그렇다고 사색 게하에서 다른 사람과 어울리기 어려운 것도 아니고 어울림 게하에서 홀로 사색하지 말라는 법은 없다.

4 중산간 VS 해안가

제주 게스트하우스의 80~90퍼센트 이상은 해안가에 있다. 내륙 쪽에 있는 중산간에도 게스트하우스가 조금씩 생겨나고 있지만 그 수는 해안가의 게스트하우스에 비하면 작은 숫자다. 마음이 뻥 뚫리는 시원한 바다를 눈에 담고 싶다면 해안가 게스트하우스를, 절로 힐링이 되는 편안한 숲속에서 자연에 녹아들고 싶다면 중산간 게스트하우스를 추천한다. 하지만 아무리 멋진 풍경도 매일 보면 무감각해지듯 해안가 게하와 중산간 게하를 적절히 섞는 것도 하나의 방법이다. 중산간은 해안가에 비해 교통편이 불편하다. 하지만 제주도에 처음 오는 것이 아니라면 해안가보다는 중산간에 머무르며 제주의 새로운 매력에 빠져보자.

5 여행자 스태프

제주 대부분의 게스트하우스에서는 스태프를 필요로 한다. 가족이 함께 운영하는 작은 게스트하우스도 스태프가 필요하다고 한다. 제주 게하의 스태프들은 제주에 여행을 왔다가 눌러앉은 여행자가 대부분이다. 주로 일주일이나 3일씩 돌아가며 게하의 일을 돕고 나머지는 쉬거나 여행을 한다. 청소와 체크인 등 간단한 게스트하우스의 일을 돕고 숙식을 제공받을 수 있어 장기여행자들에겐 꽤 인기가 있다. 게스트룸에 스태프를 구한다는 안내문을 붙여 놓기도 하고 주인이 여행자에게 직접 제의를 하는 경우도 있다. 게스트하우스의 스태프로 일하면서 여행자를 만나보는 경험도 꽤 괜찮을 것 같다.

6 옮김이 서비스

차 없이 걸어서 제주를 여행하는 경우 배낭이 늘 고민거리다. 그럴 때 제주에만 있는 편리한 서비스 '옮김이'를 이용해 보자. 옮김이(010-2699-1892)는 배낭을 현재 묵는 게하에서 다음에 갈 게하까지 옮겨주는 서비스다. 제주도 전체 게하에 옮김이가 도입되어 있다. 게스트하우스에 비치된 노란 옮김이 접수증에 이름과 핸드폰 번호 현재 게스트하우스와 이동할 게스트하우스를 간단하게 쓴 후 접수증에 적힌 번호로 연락해 접수하면 된다. 옮김이 직원이 거리에 따라 서비스료를 알려주는데, 서비스료와 옮김이 접수증을 봉투에 넣고 배낭에 달아두면 끝이다. 배낭을 게스트하우스에 맡기고 여행을 하다가 다음 게스트하우스에 도착하면 자신의 배낭이 순간이동이라도 한 듯 먼저와 기다리고 있다. 옮김이 금액은 거리에 따라 차이가 있지만 웬만한 거리는 1만원 정도다. 배낭을 메고 여행하기 힘든 날에는 편리하게 이용해보자.

 동부_신흥리

아프리카 게스트하우스

제주도에 있는 '내 집'
아게하

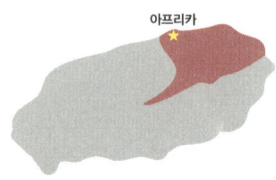
아프리카

★ Writer's Comments

게스트들 사이에서 '아게하'라는 애칭으로 불린다. 제주도에 있는 '우리집'이라고 칭하는 것이 절대 오버가 아닌 곳, 뭘 해도 용서되는 곳이다. 올레길 19코스에 위치한 아게하에 딸린 근사한 테라스에 앉아 하루 종일 하늘과 바다. 몸을 씻으며 튀어 오르는 숭어를 구경하다 잠이 든다. 그리고 다음날도 똑같은 하루를 보낸다. 아프리카풍의 그림들과 소박한 잠자리가 있고, 촌장님의 따뜻한 차이티가 있는 곳. 이곳은 제주에 있는 나의 안식처다. 그리고 이곳을 방문할 당신에게도 아마 같은 존재가 되어 줄 거다. 분명!

제주에서 아프리카를 만나다

　　끝없이 펼쳐지는 초원도, 그 위를 달리는 얼룩말도, 마사이족들도, 먼지 연기 날리며 달려가는 물소 떼들이 없어도 이곳은 아프리카다. 아프리카 게스트하우스를 만든 촌장님은 인생의 대부분을 여행으로 보냈다. 여행을 하며 틈틈이 목수 일을 했다. 제주에서 태어나 여러 곳을 정처 없이 돌다 6년 전, 다시 고향인 신흥리에 돌아왔고 1년 전 아프리카 게스트하우스를 열었다. 그는 많은 곳을 여행했지만 아직 아프리카에는 가보지 않았다고 했다. 어쩌면 이곳은 촌장님의 '꿈의 아프리카'인지도 모른다.

　　제주시외버스터미널에서 동일주버스를 타고 함덕고등학교에 내렸다. 함덕고등학교의 드넓은 잔디운동장을 바라보면 학교와 정류소 사이 바다로 뻗는 길 하나가 나오는데, 그 길을 따라 5분 정도 걸어가면 신흥해안도로와 해변이 펼쳐진다. 해안도로의 바다는 검은 돌과 모래가 적당히 섞여있고 아침저녁으로 물이 빠졌다 들어 왔다 반복하며 매 시간 다른 모습을 만들어 낸다. 그리고 일몰은 또 얼마나 환상적인지 구름이 낀 날은 구름이 있는 대로, 날이 좋은 날은 날이 좋은 대로 아름다운 하늘색을 만들어 내는데, 이 말도 안 되는 전망을 자랑하는 신흥리 해안가 앞에 바로 아프리카 게스트하우스가 있다.

　　길의 끝 해안도로와 만나는 지점에 도착하니 앞으로 바다가 펼쳐진다. 그대로 오른쪽 뒤로 고개를 돌리면 건물 2층 정도 되어 보이는 언덕 위에 기차 한 칸을 붙여 놓은 것 같은 아프리카 게스트하우스가 있다. 마치 벼랑 위에 바다를 스크린 삼은 영화관 같다. 계단을 스무 칸 정도 올라 테라스에 들어서자 밖에서 봤을 때보다 더 환상적인 바다가 내려다 보인다.

　　"한 잔 해요~."

　　여러 게하를 다녔지만 첫 인사가 한잔해요, 인 곳은 처음이었다. 창에 걸터앉은 귀여운 인상에 롱드레스를 입은 여성이 막걸리 병을 들어 올리며 말했다. 시간을 보니 낮 11시다. 직사각형 모양의 긴 테라스는 열 걸음 남짓 되는 크기였는데, 그녀 옆으론 이미 이곳에서 생활한 지 오래 되어 보이는 '원주민' 포스를 풍기는 여행자 두 명이 앉아있다. 한 명은 쇄골까지 오는 노란 곱슬머리를 한 남자, 다른 한 명은 수건을 헤어밴드처럼 쓴 어려보이는 남자였다. 간단한 인사를 건네고, 테라스 한 켠에 배낭을 풀고 앉았다.

　　아프리카풍의 벽화가 그려진 테라스 벽은 남자 도미토리로 이어지고 방의 정면으

1 아게하의 명물, 촌장님의 달콤한 차이티.
2 촌장님이 손수 뚝딱거리며 만든 아게하의 내부.
3 아늑한 분위기의 여자 도미토리.
4 화장실과 샤워실 건물이 분리되어 있다.
5 한바탕 소나기가 지나가고 아게하 마당에 뜬 무지개.

Guesthouse info

add _ 제주시 조천읍 신흥리 61
price _ 도미토리 2만원
in & out time _ 없음
meal _ 가정식 백반
tel _ 070-7761-4410
web _ cafe.naver.com/africaguesthouse

Location

제주공항에서 500번 버스(제주대 행)를 타고 시청에서 내려, 길 건너에서 함덕해수욕장 방면으로 가는 10번이나 20번 버스를 타면 아게하가 있는 신흥리 입구에 도착한다. 제주 시외버스터미널에서 올 경우 함덕해수욕장 행 동일주버스를 타고 신흥리 입구에서 내린다. 버스정류장 뒤로 고등학교 옆길을 따라 신흥해안도로 방향으로 내려가면 5분 거리에 자리해 있다. 함덕고등학교에서 연락하면 촌장님이 픽업하러 오신다.

1 아게하의 명당 신흥리 바다가 펼쳐지는 테라스에 걸터앉은 여행자들.
2 아게하 안쪽으로 이어지는 마당을 따라 아프리카풍 무늬가 그려져 있는 벽.

로는 마당, 왼쪽으로는 부엌으로 이어졌다. 그리고 부엌은 또다시 여자 도미토리로 이어지는 ㄴ자 구조의 집이었다. 남자 도미토리 방은 12명 정도 잘 수 있는 공간으로 다락방이 있어 상하로 나눠진 재미있는 공간인데, 촌장님이 여행하면서 모은 사진과 소품, 여행자들이 두고 간 물건들이 장식되어 있다. 여자 도미토리는 2인실과 6인실로 나눠져 있고 아늑하게 꾸며진 이층침대가 놓인 공간이었다.

안쪽에서 "왔어?" 하며 긴 머리에 근사한 수염을 가진 나이를 가늠할 수 없는 한 남자가 나왔다. 바로 촌장님이었다. 너무 일찍 온 것 같아 체크인이 몇 시냐 물으니 "그런 거 없어~."라며 또다시 인자한 미소를 짓는다. 자신을 이미 내려놓은 사람처럼 편안해 보였다. 촌장님 역시 테라스에 걸터앉아 바다를 쳐다봤다. 아프리카풍의 야릇한 노래가 울려 퍼지고 모두 무언가에 취해 있는 듯 풀린 눈을 하고 있었다. 그곳에서 허리를 꼿꼿이 세우고 있는 사람은 나밖에 없는 듯했다.

테라스의 여행자들은 딱히 별말 없이 너무 편안한 자세로 바다를 주시했고, 난 그들을 주시했다. 테라스에 걸터앉은 롱드레스의 여자를 모두 나오미라고 불렀다. 나보다 몇 살 더 어린 그녀는 이곳에 체류한 지 몇 달째라고 했다. 제주에서 기타도 치고 노래도 하며 살아간다는데 테라스 첫 번째 창틀이 그녀의 지정석인듯 했다. 그녀는 테라스 아래 일주도로로 지나가는 자전거 여행자며 스쿠터 여행자들에게 마치 인사하는 기계처럼 한손엔 막걸리를 들고 다른 한손은 유유히 저으며 하루 종일 인사한다. 간혹 함께 손을 흔들며 인사하는 여행자도 있다. 하지만 대부분은 '뭐야 저 여자?' 하는 표정으로 그냥 유유히 사라진다. 그래도 그녀는 항상 그 자리에 앉아 여행자들에게 손을 흔든다.

그 옆의 긴 노란 머리의 남자는 박준민이라는 여행자인데 심심하면 기타를 들고 나와 듣는 사람이 있건 없건 연주를 했다. 제주도 게스트하우스는 장기여행자들이 스태프로 일하는 경우가 많은데, 간단한 게스트하우스 정돈이나 여행자들의 체크인을 돕는 일을 하고 숙박을 제공받는다. 하루씩 혹은 주간으로 돌아가면서 여행과 스태프 일을 병행하는 여행자들도 꽤 많다. 그도 지금은 이곳의 스태프인 것 같았다. 그래도 그들 중 제일 원주민 느낌이 적게 묻어나는 건 바다를 바라보고 앉은 수건을 쓴 어려보이는 남자여행자, 부산에서 온 스무 살 이승우라고 자신을 소개했다. 그는 허공에 대고 '아, 좋다~!'를 남발했다. 바람이 불어도 '아~좋다!', 저 멀리 바다 위 숭어가 점프하면 '아~ 좋다!', 누군가 기타 치며 노래를 불러도 '아~ 좋다!', 막걸리를 한잔 들이키고도 '아~ 좋다!' 하는데, 그냥 하는 말이 아니라 정말 감동에 찬 눈빛이다.

1 복층 구조로 지붕 바로 아래서 자는 것 같은 독특한 공간 남자 도미토리.
2 마당으로 이어지는 여자 도미토리.
3 아게하에서 만날 수 있는 여행자들의 편안한 모습.
4 아게하 테라스에서 보이는 근사한 바다.
5 테라스에서 아침부터 시간을 보내는 여행자들

4

5

한 잔 해 요

의자에 누워있던 노란 머리 남자가 대뜸 물었다.
"누나, 요리 잘해요?"
"요리? 라면? 짜파게티? 비빔면?"
그날 우리 점심 메뉴는 비빔면으로 결정됐다. 아게하의 주방에서 준민이가 늙은 제주 오이를 써는 동안 내가 면을 삶았다. 앉아 있을 땐 몰랐는데 그는 꽤 키가 컸다. 탱글탱글 말아 올린 노란 머리가 잘 어울렸다. 아게하에서 비빔면을 먹고 근처 함덕해수욕장까지 해안도로를 따라 산책을 했다. 함덕해수욕장까지는 걸어서 30~40분 걸리는데, 제주의 투명한 에메랄드빛은 온데간데없이 해초가 바다로 밀려들어 바다를 메우고 있었다. 꼬마아이들이 해초를 집어 던지면서 온통 몸에 해초를 붙이고 장난치는 모습에 한참 웃다 카메라에 담았다. 다시 아게하로 돌아오는데 갑자기 굵은 빗방울이 마구 떨어졌다. 꼬마들과 소나기를 피해 있다 아프리카로 돌아왔다.
"봐요~. 나가지 말랬지?" 승우가 말했다. 제주에 온 지 오일째인데, 아프리카 말고는 가본 곳이 거의 없다는 승우는 내가 있는 동안도 어디 나가는 걸 본적이 없다. 심지어 이 테라스에서 벗어나는 것도 본 적이 없다. 어제 부산으로 간다고 했는데 오늘로 미뤘다가 다시 내일로 미뤘다고 한다. 예약 일정을 변경한다고 컴퓨터 화면을 한참을 들여다보더니 입을 연다.
"아~, 오늘은 진짜 아무 데도 안 나가~!"
"너 원래 나가긴 하니?" 정말 궁금해 묻자 그는 또 미소 지으며 기지개를 편다.
"아~! 좋다~!"
내가 돌아오자 촌장님은 특유의 인자한 목소리로 "희은~. 카약 한 번 타~." 하신다. 카약? 아래를 내려다보니 준민이랑 나오미가 앞바다에서 벌써 카약을 타고 있다. '아게하 전용카약'인데, 말이 카약이지 보드에 다리 없는 등받이 의자를 두 개 붙여서 만든 것이다. 카약을 타고 아프리카로 돌아와 샤워를 한 후 새로운 마음으로 테라스로 나왔다. 생각해보니 방에선 잠만 자고 대부분의 시간을 테라스에서 보냈다. 사실 방은 기억도 잘 안 날 정도다.
저녁이 되어가니 여행자들이 하나둘 숙소로 돌아왔다.
"나오미야, 요리 뭐 잘해?" 나오미가 해맑게 말했다. "나? 닭볶음탕!" 그날 저녁 메뉴는 닭볶음탕이 되었다. 주방에서 맛있는 냄새가 풍기고, 테라스에 모인 여행자들은 일제히 바다를 바라봤다. 일몰은 먹구름과 섞여 한폭의 그림을 그렸다. 촌장님의 기타 연주가 울려 퍼지고, 해가 서서히 사라지자 저 멀리 검은 수평선 위로 한치잡이 어선들의 등이 바다 위를 수놓았다.

다음날, 일어나자마자 테라스로 하나둘 나와서 각자의 지정석에 걸터앉는다. 나른한 음악 소리가 흐르고 우린 모두 취해있었다. 누군가는 막걸리에, 또 누군가는 바다 풍경에, 누군가는 담배연기에, 또 누군가는 여행에, 누군가는 음악 소리에, 그리고 난 이곳 아프리카에 취해 있었다. 저 아래 새로운 여행자가 배낭을 짊어지고 아프리카로 들어온다. 나오미가 소리친다. "한 잔 해요~!"

호스트 스토리 - 아프리카 촌장

여행의 달인, 아게하를 만들다

인생을 여행으로 보낸 여행의 달인. 제주에서 태어났지만 다시 돌아온 건 6년 전. 목수 일을 했을 정도로 손재주가 좋은 촌장님은 이곳을 직접 지었다. 근사한 테라스도 촌장님의 작품이다. 처음엔 테라스에 걸터앉은 여행자를 보며 위험하지 않을까 했는데 앉아보니 엄청 튼튼하고 견고하다.

촌장님은 여행자끼리 많이 마주칠 수 있도록 남자 도미토리를 평상으로 만들고 이불을 깔고 눕는 공간으로 만들었다. 그래서인지 다들 금세 친해진다. 테라스 외에 또 다른 자랑거리는 바로 촌장님이 만들어주는 차이티. 우유와 시나몬이 들어가는 밀크티인데, 차이티가 그리워 들리는 여행자가 있을 정도다.

촌장님이 싱글일 것이라고 확신했는데 엄청난 미모의 사모님이 게스트하우스에 있는 걸 보고 놀랐다. 촌장님 부부에게는 중학생 딸이 있고 촌장님네 댁은 근처에 있단다. 촌장님 부부는 매일 아침 이곳으로 건너온다.

게스트들이 방이 아닌 테라스에서 시간을 보내듯, 촌장님도 그렇다. 테라스에 앉아 해안도로로 유유히 지나가는 여행자들과 눈이 마주치면 "차나 한 잔 하고 가~." 하신다. 그럼 대부분의 여행자들이 그냥 가거나 "바빠요~."라고 한다. 사라져가는 여행자들의 뒷모습을 보며 "뭐가 그리 바빠~ 허허." 하며 웃으신다. '다~부질없다.' 촌장님의 혼잣말이 고요한 음악을 뚫고 나지막하게 깔린다. 그래 다 부질없다. 적어도 이곳 아프리카에서는.

제주 여행을 마치고 돌아온 지금, 하루하루 빠르고 바쁘게 지나가는 육지에서 촌장님의 그 말이 귓가를 스친다. 갑자기 제주도가 그립다. 촌장님의 그 나지막한 위로가 그립고, 목구멍으로 따뜻하게 흐르던 달달한 차이티가 그립다. 그리고 테라스 위에 아무렇게나 걸터앉아 있던 내가 그립다.

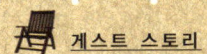
게스트 스토리

아게하의 터줏대감, 나오미

호주에서 공부하다 지난번 다녀간 제주가 좋아 집도 건너뛰고 몇 달 죽치고 있는 중이다. 제주에서 공연도 하고 스태프로도 일하고 여행도 한다. 그리고 하루 종일 아게하에서 막걸리만 마신다. 아니 가끔 기타도 치고 노래도 부른다. 가끔 나사 풀린 것처럼 있다가 아니 늘 나사가 풀려있고 가끔 나사를 찾는데 그땐 꽤 여성스럽다. 요리도 하고 뜨개질도 한다. 내가 떠나는 날 내게 팔찌를 만들어 주었다. 그녀는 매일 저녁 이별을 고한다. '나 오늘이 마지막 날이야~.' 하지만 여행자들과 촌장님은 눈도 깜짝하지 않는다. 오늘 밤도 그녀는 우리에게 작별 인사를 고한다.

★ **게스트 추천평**
힐링의 집이다. 이곳에선 육지에서의 그 어떤 압박, 촉박함 같은 것 따윈 없다. 그냥 가만히 있으면 해가 뜨고 해가 진다. 자연의 순리를 받아들이며 그냥 가만히 힐링하기에 이보다 더 좋은 장소는 없다. 이곳엔 소등시간도 없다. 테라스에 걸쳐앉아 마음 맞는 여행자들끼리 수다를 떨며 밤바다를 보는 것이 아게하에서 누릴 수 있는 행복이다.

제주에 반하다

갈색머리의 뽀글거리는 펌을 한 준민이에겐 '언니'라는 호칭이 더 잘 어울린다. 인도를 사랑하는 그는 인도 여행을 가기 전까지 잠깐 제주 여행 중이라고 했다. 사실 인도에 언제 가게 될지 구체적인 계획은 없고 그냥 계획이 그렇다고 했다. 비가 오는 오후 아게하 앞바다에서 그와 카약을 탔다. 내가 탄 쪽이 좀 더 아래로 내려간 것 같다고 하자 그는 진지한 표정으로 원래 카약은 무거운 사람 쪽으로 내려앉는 거란다. 카약을 타고 돌아오는데 노를 놓치는 바람에 카약이 흔들려 젖기 싫다며 안간힘을 쓰던 그의 바지가 다 젖었다. 준민아. 미안하다. 니가 무거운 사람 쪽이 내려간다는 말만 안했어도 노를 일부러 놓치진 않았을 텐데…….

★ **게스트 추천평**
아게하는 내게 집 같은 곳이에요. 어떤 모습으로 누워있든 어떤 차림으로 있든 이곳에선 다 받아줄 준비가 되어 있죠. 우리 집보다 편하달까? 한마디로 제주에 오면 꼭 가야하는 우리 집 같은 곳이죠.

 동부_와산리

자메이카 게스트하우스

돌연변이
무탄트 사람들이 있는 곳

★ Writer's Comments

중산간 와산리에 있는 게스트하우스. 테마파크의 꿈을 가진 관장님이 운영하는 곳으로 숙박이 아니어도 가볼만한 곳이다. 2천 평에 달하는 정원엔 요상하게 생긴 돼지와 신발 등의 구조물과 잘 가꿔진 녹차밭, 돌연변이를 뜻하는 '무탄트' 갤러리가 있고 무료로 관람할 수 있다. 주말엔 자메이카 레스토랑에서 작은 공연이 열리고 특유의 요상하고 자유로운 분위기에 지나가는 여행자나 동네 주민들이 더 자주 찾는 곳이다. 오픈한 지 1년도 안돼 독특한 문화 공간으로 입지를 다지고 있다. 불편한 중산간의 교통편을 감수하게 할 만큼 매력적인 곳이다.

풀 한 포기 돌멩이 하나라도 건드리지 마라

　　자유로운 자메이카 정신을 사랑하는 관장님이 운영하는 이곳은 오픈한 지 8개월 남짓 지났다. 테마파크를 꿈꾸는 관장님 덕분에 게스트하우스 뿐만 아니라 이것저것 매력적인 공간이 많다. 2천 평에 달하는 정원에는 잘 자란 녹차 밭과 요정이 살 것 같은 집, 돌연변이를 뜻하는 '무탄트' 갤러리도 있다. 고백컨대, 돌연변이 스타일을 추구하는 사람들이 아니라 돌연변이 중에 돌연변이들만 모인 곳. 난 제주 자메이카를 감히 이렇게 칭하고 싶다. 제주 돌연변이 촌.

　　자메이카 게스트하우스는 중산간 와산리에 위치해 있어, 대중교통으로 간다면 동일주버스를 타고 조천읍사무소에서 다시 와산리로 가는 읍면순환버스로 갈아타야한다. 제주의 일주버스는 해안가를 따라 운행되기 때문에 목적지가 해안에서 가까우면 무척 편리하지만 중산간일 땐 복잡해진다. 조천읍 사무소에서 탄 읍면순환버스는 점점 더 숲 속으로 향했다. 이삼 분 정도 지났을까? 와산 사거리라는 안내방송을 듣고 벨을 눌렀다. 자메이카는 버스에서 내려서 20분 정도를 더 걸어야 하는데, 픽업이 가능하다. 버스에서 내려 자메이카로 들어가는 오른쪽 길을 보니 중산간의 매력에 흠뻑 젖을 만한 숲길이어서 꺼냈던 핸드폰을 도로 넣고 흥얼거리며 길을 걷는데, 갑자기 나무가 사라졌다. 자세히 보니 녹차 밭이었다. 그 옆으로 '무탄트'라고 씌어있는 조각이 공포 영화의 한 장면처럼 탁탁탁 내 앞으로 다가오는 기분이 들었다. 그만큼 큼지막하고 한 치의 어긋남 없이 또박또박한 글씨였다. 글씨 뒤론 자메이카 국기가 긴 작대기에 매달려있었다. 차가 한 대 정도 지나갈 수 있는 좁은 흙길을 따라 국기는 안쪽까지 이어졌다. 녹차밭들을 지나 자메이카와는 아무 상관없어 보이는 요정이 살 것 같은 뾰족 지붕 집들이 보였다.

　　안으로 들어가는 길은 꽤 길었다. 조금 과장하면 걸어온 만큼 걸어 들어가야 한다. 관장님이 직접 지은 돼지 집과 신발 집 등 요상하게 생긴 작은 집들이 중간 중간 녹차밭 사이로 솟아있다. 더 가보니 거대한 텐트 모양의 자메이카 레스토랑과 그나마 정상적인 집 모양을 갖춘 게스트하우스가 나왔다. 안경을 쓴 중성적인 스타일의 여자 한 명과 현란한 옷을 입은 한 남자가 빨래를 걷고 있었다. 내가 나타나자 남자가 다가와 방을 안내했다.

　　"요기가 맘에 들어? 요기가 맘에 들어요?"

　　그는 호주에서 살다온 뎁이라는 이름의 스태프였는데 약간 어색한 한국어를 구사

> **GUESTHOUSE INFO**
>
> **add** _ 제주시 조천읍 와산리 195번지
> **price** _ 도미토리 2만원
> **in & out time** _ 2시 · 11시
> **meal** _ 토스트, 음료 or 커피 등
> **tel** _ 010-9038-6658
> **web** _ cafe.naver.com/jamaicajeju

1 지붕 위에 올라갈 수 있는 자메이카 도미토리 건물.
2,6 라운드 천장을 가진 도미토리는 바닥에 이불을 펴고 자는 형태다.
3 자메이카는 무탄트 갤러리와 녹차밭을 갖추고 있다.
4 거대한 텐트 모습을 한 돔 형태의 자메이카 레스토랑.
5 도미토리마다 갖춰져 있는 화장실.

Location

제주공항에서 38번 버스를 타고 조천읍 사무소에서 내린 후 와산-신안동으로 가는 읍면순환버스로 갈아탄다. '와산 사거리'에서 내려 와산슈퍼 쪽으로 올라가는 길을 따라 1km 정도 올라가면 독특한 모양의 자메이카 게스트하우스가 있다.

1 드넓은 마당이 있는 평화로운 자메이카.
2 전구 하나도 예술품.
3 무탄트 갤러리에 전시 중인 작품.
4 자메이카 게스트하우스 건물 지붕 위의 고양이와 싸우는 쥐 조각상.

했다. 목이 늘어난 민소매에 포대자루 같은 바지, 스카프를 둘렀는데, 발끝에서부터 머리끝까지 전부 휘황찬란한 무늬가 있었다. 그가 수건을 건네주며 게스트하우스 이용법을 설명하는데, 귀여운 한국어와 패션에 정신을 뺏겨 귀담아 듣지는 못했다.

눈처럼 하얀 지붕을 가진 게스트하우스 건물은 유니크한 외관과는 사뭇 다른 느낌의 아늑한 공간이었다. 화사한 파스텔 톤의 벽에 관장님이 직접 만든 색색의 싱크대, 부채 살을 펼친 것 같은 살짝 기울어진 천장 그 아래로 내려오는 펜던트 조명. 짐을 두고 나와 자메이카 레스토랑으로 갔다. 거대한 텐트 같은 둥근 돔 형태인데, 로마의 판테온처럼 높은 곳에 달린 원형 창문을 중심으로 햇살이 쏟아지는 건물이다. 십 미터는 넘어 보이는 천장 꼭대기 창문으로 동그란 햇살이 들어오고, 그 아래 매달려 있는 긴 천들이 라운드를 그리며 꽃잎처럼 펼쳐진다.

레스토랑에서는 뎁 오빠가 수건에 각을 잡고 있다. 그의 손을 거친 수건들은 성격을 말해준다. 호주에서 태어나 패션을 전공했고, 여행을 한 지 7년째란다. 이 나라 저 나라를 떠돌다 제주도에 온 지는 몇 달 되었는데 여행하면서 돈도 벌고 또다시 여행을 한다고 했다. 내일부턴 다른 곳으로 또 일하러 간다고 했다. 그렇게 오랫동안 여행하는 이유가 궁금했다. 그는 그저 여행이 길어진 것뿐이라고 했다. 내년엔 네팔에서 게스트하우스를 운영할 생각이라고 했다.

"네팔?"

"응~. 네팔엔 에베레스트가 있어! 그걸 봐야 맘이 편해져. 그 속에서 잠들 거야."

"그럼, 나중에 내가 네팔가면 공짜?"

난 그의 네팔 게스트하우스에 한 자리 달라며 되지도 않는 흥정을 하고 있었다. 마당에서 작고 하얀 복실 강아지가 레스토랑으로 들어왔다. 오일장에서 만 오천 원을 주고 사서 '만오'라는 성의 없는 이름을 얻은 강아지였는데, 그 이름이 너무 잘 어울리는 귀여운 강아지다. 만오 말고도 마당엔 누런 강아지와 고양이가 더 있었.

조금 뒤, 아까 본 중성적인 스타일의 여자와 낯익은 얼굴을 한 여자가 들어왔다. 사람들이 보람이라고 부르는 걸 보니 여자가 맞는 모양이었다. 처음엔 헷갈려서 '저기요'라는 애매한 호칭으로 이야기를 나눴었다. 더구나 오토바이를 즐겨 여자인지 남자인지 가늠하기 어렵다. 보람 언니 뒤로 들어오는 여자는 두 달 전 제주도 여행을 처음 시작할 때쯤 다른 게스트하우스에서 봤던 언니였다. 이렇게 다시 만나다니. 언니는 이곳에서 '애오'로 불렸다. 알고 보니 애오 언니는 관장님과 꽤 많은 나이 차이를

1 2천 평에 달하는 녹차밭과 건축가 주인장이 지은 요정집들.
2 갤러리와 녹차밭, 요상한 모양을 한 집들은 자메이카만의 볼거리다.

극복한 커플이었다. 언니들의 등장에 분위기가 좀 더 경쾌해졌다.
　오후 6시, 2천 평 대지의 광활한 자메이카에 묵는 게스트는 나뿐이었다. 애오 언니와 보람 언니와 함께 저녁 식사를 만들었다. 삼십 분 정도가 지나자 레스토랑에 개량한복을 입은 남자가 긴 생머리를 찰랑거리며 들어왔다. 범상치 않은 기운을 가득 안은 그가 바로 이곳을 만든 관장님이었다. 밥을 먹으며 그와 몇 마디 나눠 보니 의외로 상냥하고 자상했다. 다만, 좀 특이했다. 아니 많이 특이했다.
　식사를 마치고 관장님은 묵직한 파일 하나를 건넸다. 펼쳐보니 그곳엔 들어오면서 봤던 돼지와 신발 모양의 집부터 화가 난 주전자, 거대한 메뚜기, 머리 두 개 달린 짐승 등 요상한 작은 집들의 스케치가 이백 개 가까이 들어있었다. 그는 미래의 자메이카 모습이라고 하며, 미소를 지었다.
　다음날, 애오 언니가 게스트하우스 지붕으로 날 이끌었다. 게스트하우스 건물과 레스토랑 사이에 놓인 사다리를 밟고 올라가 보니 지붕은 생각보다 깔끔하고 편안했다. 지붕 위에 누워 낮잠을 자다니! 만화에서나 보던 광경이다. 다시 뒤돌아 누워 앞을 보니, 자메이카의 넓은 정원이 눈에 들어왔다.
　여기가 정말 제주도란 말인가? 아니면 진짜 자메이카? 그것도 아니면 돌연변이들이 모여 사는 무탄트 촌? 모르겠다. 돌연변이 관장님의 머릿속 어느 한켠에 자리한 작은 나라일지도.

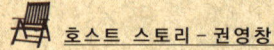 호스트 스토리 - 권영창

테마파크를 꿈꾸는 건축가

간혹 나이를 짐작할 수 없는 사람이 있다. 윤기 나는 긴 생머리에 이국적인 외모의 무탄트 관장님도 그렇다. 2천 평이라는 어마어마한 면적에서부터 입구의 요상한 집들만 보아도 알 수 있듯 처음부터 이곳은 게스트하우스만을 계획하고 만들어진 공간은 아니다.

무탄트적인 사고를 지향하는 미술, 건축, 음악, 문학, 연극 등 다양한 예술가들의 복합문화공간으로 만들어졌다. 무탄트는 호주 원주민들이 문명을 일컫는 말로 돌연변이라는 뜻이다. 자족하며 사는 원주민들 사이에서 문명인들은 불필요한 것에 욕심내는 돌연변이일 뿐이었다.

지금의 현실에 안주하지 말고 새로운 것을 추구하는 다른 시선으로 세상을 바라보는 의미로 '무탄트'라는 단어를 따왔다. 무탄트 갤러리의 한 공간에 관장님의 그림들이 전시되어 있었다. 형광 빛의 화려한 색감으로 이루어진 그의 그림을 보니 초현실주의 화가 살바도르 달리가 생각났다. 빨갛고 분홍의 꿈틀대는 식물들로 가득한 기름진 것 같지만 아무 쓸모없어 보이는 적막한 땅, 거기에 피어나듯 올라온 눈부신 연두 빛의 탐스럽게 입을 모은 나무인지 식물인지 정체불명 봉우리, 그 끝에 매달린 동그란 열매가 있는 관장님의 그림. 관장님은 심오한 표정으로 저 열매를 한 입이라도 먹게 되면 평생 동안 아무것도 먹지 않아도 살 수 있다고 속삭였다. 먹게 제일 귀찮다던 뎀 오빠는 너무 먹고 싶다며 입맛을 다셨다.

이상한 건 그 뿐만이 아니다. 실내흡연이라는 듣도 보도 못한 제도도 있다. 야외에서 담배를 피우면 담배 냄새 난다며 레스토랑 안에서 피라며 혼낸다고 한다. 처음엔 레스토랑 안에 떡하니 '실내흡연'이라는 안내문이 있었다고. 그런데 신기한 건 레스토랑 천장이 높아서인지 담배 냄새에 민감한 나도 불편함 없이 머무르긴 했다.

2천 평의 대지에 자리한 게스트하우스. 그런데 여행자라고는 나 혼자뿐인 오늘 같은 날이 빈번하면 대체 이곳이 어떻게 유지가 될까, 걱정했는데 건축가인 관장님은 제주도에서 꽤 큰 규모의 건축 일을 하며 자메이카를 유지하고 있었다.

그는 건축으로 번 돈으로 자신의 상상 속 공간을 이곳에 하나하나 만들고 있었다. 그림에서 보여지는 화려한 색감과 부드러운 곡선, 기묘한 풍경들처럼 그의 상상 속 공간도 비슷하다. 언제가 될지 모를 그의 상상 속 기묘한 자메이카 나라가 완성되면 꼭 초대 받고 싶다.

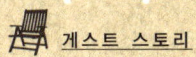 게스트 스토리

네팔 게스트하우스를 꿈꾸며

머리부터 발끝까지 휘황찬란한 무늬의 패션이 너무나 잘 어울리는 그는 꼭 어울리는 뎁이라는 이름을 가졌다. 호주에서 태어나 패션을 전공했고 패션계의 치열함에 지쳐 정처 없이 여행을 시작했다. 7년째 여행 중이라는데 내년에 에베레스트가 있는 네팔에 가서 게스트하우스를 운영할 거라고 했다. 이젠 결혼도 하고 아이도 낳고 오손 도손 살고 싶다는 그의 바람이 네팔에서 이루어지길 빈다.

★ 게스트 추천평
자메이카 게스트하우스는 자유로운 곳이지. 처음 제주에 온 지 얼마 안돼서 여기 왔는데 그때 형(관장님)이 여긴 실내 흡연이라고 했어. 그래서 한국은 다 실내 흡연인 줄 알고 다른 게하에 갔을 때 실내에서 담배 피다가 혼났어. (울상)

무탄트, 무탄트에 찾아오다

짧은 머리의 중성적인 느낌, 허스키한 보이스. 과감한 오토바이 운전 실력까지 여성미 제로인 그녀는 건강에 문제가 생겨 서울에서의 삶을 정리하고 제주도로 내려왔다. 그리고 얼마 전 이곳을 발견했다. 예전에 감명 깊게 읽은 책 '무탄트'라는 단어가 입구에 적힌 걸 보고 그냥 무작정 들어왔다. 들어와 헬멧을 벗었는데, 레스토랑에서 나오던 관장님과 딱 마주쳤다. 둘은 5초 동안 말없이 바라만 봤다. 보람 언니가 관장님 쪽으로 걸어왔고, 둘은 레스토랑에 마주 보고 앉았다. 관장님은 언니의 잔에 말없이 막걸리를 따라주었다.
"여기 사람 구하죠?" 언니가 물었고, 관장님은 어떻게 알았냐고 답했다. "절, 쓰세요." 언니의 말에 관장님은 조금의 망설임도 없이 "그러려고." 두 사람의 만남은 그랬다. 두 사람은 이상해도 너무 이상하다. 둘은 누가 뭐래도 무탄트가 확실하다.

★ 게스트 추천평
일단 넓은 정원과 공간이 매력적이야. 그런데 난 게스트하우스는 여기가 처음이라 비교 대상이 없어서 다른 말을 못하겠어. 그런데 뎁 이야기를 들어보니까 내 머릿속 게스트하우스의 기준이 이곳 때문에 이상하게 잡혀가는 건 확실해.

 동부_월정리

소낭 게스트하우스

소나무처럼 곧은
촌장과 떠나는 오름 여행

★ Writer's Comments

소낭의 아침은 유난히 일찍 시작된다. 계절에 따라 몇 분씩 차이가 있지만 매일 새벽 6시가 되면 모든 여행자들이 부스스 일어나 오름으로 향한다. 제주의 오름을 사랑하는 남성미 넘치는 촌장님이 운영하는 곳으로 학창시절 때에나 하던 자기 소개부터 고기를 접시에 담는 방법 그리고 오름 투어까지 여행자의 의견은 이곳에서 대수롭지 않다. 소낭의 법은 곧 촌장이다. 그렇다고 섭섭해 말라! 새벽부터 깨우는 소리에 짜증내던 여행자도 촌장이 보여주는 제주를 보고 곧 숙연해질 테니. 자연 그대로의 제주를 조금이라도 더 보여주고 싶은 촌장의 선물이니 말이다.

제주 게스트하우스의 원조격인 곳

"할망이 불러서 내려왔구먼……." 제주 여행을 하다보면 간혹 어르신들이 이런 말을 한다. 제주도엔 수많은 할망의 전설이 있다. 그중에서도 제주도를 창조했다는 설문대할망이 대표적이다. 설문대할망은 한라산을 베개삼고 누우면 다리가 제주 앞바다 관탈섬까지 닿았을 정도로 몸집이 매우 거대했다고 한다. 어느 날, 제주의 밋밋함에 싫증나 치맛자락에 흙을 날라 한라산을 만들었다. 그때 떨어진 368개의 흙더미들이 지금의 오름이 되었다는 재미있는 전설이 전해진다.

오름은 '오르다'라는 어원을 가진, 화산 활동으로 제주에 생긴 작은 기생화산을 말한다. 짧게는 5분 만에 정상에 오를 수도 있고, 산 못지않게 올라가기 버거운 곳도 있는데 오름에서 보는 제주 경관은 아름답기 그지없다. 오름에 대해 잘 몰랐던 나 역시 이젠 '제주'하면 푸른 바다가 아닌 오름이 제일 먼저 생각날 정도니, 오름을 빼놓곤 감히 제주를 말할 수 없다.

그리고 오름을 빼놓고 말할 수 없는 곳이 소낭 게스트하우스다. 촌장이라 불리는 소낭의 사장님은 오름이 좋아 7년 전 제주도에 내려왔다. 그리고 4년 전 소낭을 오픈했다. 소낭이 지금의 인지도를 갖게 된 것은 오래된 역사와 더불어 매일 새벽마다 벌어지는 오름 투어 때문이다. 게다가 소낭의 오름 투어는 선택사항이 아닌 필수다. 그래서인지 초반엔 오름 투어에 대해 모르고 왔다가 '무조건' 가야한다는 말에 불만을 표하는 여행자들도 있었지만, 4년이 지난 지금, 오름 투어 때문에 일부러 소낭을 찾는다. 이젠 소낭의 법이 되어 버린 오름 투어를 기대하며 소낭이 있는 월정리로 향했다.

8월 말, 제주의 늦여름 날씨는 하루에도 몇 번씩 얼굴을 바꿨다. 버스에 타기 전까지만 해도 화창하던 날씨는 언제 그랬냐는 듯 비가 쏟아졌다. 버스가 월정리 정류장에 멈춰 섰고, 내리자마자 정류장 안으로 뛰어들었다. 고개를 돌리자 '소낭'이라고 씌어있는 화사한 노란 간판이 한눈에 들어온다. 이렇게 정류장과 가까울 줄이야. 제주에 있는 게스트하우스 중 대중교통편은 최고인 듯하다.

너무 가까워서 우산을 펼 생각도 없이 한걸음에 열린 문으로 획 들어갔다. 게스트하우스 안은 모두 나무로 되어 있다. 안쪽은 사무실 겸 여행자들이 자유롭게 이용할 수 있는 ㄴ자로 생긴 휴게 공간이 있고 그 뒤쪽으로 주방과 마당으로 이어지는 문이, 오른편 긴 통로 같이 생긴 공간엔 성인 남자 열댓 명이 누워도 거뜬할 것 같은 평상이 놓여있었다. 나무로 둘러싸인 벽면과 기둥 구석구석엔 여행자들이 붙여 놓고 간 사진

G U E S T H O U S E   I N F O

add _ 제주시 구좌읍 월정리 891-7
price _ 도미토리 2만원
　　　　　(바비큐 파티 1만 2천원)
in & out time _ 2시 · 10시
meal _ 간단한 한식
tel _ 064-782-7676
web _ cafe.naver.com/jejusonang

1 소낭의 마스코트 거대 소낭.
2,3 도로에 세워진 소낭 안내판을 따라 들어가면 소나무들에 둘러싸여있는 뒷마당이 나온다.
4 여자 도미토리는 거실을 중심으로 20명을 수용할 수 있다.
5 휴게 공간 한쪽에 자리한 싱크대. 바비큐 파티가 끝나면 간단한 게임으로 당번을 정해 설거지를 한다.
6 솔잎과 소시지, 제주산 돼지가 가마솥 위에서 지글지글 익고 있다.
7 여자 도미토리에는 화장실과 샤워실이 2개 있고 마당엔 간단한 세면장도 있다.

Location

제주공항 2번 게이트로 나가서 100번 버스를 타고 시내버스터미널까지 간 후 동일주버스를 타고 1시간 정도면 월정리 정류장에 도착한다. 바로 앞에 노란색 커다란 소낭 간판이 보인다.

1 월정리 정류장에 내리면 노란 소낭 간판이 바로 눈에 들어온다.
2 마당에 있는 그네.
3 온통 편백나무로 휘감긴 소낭의 도미토리.

과 쪽지들이 빼곡하게 붙어있다. 천장 곳곳엔 작은 다락방들이 있었는데 스태프들의 쉼터로 이용되는 것 같았다.

평상에 뒤돌아 앉은 넉넉한 사이즈의 한 남자 등짝에 큰 글씨로 '뒤'라고 적혀있다. 그가 뒤를 돌아보자 티셔츠 앞엔 등판과 같은 글씨체로 '앞'이라고 적혀있다. 그는 이곳의 스태프였다. 다음날은 '여행 중'이라고 적힌 하늘색 티셔츠를 입었다. '여행은 혼자 해야 돈을 아낀다.' 등이 적힌 요상한 티가 많다고 자랑이다.

소낭 게스트하우스는 남자 12명, 여자 20명을 수용할 수 있는데 이곳 공용공간과 붙어있는 도미토리가 여자 숙소이고 마당 안쪽의 또 다른 건물이 남자 숙소였다. 일층 구석에 짐을 풀고 씻고 나오니 오후 4시. 홀로 월정리 해변으로 향했다. 소낭에서 나와 바다 방향으로 난 길을 따라 5분 정도만 걸으면 된다. 양옆으론 집들이 있고 정면으로는 바다가 보이는 길인데, 길과 마을과 바다가 함께 보이는 느낌이 참 오묘하다. 한두 해 전만 해도 '아일랜드 조르바'라는 월정리보다 유명한 카페 하나뿐이었다는데, 지금은 카페들이 하나둘 생겨나 바다를 따라 나름 '카페 길'을 형성하고 있다.

레몬에이드가 유명한 조르바는 얼마 전 '고래가 될 cafe'로 간판을 바꿔 걸었다. 월정리가 알려진 건 이 '고래가 될' 카페의 힘이 크다. 육지 사람들에게 유난히 냉랭한 도민들 역시 이 카페 덕분에 월정리가 발전했다고 인정할 정도로. 비가 온 직후라 제대로 우울한 월정리를 조금 거닐다 소낭으로 돌아왔다.

마당으로 나와보니 이십 명 정도의 여행자들이 모여 있고 마당 한쪽엔 촌장님 포스를 풍기는 한 남자가 솥뚜껑에 고기를 굽고 있었다. 촌장님은 천연염색한 옷을 걸치고 있었는데, 왠지 곧은 뚝심 같은 것으로 보였다. 고기가 다 익자 촌장님은 솔잎을 한 줌씩 쥐어 고기 위를 덮더니 마당에 모인 여행자끼리 마주보게 세웠다. 여행자들은 둥근 원을 그렸고 촌장님은 자신을 시작으로 왼쪽에서 오른쪽으로 자기 소개를 한다고 했다. 자기 소개? 게스트하우스에서 자기 소개라니?!

소낭은 제주 아니 전국에 있는 게하 중에서 여행자들에게 시키는 것이 가장 많은 곳이다. 바비큐 파티 때 한 번에 몇 점의 고기를 접시에 담으라는 것부터 기상 시간 통보 그리고 자기 소개, 막걸리며 간식거리를 준비할 비용도 20대, 30대, 40대의 금액을 정해 통보한다. 이곳에선 게스트의 의견 따위 중요하지 않다. 난데없는 자기 소개에 당황하는 여행자들에게 촌장님은 서로 친해지게 하기 위해서라고 설명했다. 한 번에 담을 수 있는 고기 점수도 천천히 먹는 여행자들은 얼마 먹지 못하게 돼서 최대한 여러 명이 골고루 먹게 하기 위해서고 이곳의 하이라이트 오름 투어도 무조건 데려가서 보

1,4 휴게공간엔 컴퓨터와 여행자들이 다녀간 흔적들로 가득하다.
2 소낭 내부 풍경.
3 입구로 들어서면 태극기가 붙은 천장 아래로 흔들 그네가 매달려있다.

여주고 싶을 정도로 아름답기 때문이라고 했다.

자기 소개가 끝나고 바비큐 파티가 시작됐다. 솔잎 덕분에 고기에선 은은한 솔 향이 배어 나왔다. 뒷마당의 소나무에서 딴 솔잎인데 지붕보다 높게 자란 키큰 소나무가 이곳의 자랑이다. 게스트하우스 이름이 소낭이 된 이유도 25년 된 소낭(소나무) 때문이었다. 바비큐 파티가 끝나면 한사람도 빠짐없이 공용공간의 평상 위에 동그랗게 원을 그리며 앉아서 이야기를 나눈다. 소등시간인 11시 전까지만 이 자리가 허락된다. 곧 소등시간인 11시가 되었고, 우린 아쉬워하며 잠자리에 들었다.

소낭의 아침은 일찍 시작된다

다음날, 촌장님 목소리가 방안 곳곳 우렁차게 울려 퍼지고 하나둘 초라한 몰골의 여행자들이 마당으로 모여든다. 마치 경로당 어르신들이 마실 나가듯 낡은 회색 봉고차에 뒷자리부터 차례차례 올라탔다. 마지막 여행자가 차에 탑승하고 문을 닫으려는데 촌장님이 소리쳤다.

"닫지 마. 자동문이야!!" 이런 낡은 차가 자동문이라니, 잠도 덜 깬 여행자들이 낄낄거린다. 오름에 가는 동안 봉고차 스피커에선 촌장님이 직접 불러 녹음한 것이 분명해 보이는 트로트가 울려 퍼졌다. 선곡 역시 여행자의 의견 따위 없다. 우린 촌장님의 거친 보이스 트로트를 들으며 오름으로 다가갔다.

원래 오늘 오전에 비가 온다고 했었는데, 제주 사람들은 일기예보를 믿지 않고 참고만 하기 때문에 촌장님도 비가 안 올 거라고 미리 알고 계셨던 것 같다. 소낭의 오름 투어는 그날의 기후와 습도, 바람의 방향에 따라 촌장님의 느낌으로 정해지는데, 몇 번이나 차를 세워 풀잎을 따서 코에 대 보고 만져보고 바람을 느끼시더니 "오늘은 용눈이로 갑니다."라고 했다.

오름 아래 차를 세우고 동그랗게 서서 한가운데 촌장님의 체조를 따라하며 몸을 풀었다. 용눈이 오름은 사진작가 김영갑이 사랑한 오름으로 용이 누워있는 모습과 같다고 해서 용눈이라는 이름이 붙여졌단다. 정상봉을 중심으로 세 봉우리를 이루고 있어 봉우리에서 건너편 봉우리를 볼 수 있는 것이 특징이다.

물안개가 피어올라 오름의 봉우리들이 둥둥 하늘 위를 떠다녔다. 정상봉에 오르니 컵 속에 담긴 물처럼 분화구 안으로 물안개가 잔잔하게 담겨 가장 안쪽에 O모양의 무지개를 만들었다. 난생 처음 보는 광경에 모두가 입을 쩍 벌리고 있는데 촌장님이 한

1 새벽부터 시작된 소낭 오름 투어를 비몽사몽 함께 나선 여행자들.
2,3 안개가 낮게 깔린 용눈이 오름은 봉우리만 봉긋봉긋 하늘에 떠있는 느낌이다.
4 소를 방목하는 용눈이 오름 올라가는 길 곳곳에 소똥이 있다.
5 공중부양 사진찍기 전문가인 소낭 촌장님은 오름에서도 사진기를 놓을 줄 모른다.
6 줄지어 오름 정상으로 올라가는 여행자들.

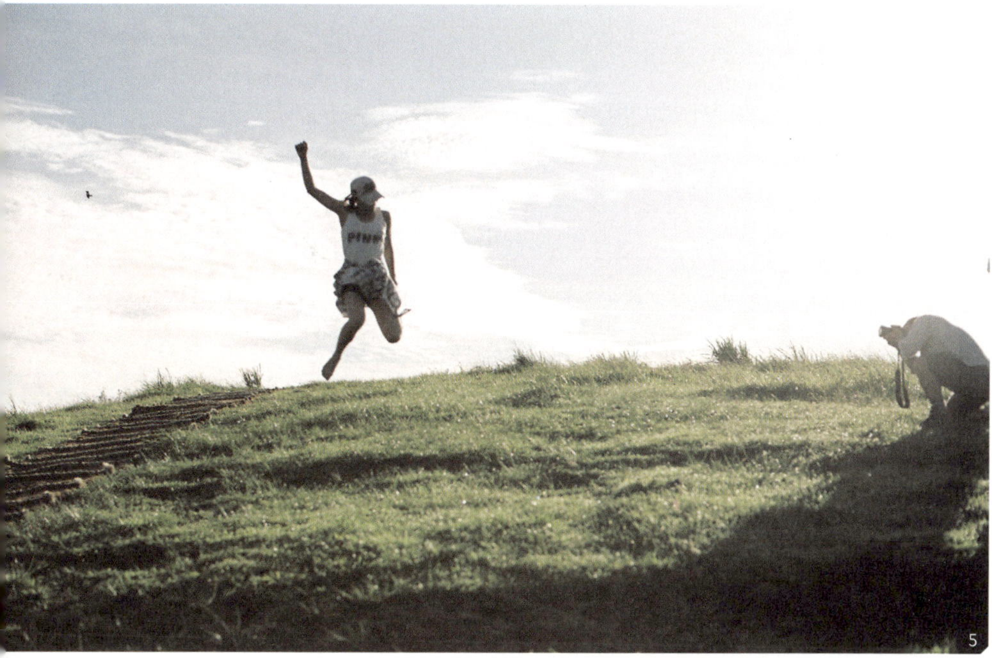

5

6

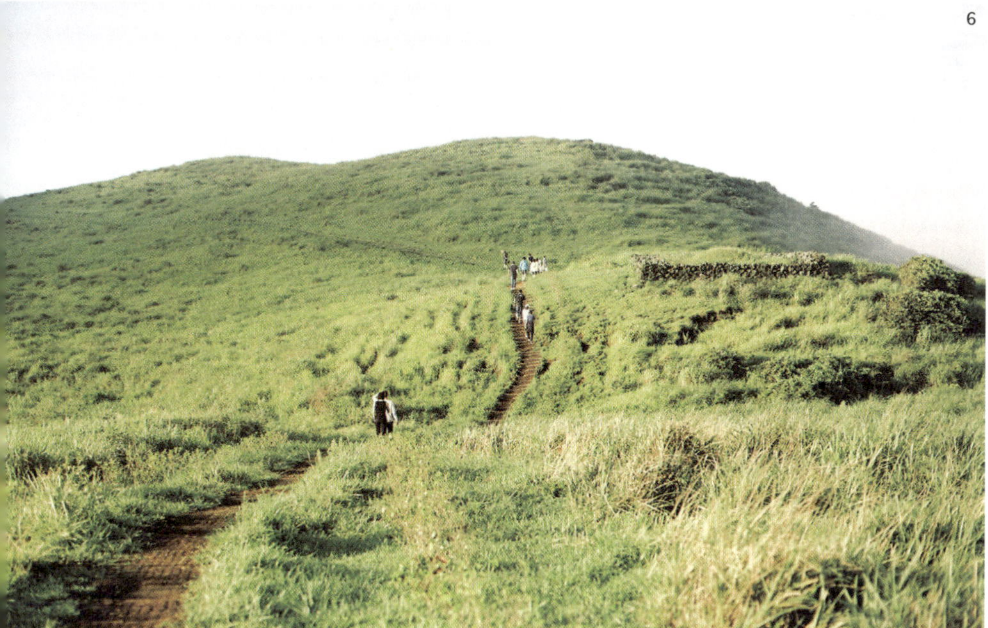

명씩 불러 세웠다. 자칭 오름 점프 사진 전문가라는 촌장님은 여행자를 한 명씩 세우곤 '자, 뛰어!'를 외치며 오름에서 날고 있는 사진을 하나씩 선물해 주셨다.

해가 서서히 떠오르는 것을 보고 오름을 내려가려는데, 건너편 봉우리의 사진작가들이 줄지어 내려가는 우리를 향해 사진기를 돌리자 촌장님이 소리쳤다. "우리가 동시에 점프할 테니, 찍어!" 촌장님은 여행자들에게만 통보하는 게 아니라 처음 보는 그 누구에게든 화끈하게 통보하는 스타일이었다. 건너편의 작가들은 머리 위에 동그라미를 그렸다.

"하나, 둘, 셋! 점프!" 우린 촌장님의 고함 소리에 맞춰 있는 힘껏 하늘로 몸을 날렸다. 왜 뛰는지 이유조차 모르겠던 점프는 이상하게도 하늘 위를 나는 기분이 들게 만들었다. 앞 뒤 줄지어 있던 여행자들의 웃음소리가 조용히 들렸다.

'한 번 더요!' 건너편에서 메아리쳤다. 촌장님은 한 번에 찍지도 못하냐고 나무라더니 자자, 간다 하며 다시 시동을 걸었다. 촌장님의 말에 우린 시합 나가는 선수처럼 괜히 숨죽이며 무릎을 굽혔다. "하나, 둘, 셋, 점프!!" 촌장님의 우렁찬 고함 소리에 우린 점프를 했고, 그땐 정말 하늘 위를 날고 있었다.

 호스트 스토리 - 유영규

오름을 사랑하는 촌장

오름이 좋아 7년 전 제주도로 왔다는 그는 말투며 걸음걸이까지 완벽한 남성미를 자랑한다. 소낭의 오름 투어를 직접 이끈지 꼬박 4년이 다 되어간다. 4년을 매일같이 같은 시간에 일어나 몇 만 명의 사람들과 올라갔다고 생각하니 그의 오름 사랑이 절절하게 느껴진다. 오름 투어를 가는 중간 중간 촌장님은 차에서 내려 바람의 방향을 느끼고 나뭇잎을 만져가며 기후와 습도를 확인했다. 그렇게 그날의 오름을 정한다.

게스트하우스 중에 여행자의 파워가 이렇게 없는 곳은 처음이다. 이곳은 촌장님 말이 곧 법이다. 내 집에 왔으니 내 말을 따르라는 촌장님은 대신 아름다운 오름의 모습과 머무는 동안의 안전은 확실히 보장하겠단다. 제주를 사랑했던 사진작가 故 김영갑과 동갑이라는 촌장님은 75세까지는 오름 투어를 계속할 거란다. 얼마 전 한라산 근처에 두 명의 지인과 한라산 게스트하우스를 오픈했다. 75세의 그가 이끄는 오름 투어는 어떤 모습일지 궁금하다.

게스트 스토리

다이빙하러 제주에 왔어요

초음파 분야의 레지던트 의사인 그녀는 여성스러운 이목구비와는 상반되는 취미를 가졌다. 바로 다이빙. 물 속에서 편안해진다는 그녀는 다이빙을 하러 휴가에 제주도로 왔다. 우도에서 1.5리터짜리 물병을 들고 자전거 페달을 밟던 그녀를 다시 만났다. 혼자 온 제주는 처음이라 외로울 줄 알았는데 오히려 좋은 사람들을 많이 만나 신난다며 건강한 미소를 짓는다.

★ 게스트 추천평

주인 아저씨의 제주 사랑이 느껴져서 다른 곳보다 더 좋았어요. 그냥 조용히 지내고 싶은 여행자에겐 별로일 수도 있지만 한국의 정을 느끼고 싶다면 추천. 특히 새벽에 잘 못 일어나는 타입이라 제 평생 새벽에 오름에 갈 수 있을 거라곤 상상도 못했는데, 소낭 덕분에 감사할 따름이죠.

전국 일주 여행자

친구와 함께 제주 도보여행 중인 스물두 살 다근이. 그는 전국 일주를 몇 번이나 했을 정도로 우리나라 구석구석을 사랑한다. '정작 자신의 집 앞에 아름다움을 모르는 사람들이 많아요.' 라는 다근이의 말에 나도 반성이 됐다. 얼마 전 그에게서 체코로 떠난다는 연락을 받았다. 일 년 정도 체코여행사에서 일을 배우고 돌아올 계획이라고. 외국에서 좀더 느끼고 우리나라 관광을 더 발전시킬 수 있는 사람이 되고 싶다고 했다. 그의 행보에 박수를 보낸다.

★ 게스트 추천평

바비큐 파티를 하면서도 '여기선 음식을 어떻게 먹는다.'라 던지, 간식과 막걸리 비용을 미리 걷는다 던지 그런 사소한 것들이 트러블이 될 수 있는데, 여행자들끼리 말하기 애매한 부분을 미리 정리해주는 게 좋았어요. 어색한 분위기를 잘 리드해주시는 촌장님도 좋았는데 무엇보다 좋은 건 오름 투어였어요! 사실 오름에 대해 잘 몰랐었는데 아름다운 오름을 보여주신 것에 무척 감사하게 생각하고 있어요. 다음 제주여행에선 오름 투어만 할 거예요.

 동부_송당리

자유 게스트하우스

중산간의 매력에
푹 빠지다

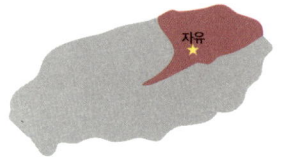

★ Writer's Comments

분주함에서 벗어나 고요히 쉬어가고 싶다면 무조건 중산간으로 가야 한다! 중산간 송당리에 있는 자유 게스트하우스는 '삼춘'이라 불리는 주인장이 2년 전에 문을 열었다. 체크인 체크아웃 시간이 따로 없고, 해가 지면 별빛투어를 진행한다. 게스트하우스 건물 중간 지점에 하늘을 향해 설치된 사다리로 자유롭게 지붕에 올라가 쉴 수 있다. 저녁에는 삼춘이 만들어주는 기가 막힌 음식을 맛볼 수 있고, 방안에는 편백나무 향이 솔솔 풍겨 편안하다. 중산간의 교통편은 다소 불편하지만 그만큼 조용해서 여행자들의 사랑을 받고 있다.

중산간에 있는 고요한 게스트하우스

빗물이 눈앞을 가린다. 휑한 도로 옆을 꾸역꾸역 걸어간다. 그러곤 또 다시 짧은 자갈길을 걸어 통나무로 만들어진 산장 안으로 들어온다. 삐걱삐걱 걸을 때마다 소리가 나는 산장 안은 온통 나무로 메워져있고, 죽은 듯 누워있는 개 세 마리가 귀찮다는 듯 올려다보더니 다시 잠이 든다. 빗물이 지붕을 사정없이 때리고, 쏴아 하는 빗소리가 가슴을 쓸어내린다. 게스트하우스에는 아무도 없었다. 주인도 게스트도 아무도 없다. 나 혼자다. 자유, 자유다.

제주도는 지금 게스트하우스 천국이다. 소문에 의하면 수백 개에 달한다고 한다. 하지만 그 중에서 바다가 보이지 않는 중산간에는 몇 개 되지 않는다. 자유 게스트하우스는 건물도 사람도 드문드문 지나가는 중산간에 있는 게스트하우스다. 드문드문 지나가는 사람처럼 버스 역시 드문드문 지나간다. 비가 몹시 쏟아지는 여름, 어렵게 탄 중산간행 버스는 대천동 사거리에 날 남겨두고 빗속으로 사라졌다. 대천동 사거리에서 얼마 가지 않아 자유 게스트하우스를 찾을 수 있었다. 마치 산 아래 오두막처럼 고요했다.

주인장에게 전화를 걸어보니 왼쪽에 있는 방이 여자 방이라고 간단하게 설명해 주었다. 아무도 없는 게스트하우스를 둘러봤다. 통나무로 덮인 진밤색의 길다란 건물은 다시 긴 복도로 이어졌다. 복도는 끝에서 끝까지 족히 서른 걸음 정도 되었고 한 걸음 걸을 때마다 삐걱삐걱 소리가 났다. 복도를 정면으로 바라보고 오른쪽 방이 남자, 왼쪽이 여자 방인데, 각각 이층침대가 6개씩 놓인 18인실이다. 복도 양 끝엔 남녀 화장실과 샤워실이 있다.

복도엔 길다란 천장을 따라 여행자들의 빨래가 널려있다. 여자 방은 직사각형에 이층침대가 둘러 놓여 있고, 파란 침구 위엔 먼저 온 여행자들의 짐들이 올려져있다. 주인장이 직접 만들었다는 편백나무 침대 천장엔 옛날 카페에서나 볼법한 비행기 프로펠러 같은 실링 팬이 빙글빙글 돌고 있었다. 배낭을 풀고 잠시 침대에 누웠다. 빗소리가 방안을 가득 메웠고 나도 모르게 잠이 들었다.

지붕을 뚫고 들어올 것 같은 빗소리에 일어나보니 역시 아무도 없었다. 우렁찬 빗소리와 함께 꼬르륵 소리가 났다. 생각해보니 오늘 아무것도 못 먹었다. 주방을 찾았지만 이 건물엔 없다. 이 건물 말고도 비슷하게 생긴 독채가 세 개 더 있던데, 우비를 입고 세 개 중 주방이 있을 것 같아 보이는 가장 안쪽에 있는 산장으로 무작정 뛰었다.

> GUESTHOUSE INFO

add _ 제주시 대천동 송당리 2395번지
price _ 도미토리 2만원
in & out time _ 없음
meal _ 조식 없음
　　　　저녁 (흑돼지구이, 딱새우, 오징어
　　　　볶음, 닭볶음탕, 찌개류 등 랜덤)
tel _ 010-8830-3883
web _ cafe.naver.com/jejufreedom

1 대천동 도로에서 보이는 자유 게스트하우스의 모습.
2 산장 느낌의 복도를 따라 여행자들의 빨래가 대롱대롱 걸려 있다.
3 편백나무 향으로 가득한 도미토리.
4 그네가 있는 마당과 올라가 쉴 수 있는 지붕은 자유만의 여유.
5 여행자들과 자유롭게 어울릴 수 있는 자유 카페.
6 화장실과 샤워실이 넉넉하게 갖춰져 있다.

Location

제주시외버스터미널에서 표선 방향 번영로행 버스를 타고 '대천동' 정류장에 내리면 아무것도 없는 썰렁한 사거리가 나온다. 사거리에서 버스 반대 방향을 바라보면 새로 지은 상큼한 산장 느낌의 자유 카페가 보인다.

1,2 자유 주인장 삼춘이 직접 만든 도미토리 건물은 나무가 주는 포근한 온기로 훈훈하다.
3 빨래를 자유롭게 널어둔 자유로운 분위기.

문을 열고 들어가니 문이 하나 더 있다. 내 예상대로 주방이 딸린, 여행자들이 이용할 수 있는 '자유 카페'라는 휴게공간이었다. 안쪽 문을 여니 '엇, 깜짝이야!' 누군가 날 보고 소리쳤다. 아무도 없는 줄 알았는데! 이 게스트하우스에 나 말고 또 누가 있단 말인가? 뿔테안경에 호피 무늬 바지를 입은 남자가 한손에는 젓가락 다른 한손에는 수건을 들고 서 있었다. 눈을 크게 뜨고 멍하니 바라보니, 그가 대뜸 다가와 말했다.

"혹시 벌레 잡을 줄 알아요?"

그는 카페로 들어온 귀뚜라미를 수건으로 쫓아내던 중이었다. 나는 그의 수건을 받아들고 귀뚜라미를 살포시 잡아 밖으로 던졌다. 그리고 그 대가로 그가 삶고 있던 소시지 두 개를 건네받았다.

카페는 옛 제주 돌집의 느낌에 나무를 덧대어 만든 것처럼 돌 벽면 중간 중간 나무 기둥이 세워져있어 운치있었다. 입구에서 오른쪽은 주방, 왼쪽엔 스무 명 넘게 둘러앉을 수 있는 넉넉한 사이즈의 테이블이 있고, 자유롭게 쓸 수 있는 컴퓨터와 텔레비전도 있다.

그와 난 소시지 그릇을 들고 테이블에 마주보고 앉았다. 그는 스무 살이고 손영균이라는 여행자였다. 그의 팔에 있는 문신을 보고 살짝 쫄았었는데, 이야기를 나눠보니 풋풋한 순수청년이었다. 영균이는 고등학교를 그만두고 검정고시로 대입을 준비하고 있다고 했다. 작년에 처음 '자유'에 왔고 그 후로도 제주도의 수많은 게스트하우스를 가 봤지만, 최종목적지는 바로 이곳 자유였다. 그리고 얼마 전엔 연세를 내고 이곳에 자주 온단다. 육지에 나가 있다가도 이곳이 생각나면 언제든 훌쩍 떠나와 대부분의 시간을 제주도 중산간 이 오두막집에서 보낸다고 했다.

열아홉 살에 처음 찾아온 이곳에서 어느 덧 성인이 되기까지 추억이 많은 '집' 같은 곳이라고 덧붙였다. 생각해보니 게스트하우스 앞쪽으로 난 도로와 이 곳을 둘러싼 나무숲 말고는 이 근처엔 아무것도 없다. 하지만 영균이처럼 그 고요함에 이끌려온 여행자들로 인해 자유 게하는 꽤 두터운 마니아 층을 가지고 있었다.

"자유의 자랑은 삼춘이랑 별빛투어지."

삼춘? 삼촌이 아닌 삼춘은 제주에서 여자들끼리도 쓰는 호칭인데, 육지 음식점에서 주인 아주머니를 '이모'라고 부르듯 제주에선 아주머니에게도 삼춘이라고 부르는 걸 종종 들을 수 있다. 작년부터 이곳에 자주 왔고 삼춘이 아들처럼 대해 주셨다고 했다. 그때 무심하게 홈쇼핑 방송이 흘러나오던 텔레비전이 갑자기 팍 꺼졌다. 전등엔 불이 그대로 켜져 있었다. 우린 서로를 쳐다봤다. 그러곤 누가 먼저랄 것도 없이 무서운 이야

1 주방이 있는 자유 카페엔 컴퓨터와 텔레비전이 갖춰져 있다.
2,3 옛 밀짚모자와 장구 등 전통적인 소품들로 꾸며진 자유 카페
4 자기 집처럼 직접 문을 열고 들어오는 자유의 고양이.

기를 하며 장난을 쳤다. 그러다 영균이가 말했다.

"누나, 오늘 비도 오고 아무도 없는 줄 알았다면서요. 처음부터 이상하다고 생각 안 해요? 제가 사람으로 보여요?"

너무 식상한 그의 마지막 발언이 정말이지 무서워졌다. 그러고 보니 으스스한 게 귀곡 산장 같은 느낌도 든다. 순간, 카페 문이 '끼익' 하며 열렸다. 난 소리치며 벽으로 바짝 붙었고, 영균이는 깔깔대며 웃었다. 열린 문 아래로 고양이 한 마리가 요염하게 들어왔다. 자유 게하의 고양이들은 신기하게도 문을 열고 들어온다. 열 줄만 알고 닫을 줄은 모른다며 영균이가 일어나 문을 닫았다. 이곳은 고양이에게도 출입이 자유로운 곳이라고 알려진 모양이다.

어느덧, 저녁 7시가 됐다. 여행자들이 어디선가 하나둘 들어와 카페 테이블을 채웠다. 나를 포함해 여덟 명 정도 되었는데, 그중 어깨 조금 넘는 곱슬머리의 한 덩치하는 남자가 영균이가 말하는 삼춘이다. 삼춘은 오늘은 날씨가 안 좋아 별빛투어를 못 가게 됐다고 했다. 별빛투어는 여행자들이 모여 별구경을 가는 자유 게하만의 꽤 유명한 프로그램인데, 별빛투어 때문에 자유 게하에 왔다는 여행자가 엄청 아쉬워한다. 그녀는 대학원 학회가 있어 제주에 온 여행자였다. 학회가 끝나고 그냥 집에 가기 아쉬워서 인터넷으로 열심히 찾아 이곳에 왔다고 했다. 서른이 넘었다는 그녀는 초딩이라고 해도 믿을 정도로 최강 동안이었는데, 선우우연이라는 특이한 이름을 갖고 있었다.

그녀 말고도 대구에서 온 남자여행자, 광주교대 학생 두 명, 장기투숙객인 언니 한명도 있었다. 시간이 지나면서 카페엔 점점 맛있는 냄새가 퍼졌고, 삼춘은 해녀 아주머니에게 직접 사온 해산물이라며 해물탕과 활소라를 대령했다. 자유 게하의 저녁은 흑돼지구이, 딱새우, 오징어볶음, 닭볶음탕, 여러 찌개류 등이 랜덤으로 돌아간다. 삼춘은 활소라와 해물탕이 든 딱새우 먹는 방법을 친절히 알려주었고 해물탕 국물을 맛보고 우린 모두 할 말을 잃었다. 이게 어디 중년의 남자 혼자 만든 국물 맛이란 말인가! 매일매일 여기서 삼춘이 해주는 음식을 먹었다는 영균이가 부러워질 지경이었다. 활소라와 해물탕에 정신 팔려 별빛투어는 저 멀리 안드로메다로 날아가 버렸다.

비가 쏟아지는 다음날, 선우우연 언니와 대구에서 온 남자여행자와 함께 우비를 입고 비자림에 갔다. 수령이 500~800년이 된 비자나무가 무려 2천8백 그루가 있는 숲인데, 하나의 나무로만 이루어진 산림욕장으로는 세계 최대의 규모를 자랑한다. 대구에서 온 그는 이번이 자유 게스트하우스에 두 번째인데 그의 렌트카로 언니와 나는 편하게 비자림에 갈 수 있었다. 원래 비자림은 비오는 날이 최고라는데 그건 적당히 올

때나 하는 말인가 보다. 쏟아지는 폭우로 앞을 볼 수 없을 지경이었다. 그런데 옆에 있던 선우우연 언니는 뭐가 그리 신나는지 룰루랄라 콧노래를 불렀다. 지나가는 나무 하나 돌멩이 하나를 보면서도 '어머! 어쩜' 이란 말을 자주 했다. 대구 오빠와 나는 '저게 동안의 비결인가' 라며 언니를 따라했고, 그 덕에 덩달아 신이 났다. 폭우가 내리는 비자림 속에서 우리 셋은 하얀 우비를 입고 콧노래를 불렀다.

돌아올 땐 비가 그쳐가고 있었다. 우연 언니와 대구 오빠는 짐을 챙겨 곧 공항으로 떠났고, 나 역시 비가 그친 걸 확인하고 영균이와 삼춘과 장기투숙객 언니에게 작별인사를 하고 자유를 빠져나왔다. 조금 걷다 뒤돌아 자유를 살폈다. 그리고 또 다시 몇 걸음 걷다 돌아보았다. 그곳엔 어제 본 귀곡 산장 같은 건 없었다. 따뜻한 산장 하나가 있었다. 그곳엔 자유가 있었다.

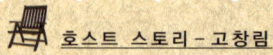
호스트 스토리 - 고창림

제주 토박이 주인장의 새로운 인생

어깨를 감싸는 검은 곱슬머리의 그는 제주에서 쭉 살아왔다. 자유를 오픈한 지는 2년이 조금 넘었다. 처음 자유 계하 인근에서 버섯 농사를 했었다. 집과 농장이 멀어 농장 근처에 집을 구했고, 그곳이 지금의 자유 카페 건물이다. 혼자 생활하기엔 넓은 공간이 아까워 막걸리 집을 열었고, 막걸리 집에서 얼큰하게 취한 손님들이 집에도 가지 않고 이곳에서 재워 달라기에 게스트하우스를 열게 됐다고 한다. 그때 막걸리 집에 자주 오던 동생이 여행을 좋아해 조언을 많이 해주었다고.

그게 벌써 5년 전의 이야기다. 당시 카페 건물 하나 달랑 있던 이곳을 혼자서 지금의 모습으로 만드는데 3년이 걸렸다. 혼자 생각해서 만들다 보니 재밌는 요소들이 곳곳에 숨어있다. 바로 게스트하우스 건물에 놓인 사다리와 지붕이다. 게스트하우스 건물 중간쯤에 사다리가 하나 하늘로 향해 있는데, 이 사다리로 올라가 지붕 위에 누워 별구경을 할 수 있고, 낮엔 쉴 수도 있다. 그리고 빗소리를 좋아하는 삼춘은 지붕에 쇠판을 한 겹 더 올렸다. 비가 오는 날엔 빗소리가 가슴까지 쓸어내린다.

마당에서 보면 게스트하우스 건물과 카페 건물은 나무와 돌로 된 무채색이고, 빨간 문과 하얀색의 앙증맞은 조합의 건물이 삼춘이 최근 짓고 있는 카페다.

카페는 일반인에게 오픈해도 될 만큼 제법 모양새를 갖추었는데, 커피를 다룰 줄 아는 장기투숙객 언니가 함께 운영하기로 했단다. 이 장기투숙객 언니와 삼춘의 인연도 특이하다. 제주 이주 계획을 갖고 여행을 왔던 언니가 물에 빠져 허우적거리는 걸 삼춘이 지나가다 구해줬단다. 한마디로 생명의 은인. 그 인연을 시작으로 함께 카페를 준비하게 됐다. 이제 내년 초면 문을 열게 될 새로운 카페 때문에 요즘 무척 바빠진 삼춘, 그의 새로운 도약은 지금부터다!

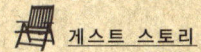 게스트 스토리

자유는 나의 도피처

영균이가 처음 자유 게하를 찾은 건 열아홉 살 때. 그 후로도 수많은 제주 게하를 다녀봤지만, 결국 자유로 돌아 왔다. 그는 제주의 시원한 바다가 보이는 게스트하우스보다 사람들의 북적거림이 없는 중산간의 숲이 더 좋다고 했다. 여유를 누리며 그저 쉬는 것이 자신의 여행이라는 그! 처음 이곳에 왔을 땐 자유는 그저 도피처였단다. 그리고 지금도 도피처라고 답한다. 그의 대답에 나도 모르게 고개를 끄덕였다. 그래, 어쩌면 삶은 매순간순간 도망치고 싶은 것인지도 모르겠다. 자유라는 도피처가 있어 참 다행이다. 또 다시 그 분주함 속으로 뛰어들 용기가 생기니 말이다.

★ 게스트 추천평

교통편이 불편해서 나 같은 젊은 사람들은 별로 좋아하지 않을 수 있겠지만, 제주의 어느 게스트하우스보다 좋아. 이름 그대로 자유롭게 여유를 느낄 수 있는 곳이지! 삼춘은 무심한 것 같아도 여행자들과 자주 여행도 다니고 하나하나 잘 챙겨주시는데, 자유로우면서도 정이 있는 공간이야. 제주의 수많은 게하를 다녀본 내가 추천하는 곳이면 말 다했지 뭐. 하하.

최강 동안 순수 여행자

30대라는 사실이 믿기지 않는 최강 동안 선우우연 언니는 서울대학교 대학원에 다니는 토목전공자다. 학회차 제주도에 왔다 그냥 가기 아쉬워 자유 게하에 왔다.
게하에 들어서자마자 삼춘에게 집의 용적률 등 이것저것 프로처럼 묻더니 활소라를 먹으면서는 두 팔을 저으며 맛있다고 좋아한다. 다음날, 비자림에 갔을 때도 그랬다. 지나가는 나무를 보면서도 심지어 땅에 있는 돌멩이 하나를 보고도 어린아이처럼 좋아하는 그녀에게서 티 없는 순수함이 전해진다.

★ 게스트 추천평

혼자서 버스도 두 번이나 갈아타면서 물어물어 겨우 찾아왔는데, 비가 와서 너무 아쉬워. 지붕에도 못 올라가보고 별빛투어도 못 보고. 하지만 방에 들어섰을 때의 편백나무 향과 빗소리가 참 맘에 들었어. 샤워할 때 따뜻한 물도 콸콸 잘 나오더라고. 특히 푸짐한 소라 구이와 저녁식사가 너무 좋았어. 다음엔 꼭 지붕 위에도 올라가고 별빛투어를 하고 말 거야!

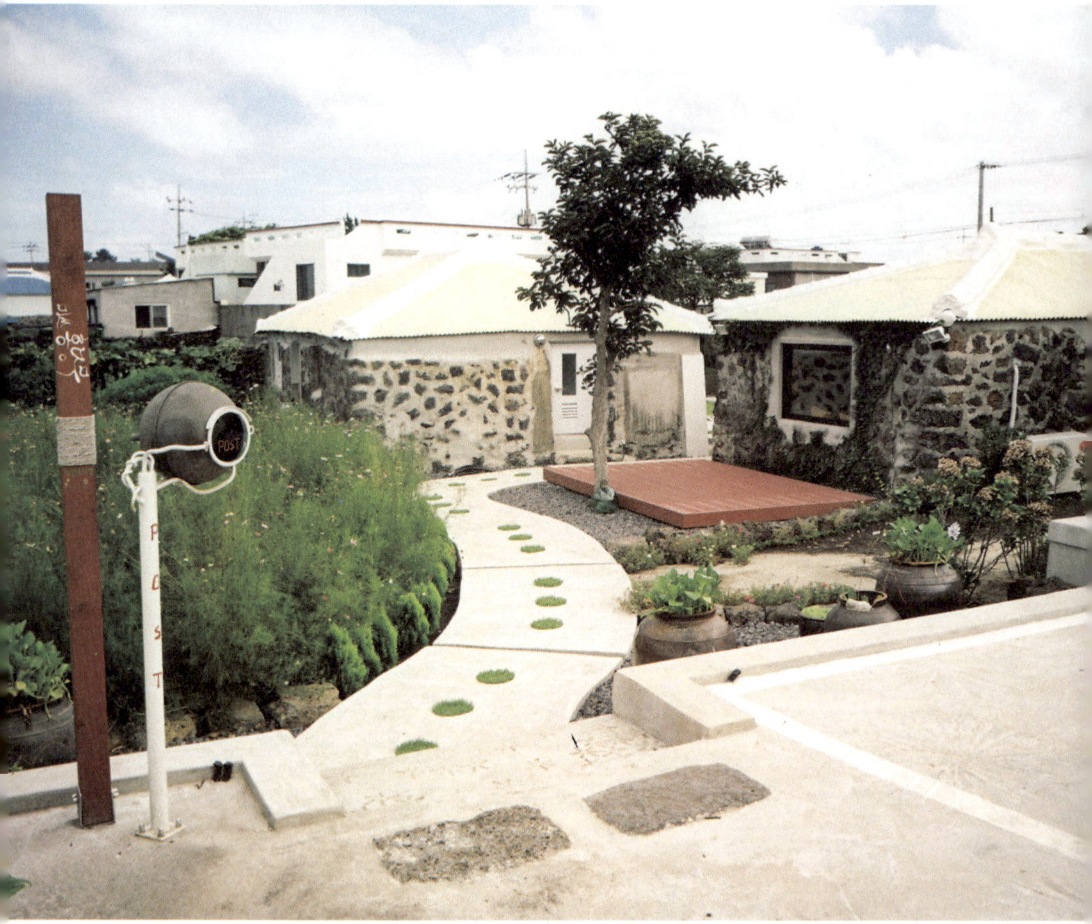

미쓰홍당무 게스트하우스

평대리 미쓰 홍 언니의
단정한 공간

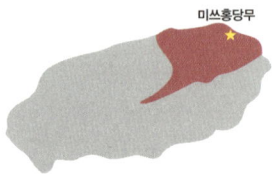

★ Writer's Comments

홍당무로 유명한 구좌읍 평대리에 있는 게스트하우스. 2012년 5월에 오픈, 채 1년을 넘기지 않은 따끈따끈한 게스트하우스지만, 깔끔한 인테리어와 시설 덕분에 알 만한 사람들은 다 아는 인기 숙소가 되었다. 조식으로 미홍 언니표 토스트가 제공되고, 넉넉한 샤워실과 화장실을 갖추고 있어 편안히 쉴 수 있다. 세 개의 독채는 게스트 공간, 카페 공간, 미홍 언니의 개인 공간으로 나누어져 있으며 저녁엔 카페에 모여 여행자들과 조용히 담소를 나눌 수 있다. 깔끔한 미홍 언니 덕분에 게스트하우스는 먼지 한 톨 찾아보기 어려울 정도로 깨끗하다!

차분하고 감성적인 인테리어가 돋보이는 곳

미쓰홍당무. 시도 때도 없이 얼굴이 빨갛게 달아오르는 비호감으로 낙인 찍힌 주인공이 나오는 영화. 처음엔 영화와 무슨 관계가 있나 싶었다. 하지만 예상은 빗나갔다. 이곳이 미쓰홍당무인 것은 홍당무로 유명한 평대리에 있기 때문이다. 시원 시원하게 뻗은 팔다리에 까만 피부의 미쓰 홍 언니는 털털한 것 같으면서도 여성스러운 면모를 지녔다. 육지에서 내려와 지난 2012년 5월 평대리에 미쓰홍당무를 열었다. 오픈한 지 아직 채 1년도 되지 않았지만, 차분하고 감성적인 인테리어와 편안한 시설로 여행자들 사이에서 이미 꽤 이름난 곳이다.

미쓰홍당무가 자리한 평대리는 동동, 서동, 중동의 세 개 동으로 나뉘는데, 다른 건 몰라도 동동이라고 나오는 버스정류장 안내는 왠지 버퍼링 같고 웃기다. 미쓰홍당무는 평대리 중에서도 서동에 위치해 있다. 평대리 서동에 도착해 주유소 뒤 마을 방향으로 난 길을 조금 올라가면 연노랑색 지붕이 미쓰홍당무이다. 지붕을 따라 길을 걷다보면 하얀 벽면과 눈부신 햇살을 닮은 연노랑 지붕이 본격적으로 모습을 드러낸다.

마을로 이어지는 길은 미쓰홍당무의 주차장이고, 주차장에서 계단을 두 칸 정도 내려가면 콘크리트 오솔길이 나온다. 그 길 사이에 미쓰홍당무의 마당이 나온다. 다시 콘크리트 길 사이엔 와이셔츠 단추처럼 동그란 잔디가 일정한 간격을 두고 몽실몽실 자라있다.

길 왼쪽으로는 활짝 입을 연 분홍 꽃들이 피어있고 오른쪽으로는 편안해 보이는 평상과 카페 공간이 있다. 미쓰홍당무는 여행자들이 담소를 나누며 사용할 수 있는 카페 공간, 주인장의 공간 그리고 게스트 공간이 각각 독채로 만들어져 ㄷ자로 놓여 있다. 마당엔 물고기 모양의 잔디들이 자라나 마치 마당에 초록 물고기가 헤엄치는 것 같다. 카페는 12개 정도의 의자가 놓인 아담한 공간이었다. 바깥에서 본 지붕 모양 그대로 세모를 그리는 천장의 가장 움푹 들어간 사이로 전구들이 원을 그리며 대롱대롱 내려오고, 창으론 길과 코스모스 돌담 그리고 하늘이 어우러져 한 폭의 그림처럼 매달려 있다. 이 창 뿐만 아니라 미쓰홍당무의 창은 전부 그림처럼 달려있는데, 숙소로 들어서면 세로로 긴 창문이 뒷마당의 나무와 풀을 담으며 작품을 만든다.

게스트 룸은 거실을 중심으로 4인실 두 곳, 2인실 한 곳으로 총 10명을 수용할 수 있는 아담한 공간이다. 내부는 차분한 화이트 톤이고 방엔 싱그러운 연둣빛 이불과 베개가 놓여있고 그 옆으로 작은 사물함도 마련되어 있다.

GUESTHOUSE INFO

add _ 제주시 구좌읍 평대4길 20-1
          (평대리 1753-1)
price _ 도미토리(2만 5천원), 2인실
            (2인 기준 6만원/ 1인 사용시 5만원)
in & out time _ 4시 · 10시
meal _ 조식 (미스홍표 토스트, 샐러드 or
          과일, 커피or음료), 바비큐 파티 없음.
tel _ 070-7715-7035
web _ misshongdangmoo.co.kr

1 화사한 연노랑 지붕을 쓴 ㄷ자의 미쓰홍당무
2 미쓰홍당무 안에서 이동할 때 신을 수 있는 슬리퍼.
3 화이트톤 철제 이층침대로 이루어진 깨끗한 도미토리.
4 마당 구석에 있는 세탁실.
5 샤워실과 화장실이 따로 분리되어있어 편리하다.
6 미쓰홍 언니표 조식. 계절 과일과 치즈와 햄이 들어간 토스트.

Location

제주시외버스터미널에서 동일주버스로 '평대리서동'(평대주유소 앞)까지는 한 시간 반 남짓 걸린다. '평대리서동' 버스정류장에서 주유소 옆길을 따라 조금 올라가면 화사한 연노랑색의 지붕이 있는 집이 보인다.

1 푸른 하늘을 더욱 독보이게 하는 화사한 컬러감의 미쓰홍당무.
2 콘크리트와 잔디가 만들어 내는 감성적인 마당.
3,4 도미토리 4인실과 2인실이 있으며 개인 사물함을 사용할 수 있다.
5 소품 하나하나를 공들여 꾸민 사랑스러운 곳.

내가 미쓰홍당무에 도착했을 땐, 제주에 태풍 '볼라벤'도 함께 도착해있었다. 그래서 이곳에서 꼼짝없이 3일을 보냈다. 아니다. 생각해보니 태풍이 안 올 때보다 더 잘 돌아다니긴 했다. 같은 방을 쓴 미순 언니와 정혜 언니의 차를 타고 두모악과 동굴 카페 다희연, 옛 모습을 재현해 놓은 '선녀와 나무꾼' 테마공원에 갔다. 언니들은 직장 동료인데 언니들의 **빽빽한** 계획표에 얼마나 놀랐는지 모른다. 전부 나 같은 무계획 여행자만 있는 줄 알았는데……

　　아마 태풍만 아니었으면 우린 더 많은 곳에 갔을 거다. 하지만 태풍 '볼라벤'은 그리 만만하지 않았다. '선녀와 나무꾼'에 갔을 때 제주가 볼라벤의 영향권에 차츰 들어서면서 제주엔 알 수 없는 스산한 바람이 깔렸다. 박물관을 빠져나오자, 엄청난 강풍과 함께 비가 쏟아졌다. 하는 수 없이 남은 일정을 포기했다. 언니들은 내일 육지로 돌아가는 일정이라 공항 근처 제주시에서 마지막 일박을 하기에 날 미쓰홍당무 가까운 곳에 내려주었다.

　　언니들과 헤어지고 미쓰홍당무로 돌아오니 빗방울은 더 우렁차게 창문을 두드렸다. 아직 오후 3시인데 어둑어둑해서 그런지 졸음이 밀려왔다. 씻고 침대에 파묻혀 빗방울 소리를 들으며 잠이 들었다. 누군가 날 깨워 눈을 떠보니 예쁘장한 여행자 한 명이 저녁 먹고 자란다. 비몽사몽하고 있는데 마침 뒤따라온 미쓰 홍 언니까지 합세해서 일어나란다. 겨우 일어나 마당을 보니 잠이 확 깼다.

　　바람이 사방으로 몰아치며 문을 두드리고 있었다. 우린 문을 열고 카페로 달려갔다. 뛰어서 1초도 안 걸리는 바로 옆 건물인데, 옷이 다 젖었다. 카페 안은 바깥 풍경과 다르게 감미로운 노래와 노란 조명으로 따뜻한 느낌이 가득했다.

　　카페엔 날 깨우던 예쁘장한 여행자와 함께 온 회사 동료 여행자 두 명 그리고 미쓰 홍 언니와 나까지 총 네 명이 모였다. 원래 오늘 오기로 한 여행자들이 태풍 때문에 모두 취소했다고 했다. 그렇게 우리 넷은 마주보고 앉았다. 두 명의 여행자는 모두 20대 후반 언니들이었는데 회사 동료이자 같이 몇 년을 함께 살았던 친자매 같은 사이라고 했다. 지금은 부서를 옮겨서 '대구 손예진'으로 불리는 언니는 대구에서, 현모양처 스타일의 언니는 서울에서 근무를 하게 되었다고 한다. 그래서 자주 만나지 못하게 되어 함께 여행을 왔다고 했다.

　　"언니 신문지 안 붙여도 될까요?"

　　미쓰 홍 언니는 시크하게 괜찮아, 괜찮겠지, 란다. 그러나 깜빡거리던 조명은 감미로운 음악 소리와 함께 사라졌고, 순간 대구 손예진 언니가 내손을 덥석 잡았다. 곧 암

1 마당 중심에 있는 카페 건물. 춤추듯 내려온 전구들과 색색의 의자로 꾸며진 작지만 아늑한 공간.
2 제주에 관한 책들이 카페 한쪽에 마련되어 있다.
3 카페 벽면의 폴라로이드 사진이 감성적인 요소를 더한다.
4 미쓰홍당무의 상징인 해녀의 부레로 만든 우편함과 마당으로 들어가는 오솔길.

흑이 내려앉았다. 고요한 카페 안은 빗소리로 가득해졌고, 우린 그저 숨죽이며 미동도 하지 않고 손을 붙잡고 있었다. 고요함을 뚫고 천둥이 연속으로 세 번 치더니 강풍이 유리창을 뚫고 들어올 듯 마구 불어대기 시작했다.

미쓰홍당무에서 태풍을 만나다

잠시 후, 불은 들어오고, 누가 먼저랄 것도 없이 빠른 속도로 신문지를 창문에 붙이기 시작했다. 나와 대구 손예진 언니가 행주에 물을 묻히고 미스 홍 언니와 현모양처 언니가 신문지를 유리창에 대고 행주로 꾹꾹 눌렀다. 마지막 한 장을 붙이는 순간 불은 다시 꺼져버렸다.

미쓰 홍 언니는 촛불을 꺼내 불을 붙였다. 어두운 카페 안엔 촛불에 비친 빨간 얼굴 네 개만이 동동 떠다녔다. 그렇게 촛불 하나를 사이에 두고 자연스레 진실게임 분위기가 되었다. 사실 이날 함께 묵은 언니들의 이름도 모른다. 다만 언니의 남자 친구가 어떤 사람인지는 안다. 그날 우리의 테이블엔 현모양처 언니의 연하 남자친구가 올려졌다. 뭘 그렇게 사달라고 해서 결국 '카드빚에 앉게 생겼다'라며 고민을 털어놨다. 나와 미쓰 홍 언니, 대구 손예진 언니는 솔로였는데, 남친 있는 현모양처 언니의 연하남 이야기를 듣고 차라리 솔로가 낫다는 웃긴 상황으로 대화가 흘러갔다.

다음날, 태풍이 지나간 미쓰홍당무는 처참했다. 살랑살랑 흔들리던 꽃들은 길다란 줄기만 남아 잡초처럼 누워있고, 감들은 익기도 전에 다 떨어져버렸다. 게스트하우스를 감싸고 있는 돌담도 중간중간 무너졌다. 미쓰 홍 언니는 다 떨어진 코스모스를 바라보며 발을 동동 굴렀다. 언제 무슨 일이 있었냐는 듯 다시 잠잠해진 동네를 한 바퀴 돌아보니 신호등이며 간판이며 떨어질 만한 것들은 다 떨어지고 돌담은 여기저기 무너져 길로 넘어와 있고, 바닷가 근처 지붕엔 물고기도 올라가 있다.

그 광경을 보니 그나마 미쓰홍당무 피해는 적은 거였다. 동네를 돌고 다시 미쓰홍당무로 돌아오니 언니는 아직 코스모스를 보며 속상해 하고 있었다. 괜찮다. 꽃은 다시 필거다. 매번 떠나고도 다시 채워지는 여행자들처럼.

호스트 스토리 - 평대리 외계인

깔끔 털털 미쓰 홍 언니

미쓰홍당무에 들어서자 검게 그을린 피부의 늘씬한 미쓰 홍 언니가 날 반갑게 맞이한다. 이곳을 운영하는 30대의 언니는 서울에서 살다 제주로 와 지난 2012년 5월 이곳을 오픈했다. 아직 1년이 채 되지 않아 아직 제주를 알아가는 중이라는 언니는 태풍을 처음 겪고 정말로 제주를 알아가고 있다. 서울의 바쁜 생활에 지쳐 제주로 온 그녀는 처음부터 게스트하우스를 차리려고 한 건 아니었다고.

육지에서 가끔 언니네 아버지가 내려와 마당의 꽃과 나무들을 관리해주신다. 이곳은 깔끔한 인테리어 덕분에 여자들에게 사랑받는 곳인데, 미쓰 홍 언니가 남자로 꽉 찬 미쓰홍당무를 보는 게 꿈이라고 말할 정도로 남자들의 발길이 뜸하다. 내가 머무는 동안도 남자 여행자는 본 적이 없다. 언니가 아직 솔로인 게 아쉬워 제주에서 좋은 사람 만날 거라 했더니 언니는 제주에 가장 많은 게 '여자, 돌, 바람'인데, 육지에서도 못 만난 남자를 어떻게 만나냐고 한다. 하지만 언니에겐 꼭 좋은 사람이 생길 거다. 바람 따라 인연이 돌고 도는 게스트하우스를 운영하는 이상 꼭 그리될 거다.

게스트 스토리

꼼꼼하고 치밀한 그녀들

그녀들은 같은 직장에 다니는 동료다. 치밀하게 계획한 그녀들의 2박 3일간의 일정표와 미리 출력해온 예산안을 보고 입을 다물지 못했다. 하지만 치밀한 그녀들도 미처 생각하지 못한 게 있으니! 동서쪽 모두 구경해야 하는데 숙소를 동쪽 한 곳만 잡은 거다! 그녀들은 말한다. 차를 렌트하더라도 동서쪽 모두 여행할 계획이라면 동쪽 1박, 서쪽 1박을 권한다. 꼭.

★ 게스트 추천평
블로거들의 후기를 보고 미쓰홍당무로 선뜻 결정하게 되었어. 스케줄이 빡빡해서 미쓰홍당무의 시설을 만끽해보진 못했지만 불편함 없이 잘 지낸 곳이야.

> Other Guesthouse

 동부_한동리

함피디네 돌집

함피디의 감성과 선율이 흐르는 낭만적인 돌집

진정, 선율이 흘렀다. 태연하면서도 부드러운 선율은 온 집의 작은 구석까지도 예리하게 흘렀다. 제주 전형적인 ㄷ자 형태의 세거리 돌집 안으로 레드 카펫처럼 잔디의 그린 카펫이 부드럽게 흘렀고, 잔디의 쿠션감은 발바닥을 따라 무릎으로 나른하게 흘렀다. 검은 돌담 통통 튀어나온 표면으로도, 낮은 지붕 위의 투박한 선 위로도 선율은 흘렀다.

    아이가 태어나면서 도시의 인위적인 삶에 답답함을 느낀 부부는 제주로 내려왔고 어느덧 일 년이 넘었다. '함피디네 돌집'이라는 이름에서도 알 수 있듯 PD였던 주인장이 운영하는 게스트하우스다. 선율을 따라 마당 오른쪽에 자리한 건물로 들어가니 작지만 아늑한 카페가 있다. 두 개의 테이블을 붙여 둘러앉은 세 사람은 대낮부터 한 잔씩 하던 참이었다. 지적인 분위기를 풍기는 안경을 쓴 호리호리한 남자가 테이블의 한자리를 기꺼이 내주었다. 그리고 가지런히 놓인 인삼주를 들어 약이라며 한잔 따라 주며 함피디는 잠깐 나갔다고 했다. 알고 보니 그가 주인장 함피디였다. 군더더기 없이 깔끔한 그의 말에 감쪽같이 속을 뻔했다.

    함피디네 돌집은 게스트하우스 뿐 아니라 주변의 재능 기부를 통해 비누 만들기 강좌, 아침 요가, 사진전을 진행하기도 하고, 마당에서 빔을 쏴 영화를 상영하는 등 한동리 문화 공간으로 톡톡히 자리매김하고 있었다. 그리고 한 달 반 후 협재의 한 게스트하우스에서 함피디님과 우연히 만났다. 그는 아내에게 휴가를 받아 여행 중이라고 했다. 한 여행자가 축하한다며 소리쳤고 그는 특유의 부산함 없는 담백한 어투로 고맙다고 깔끔한 답변을 했다. 그 여행자는 말을 이었다. 내마음의 고향은 '함피디네 돌집'이라고. 여행자들은 하나같이 제주도 어느 골방에 마음속 고향을 만들어 둔다고. 이제 같이 하던 일까지 그만두어 게스트하우스 운영에 전념하겠다는 함피디네 돌집. 앞으로 또 얼마나 많은 여행자들의 '마음의 고향'이 될까?

Location
제주공항에서 100번 버스를 타고 시외버스터미널로 가자! 시외버스터미널에서 동일주버스를 타고 1시간 정도 가면 '계룡동' 버스정류장이 나온다. '계룡동' 버스정류장에서 정자가 보이는 길로 직진 → 바다가 나오면 좌회전 → 정자에서 좌회전 → 5미터 직진, 골목 오른쪽으로 함피디네 돌집 간판과 잔디 카펫이 깔린 올레길이 나온다.

GUESTHOUSE INFO

add _ 제주시 구좌읍 한동리 8-1번지
price _ 도미토리 2만원, 온돌방 2인 5만원,
독채 4인 12만원
in & out time _ 4시 · 11시
meal _ 토스트, 잼, 커피, 주스
tel _ 010-8790-2010
web _ www.hampdnedolzip.com

1 함피디네 돌집 들어가는 뽀송뽀송한 잔디 올레길.
2,3 옛 돌집을 그대로 살린 외관과 달리 내부는 현대적으로 꾸며져 있다.
4 선율이 흐르는 돌집으로 만들고 싶다는 주인장 함피디.

> Other Guesthouse

 동부_평대리

피디스테이션 게스트하우스

국내 최초 커플 게스트하우스

짝꿍 없는 사람은 서러워서 살겠나? 라고 말할 수도 있지만, 이곳은 남녀커플 뿐 아니라 모녀커플, 부자커플, 자매커플, 친구커플 등 짝꿍이 있는 두 명에겐 모두 열려있는 곳이다. 단정한 인테리어를 자랑하는 이곳에는 7개의 2인실이 있다. 각 방에는 퀸 사이즈의 푹신한 침대와 텔레비전, 욕실이 있다. 피디스테이션이 있는 평대리 동동에서 복지관 건물 오른쪽 골목으로 들어와 걷다보면 특이하게 꼬아 올라간 컨테이너 건물을 만날 수 있다. 현란한 컬러의 컨테이너는 '컨테이너의 재발견'이라고 할 만큼 세련되고 상상 이상으로 독특한 모양새다. 이곳 피디스테이션은 컨테이너 방을 포함해서 7개의 방과 독채로 이뤄진 조식을 해결하고 체크인을 하는 휴게 공간 '피디 아지트'로 구성되어 있다.

  젊은 주인장은 내방 같은 편안함과 고요함 그러나 무언가 새로운 독특함이 있는 공간을 만들고 싶었다고 한다. 피디스테이션의 PD는 '풍선비행기군단'에서 따온 것. 많은 의미가 있지만 꿈을 찾아 여행하는 '여행자 충전소'라고 설명해준다. '풍선비행기군단'은 점점 높이 올라가는 풍선처럼 많은 이들이 이곳을 즐기며 높이 떠오르는 것을 상징하는 의미란다. 그는 돈보다 사람들의 이야기와 추억을 중요하게 생각하기 때문에 초반에 다녀간 손님에겐 평생 특별할인가로 이곳을 이용할 수 있는 혜택을 주고 있다. 선착순으로 자리를 잡는 일반 게스트하우스와 달리 모든 방이 랜덤으로 정해진다. 도착과 동시에 아지트에서 방 카드키를 뽑아 랜덤으로 정한다. 그야말로 복불복이다.

  그는 숙소의 규칙조차 읽지 않고 오는 여행자를 싫어한다. 즐거운 추억을 만들기 위해 여행자들이 피디스테이션을 찾아오는 것이겠지만 자신의 행복도 중요하게 여긴다. 간단한 규칙조차 읽어보지 않고 와서 주인장의 행복을 무시하는 여행자는 환영하지 않는다는, 배짱이 있는 주인장이다. 오지 말라면 더 가고 싶듯, 하지 말라는 것도 많고 꼭 이곳에 오지 않아도 된다는 주인장의 말에 왠지 더 호기심이 생기는 곳이다.

Location
제주시외버스터미널에서 성산방향 동일주버스를 타고 '평대리 동동' 정류소에서 내린다. 동제주 종합복지관 건물이 있는 건물로 우회전 후 직진하면 색색의 컨테이너 건물이 보인다.

1 침대와 욕실, 텔레비전을 모두 갖춘 피디스테이션 룸.
2,3 휴게공간 피디 아지트.
4 컨테이너 네 개가 비스듬히 세워진 모습은 피디스테이션의 상징이다.

GUESTHOUSE INFO

add _ 제주시 구좌읍 평대리 242
price _ 2인실 6만원
in & out time _ 4시 · 11시
meal _ 가정식 백반
tel _ 070-8879-0242
web _ blog.naver.com/pdstation

Other Guesthouse

 동부_함덕리

M 게스트하우스

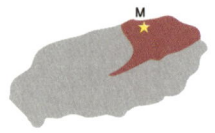

함덕해변에서 김녕항까지 자전거투어를 즐길 수 있는 곳

올레길 자전거 여행은 자신 없고 그냥 가자니 아쉬운 여행자들은 이곳을 주목하자. 함덕해수욕장 근처에 자리한 M 게스트하우스는 매주 일요일 신청자에 한해 함덕서우봉해변이 포함된 올레 19코스로 자전거 투어를 진행한다. 혹 투어를 놓쳤다 할지라도 자전거를 무료로 대여해주고 있으니 M 게하 대문 앞으로 지나가는 해안도로를 따라 서우봉 해변에서 김녕항까지 달려보는 것도 좋겠다. 올레 19코스는 전 구간이 대체로 평탄해 쉬멍놀멍 바람을 만끽하기 좋고, 가는 길목엔 너븐숭이 4.3기념관과 벌어진 동산, 북촌동굴이 자리해 있어 볼거리도 풍부하다. 19코스는 숲과 바다 어느 한 쪽 치우치지 않고 둘 다 만족시켜 주는 올레길이다.

    함덕서우봉 해변까지 1분도 채 안 걸리는 M 게하는 물놀이를 하고 들어와 자유롭게 세탁기를 사용할 수 있고, 저녁 7시부터 바비큐 파티(1만 3천원)가 열린다. 특히 걸어서 왕복 1시간 정도 걸리는 서우봉 일몰도 빼놓을 수 없는 코스다. 거실을 중심으로 1~2층에 있는 도미토리 사이로 여행자의 피로를 풀어주기 위해 만든 '피로회복실'도 마련되어 있으니, 피로회복실 안 마사지 기계에 몸을 맡겨보는 것도 좋겠다.

Location
제주공항에서 100번을 타고 제주시외버스터미널로 간 후 김녕 방향의 동일주버스를 타고 '함덕리' 정류장에 내린다. 함덕주유소 사이 길로 들어와 함덕해수욕장 입구 쪽으로 5분 정도 가다보면 M 게하 간판을 발견할 수 있다.

GUESTHOUSE INFO

add _ 제주시 조천읍 함덕리 270-21번지
price _ 도미토리 1만 5천원 / 2인실(1인)
         2만원
in & out time _ 2시 · 11시
meal _ 커피, 식빵, 잼, 시리얼, 우유 등
tel _ 064-784-2621, 010-3888-0946
web _ gkaejr12.blog.me

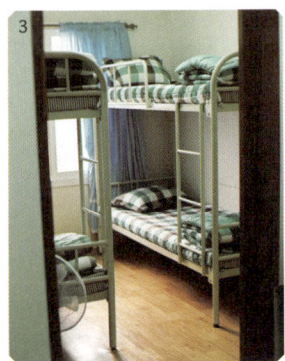

1 분홍색 M마크는 함덕해수욕장에서도 눈에 띈다.
2 실내에서 다시 이어지는 뒷마당.
3,4 이층으로 구성된 M게하의 일층 도미토리.

Other Guesthouse

 동부_행원리

요셉나무 게스트하우스

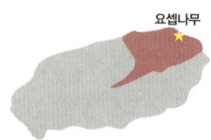

정직함이 묻어나는 깨끗한 공간

　월정리에서 성산 방향으로 일주도로를 타고 조금 내려가다 보면 초록 들판과 원색의 지붕들이 넘실대는 마을 안으로 뽀얀 건물이 나타난다. 큼지막한 돌들을 따라 안으로 들어서니 초지일관 같은 자세로 누워있는 강아지 한 마리가 눈 인사를 한다. 통영 여행에서 만났고 지금은 제주에 살고 있는 태우와 함께 이곳에 왔다. 3층의 요셉나무 건물은 1층이 도미토리 공간, 2층과 3층은 주인 가족의 보금자리다. 1층엔 각 30평씩의 남녀 도미토리가 있고, 조리가 가능한 주방이 딸린 휴게공간이 그 사이에 있다. 아늑하면서도 정갈한 느낌이다. 약간의 미소를 띤 주인아저씨에게선 정직함이 묻어났다. 주인아저씨네 가족은 1년 전 제주로 내려와 젊은 부부가 하던 요셉나무를 인수했다. 태풍이 곧 들이닥칠 거라는 경보 때문인지 요셉나무엔 나와 태우 외에 스물 두 살 지현이 뿐이었다.

　주인아저씨와 우리 셋은 거실에 앉아 밤늦도록 이야기를 했다. 아저씨는 제주가 너무나도 아름답다고 했다. 하지만 가끔 바닷가에서 부는 바람은 정이 뚝 떨어질 정도로 매섭단다. 다음날 어김없이 아름다운 하늘은 그 떨어진 정마저 주워 담게 만든단다. 아저씨의 말에 고개를 끄덕이는 지현이는 제주가 처음이다. 더욱이 게스트하우스는 너무나도 생소했다. 전날 머문 게스트하우스에서는 낯선 분위기에 어쩔 줄 몰라 하며 홀로 방으로 돌아와 초저녁부터 잠들었다는 그녀는 그동안 부모님의 도움 없이는 뭔가 도전해본 적이 없다고 했다.

　부모님이 등 떠밀어 여행을 떠났다는 지현이가 어제 초저녁에 잠들었다는 말에 게스트하우스 베테랑 태우는 크게 웃었다. 태우를 처음 만난 건 통영의 한 게스트하우스에서였다. 그는 '게스트하우스를 한 단어로 뭐라고 생각해?'라는 질문에 '인생'이라고 대답했다. 제주 게스트하우스에서 만난 사람들 덕분에 이곳에서 정착할 수 있었고, 자신의 삶이 그때와 많이 달라져있는 걸 보니 그 답이 확실한 것 같단다. 다음날, 지현이의 표정은 한결 가벼워 보였다. 지현이는 어제 언니 오빠 그리고 주인아저씨와 이야기해 보니 겁낼 필요가 없는 것 같다고 조금 더 용기 내어 살아도 될 것 같다고 말했다. 배낭을 메고 씩씩하게 나가는 지현이에게 파이팅을 외쳤다. 그런데, 어제밤 우리가 지현이에게 어떤 용기를 줬던가? 게스트하우스에서는 늘 주는 사람은 없고, 받는 사람만 있다.

1

GUESTHOUSE INFO

add _ 제주시 구좌읍 행원리 1545
price _ 도미토리 1인당 2만원
in & out time _ 낮12시 · 오전10시
meal _ 토스트 및 커피
tel _ 010-3061-5621
web _ cafe.naver.com/josephtree

1 요셉나무의 3층 건물.
2 마당으로 난 통유리가 있는 요셉나무 입구.
3,5 주방시설이 갖춰져 있는 일층 도미토리 중심의 거실.
4 깔끔한 30평의 도미토리.

Location

제주공항에서 100번 버스를 타고 제주시외버스정류장으로 향한다. 터미널에서 월정리 방향 동일주버스에 올라탄 후 '구좌중앙초등학교' 버스정류장에서 내리면 된다. '구좌중앙초등학교는' 월정리와 행원리의 중앙에 있다고 해서 붙여진 이름이다. 정류장까지는 약 50분 정도 걸리고, 구좌중앙초교 맞은 편 3층 건물이 요셉나무 게스트하우스다.

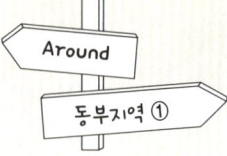

월정리 해변
제주의 바다 중 여성들의 감성을 가장 잘 이해하는 해변이다. 많은 사람들에게 알려져 예전의 조용하고 한적한 바다의 모습은 찾아보기 어렵지만, 그래도 다른 곳에 비해 한적한 제주 해변을 즐길 수 있다. 고운 모래 사장과 유리 알처럼 맑은 에메랄드빛 바다는 마음속 근심 걱정을 차분히 씻어준다. 해변을 따라 귀여운 의자들이 줄지어 있어 원하는 의자에 앉아 바다와 바람을 만끽할 수 있고, 한가로이 모래 사장을 거닐어도 좋다.

add _ 제주시 구좌읍 월정리

만장굴
제주도를 대표하는 세계 최장 길이의 용암동굴이다. 총 길이 13,422킬로미터에 달하며 입구에서 1킬로미터 지점까지만 공개하고 있다. 유네스코에 등록된 세계문화유산으로 한라산 분화구에서 흘러내린 용암이 바다로 나가며 형성된 천연동굴이다. 동굴 안으로는 자연적으로 생긴 종유석들이 조각품처럼 자리해 있으며, 눈에 잘 띄진 않지만 박쥐와 땅지네 등 다양한 동굴 생물이 서식하고 있다. 연중 동굴 안의 온도는 11~21도로 서늘하니 한여름에도 겉옷을 챙겨 가는 것이 좋다.

add _ 제주시 구좌읍 김녕리 41 | tel _ 064-783-4818

비자림

비자나무로만 이루어진 단일수종의 숲으로 세계 최대 규모를 자랑하는 비자나무 숲이다. 수령이 500~800년 된 비자나무 2800여 그루가 가득한 독특한 산림욕장이며, 겨울에도 잎이 떨어지지 않는 비자나무는 연중 푸르다. 40분 짧은 코스와 1시간 반 정도 걸리는 긴 코스 두 개가 있고, 짧은 코스는 유모차와 휠체어 통행도 가능하다. 피톤치드로 가득한 숲을 거닐고 나오면 피로가 풀리는 느낌이 든다. 비자림 안에 자리한 '천년의 비자나무'라 불리는 수령 820년 이상 된 제주에서 가장 오래된 비자나무도 볼거리다. 천연기념물 374호이며, 맑은 날과 더불어 비가 보슬보슬 내리는 날에도 운치가 그만이라 여행자들의 발길이 끊이지 않는다.

add _ 제주시 구좌읍 비자림로 | **tel** _ 064-783-3857

용눈이 오름

제주의 오름 중 유일하게 세 개의 분화구를 가진 오름이다. 용이 누워있는 모양이라고도 하고 한가운데 크게 패어있는 모습이 용이 누워있던 자리같다고도 하여 '용눈이'라는 이름이 붙여졌다. 용눈이 오름 정상에 서면 다랑쉬 오름, 동거미 오름 등 다른 오름의 봉우리들도 볼 수 있어 신비스러운 조망을 감상할 수 있다. 길이 평탄하고 부드러워 어린이도 쉽게 올라갈 수 있으며 이른 새벽이든 늦은 저녁때든 그 아름다움은 이루 말할 수 없다. 꼭 추천하고 싶은 곳 중 하나. 사진작가 김영갑이 사랑한 오름으로 유명하다.

add _제주시 구좌읍 종달리 산28

교래자연휴양림

돌문화공원 인근에 자리한 휴양림으로 곶자왈지대와 늪서리 오름, 큰지그리 오름을 배경으로 만들어졌다. 2011년 문을 연 곳으로 찾는 여행자 수가 많지 않아 더 좋다. 치유와 휴식의 공간으로 추천하고 싶다. 국내에서 유일한 곶자왈 휴양림으로 총 230만㎡ 면적의 생태계의 허파라 불리는 곶자왈에 조성된 산책로를 따라 완벽한 천연림의 모습을 볼 수 있는 곳이다. 돌과 흙을 밟으면서 제주의 자연과 하나가 되어보자.

add _ 제주시 조천읍 교래리 산119 | tel _ 064-710-7475
web _ www.jejustoneparkforest.com

돌문화공원

설문대할망과 오백장군의 돌에 관한 전설을 테마로 조성된 대형 공원이다. 2006년 6월에 개원한 돌문화공원은 크게 돌 박물관과 전시관 야외전시장 등으로 구성되어 있으며 공원엔 수상무대로 사용되는 하늘 연못도 자리해 있다. 공원에는 탐라목석원이 기증한 자료 1만 4천 441점을 비롯해 갖가지 돌 전시품이 전시되어 있고, 총 세 개의 코스로 나눠진 전시 관람로를 모두 돌아보는 데는 2시간 반 정도가 걸린다. 박물관엔 제주화산활동의 3D영상을 시청할 수 있는 영상실도 마련되어 있어 제주의 역사를 쉽게 이해하는 데 도움을 준다.

add _ 제주시 조천읍 남조로 2023 산119 | tel _ 064-710-7731
web _ www.jejustonepark.com

사려니숲길

유네스코가 지정한 제주 생물권 보전 지역인 사려니 숲길은 구좌읍 평대리에서 봉개동까지 이어지는 15킬로미터의 숲길이다. 숲길 양쪽을 따라 때죽나무, 산딸나무, 편백나무, 삼나무 등 다양한 수종이 자라는 울창한 자연림이 넓게 자리해 있다. 훼손되지 않은 청정 숲길을 걸으면 스트레스가 해소되고 장과 심폐기능이 향상된다고 알려져 있다. 훼손방지를 위해 사려니 오름을 포함한 일부 구간을 통제하고 있으며, 통제구간은 시험림 구간으로 하루 100명, 주말 200명으로 예약제로 홈페이지에서 탐방 신청 후 관람가능하다.

add _ 제주시 조천읍 교래리 일대 | tel _ 064-730-7272 | web _ www.jejuforest.kfri.go.kr

선녀와 나무꾼 테마공원

추억의 5080시대 전후의 정겨운 모습을 고스란히 재현하고 있는 테마공원이다. 옛 극장, 장터거리, 학교, 디스코장 등 그리운 추억 속으로 들어갈 수 있다. 야외에는 굴렁쇠, 고무줄, 팽이, 널뛰기 등 전통놀이를 체험할 수 있어 아이들에게도 인기다. 젊은 여행자들보다는 중년 여행자들에게 추천하고 싶은 곳이다.

add _ 제주시 조천읍 선흘리 1997 | tel _ 064-784-9001 | web _ www.namuggun.com

산굼부리

산굼부리는 화산체의 분화구를 가리키는 제주말이다. 오름은 저마다 크고 작은 분화구를 가지고 있지만 산굼부리는 산체에 비해 대형 화구를 가진 특이한 형태의 기생화산이다. 넓은 들판으로 푹 꺼진 커다란 구멍은 주변 평지보다 100미터 가량 더 내려앉아 있다고 한다. 세계적으로도 흔치 않은 분화구 산으로, 그 깊이는 한라산의 백록담보다 깊다. 산굼부리는 각 계절마다 다양한 꽃들을 품고 있으며, 특히 가을 햇빛을 받아 흔들리는 금빛 억새는 말이 필요 없을 정도로 아름답다.

add _ 제주시 조천읍 교래리 산38 | tel _ 064-783-9900 | web _ www.sangumburi.net

에코랜드

한라산 원시림을 달리는 숲속 기차여행 테마파크다. 근사한 링컨기차가 30여만 평의 울창한 곶자왈을 가로지르며 달린다. 에코브리지역, 피크닉 가든역 등 총 다섯 개의 정차역으로 이루어져 있으며, 달리다 마음에 드는 역에 내려 한가로이 시간을 보낼 수 있으며 가벼운 산책 코스도 있다. 가족 단위 여행객에게 추천하고 싶은 곳이다.

add _ 제주시 조천읍 대흘리 1221-1 | tel _ 064-802-8000 | web _ www.ecolandjeju.co.kr

고래가될 카페

구 '아일랜드 조르바'로 월정리를 대표하는 카페다. 몇 년 전까지만 해도 월정리의 카페라고는 이곳뿐이었지만, 월정리를 찾는 사람들이 조금씩 많아지면서 주변으로 작은 카페 촌이 형성되었다. 월정리의 발전을 도왔다고 말할 정도로 도민들에게도 인정받는 곳이다. 꾸미지 않은 절제된 인테리어와 안쪽의 얇고 긴 창으로 바라보는 월정리 해변이 이색적이다. 월정리 바다색을 닮은 신 레몬에이드와 자몽이 들어간 레몽에이드가 인기다. 가격은 8천원 내외로 결코 저렴한 금액은 아니지만, 월정리를 바라보며 이곳만의 독특한 여유를 느끼기에 아깝지 않다.

add _ 제주시 구좌읍 월정리 4-1 | tel _ 070-4409-1915

함덕해수욕장

제주시에서 14km 동쪽에 자리해 있으며 시내버스가 자주 운행되어 관광객들이 즐겨 찾는 명소다. 아무리 걸어도 어른 허리에도 미치지 않을 만큼 수심이 얕아 가족 단위의 여행자들에게 인기가 많다. 밤엔 수평선 가득 고깃배 등불이 켜지고, 파도가 세지 않아 카약을 즐기기에 안성맞춤이다. 해변 오른쪽으로 완만한 산세를 가진 서우산이 있는데 서우산 정상 서우봉까지 올라서서 바라보는 해변의 모습도 빼놓을 수 없는 멋진 풍경이다.

add _ 제주시 조천읍 함덕리 1008 | tel _ 064-728-7882

동굴카페 다희연

세계자연유산으로 지정된 거문오름 용암 동굴계의 한 편에 자리한 카페다. 동굴 안에서 차를 마시는 신비로운 이색 경험을 할 수 있다. 카트를 타고 녹차밭을 돌아보는 것도 이색적인 체험이다. 녹차 밭에서 직접 재배한 녹차를 판매하고 있으며, 식사를 할 수 있는 다희연 레스토랑도 있다. 성인 5천원 청소년 3천원의 입장가가 있지만 동굴카페 음료권이나 식사권을 구입하면 무료다.

add _ 제주시 조천읍 선흘리 600 | tel _ 064-782-0005 | web _ www.daheeyeon.com

맥반석식당

도민들도 즐겨 찾는 세화리 식당이다. 정해진 메뉴가 아니라 매일매일 준비되는 정식을 먹을 수 있는 식당이다. 체력을 많이 소모하는 도보 여행자나 자전거 여행자들에게 추천하고 싶다. 찌개와 국, 고기와 생선을 비롯해 밑반찬까지 푸짐하게 한 상 준비된다. 가격은 1인 6천원으로 주머니 가벼운 여행자들에게 사랑받는 숨은 맛집이다.

add _ 제주시 구좌읍 세화리 1469-5 | tel _ 064-784-4446

어등포 해녀촌

월정리 근처 행원리에 자리한 식당으로 우럭 튀김과 갈치 국으로 유명하다. 붉은 양념이 된 바싹 튀겨진 우럭은 이모님이 직접 살을 발라주신다. 갈치국은 나 홀로 여행자들에게 좋은 메뉴로 맑고 칼칼한 국물 맛이 일품이다. 우럭정식 2만 4천원, 갈치국 1만원이다.

add _ 제주시 구좌읍 행원리 575-15 | tel _ 064-782-7500

 동부_성산리

성산 게스트하우스

성산 일출봉을 코 앞에 둔
편안한 숙소

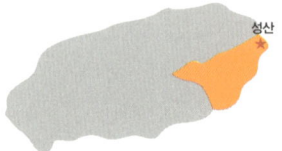

★ Writer's Comments

성산 일출봉 매표소에서 엎어지면 코 닿을 곳에 있는 성산 게스트하우스! 성산 일출을 볼 생각이라면 이곳에서 묵는 게 답이다. 이른 새벽 일출을 보러 일출봉에 올랐다 허기져 돌아오면 제주 성게가 들어간 따뜻한 성게 미역국을 먹을 수 있다. 2011년 6월에 문을 연 성산 게스트하우스는 일출봉 외에도 조금 걸어 나가면 광치기 해변과 맞은편 작은 호수까지 걸어서 소소한 볼거리가 많다. 자전거를 무료로 대여해 주고 있으니 자전거를 타고 주변을 산책해보는 것도 좋겠다.

태풍이 지나간 후의 게스트하우스

"저기, 미안한데. 잘 수는 있는데 저녁까지 물이 안 나와." 주인 아저씨가 배낭을 메고 들어서는 내게 말했다. 성산 게스트하우스에 들어섰을 땐 태풍 '볼라벤'이 막 지나간 후였다. 호돌이를 연상케 하는 오동통한 볼과 윤기 나는 피부를 가진 아저씨는 웃음을 머금은 친근한 인상이었다. 그나마 서귀포보다 피해가 적다던 성산도 어젯밤 전기와 수도가 다 끊긴 모양이었다. 전기는 그래도 금세 들어왔지만 수도가 문제였다.

이곳은 숙박업을 하던 건물을 인수해서 게스트하우스로 운영하는 곳으로 총 60명 정도를 수용할 수 있는 큰 규모다. 일층엔 조식을 먹고 쉴 수 있는 테이블과 의자가 있고 컴퓨터를 사용할 수 있는 공간도 있다. 1층 벽면과 구석구석엔 지도와 제주 느낌이 담긴 낙서가 그려져 있고 매일의 일출 시간을 적어놓는 칠판도 보였다. 아저씬 2층 여자 도미토리로 날 안내했다. 6명이 사용할 수 있는 공간 안쪽엔 화장실과 텔레비전, 옷걸이, 작은 화장대가 갖춰져 있었다. 정면으로는 벽의 절반을 차지하는 창문과 작은 베란다도 달려있었다.

방엔 아직 주인을 기다리는 침대뿐이었다. 창가 쪽 일층 자리에 짐을 올려두고 길을 나섰다. 마을 어른들은 태풍이 지나간 흔적을 매만지느라 바쁜 모습이었다. 길을 따라 광치기 해변 방향으로 조금 내려가니 '스토리텔링'이라는 작은 카페가 하나 보였다. 참새가 방앗간을 그냥 못 지나가듯 커피광인 난 열린 문으로 쑥 들어가 커피를 주문했다. 이곳의 주인은 육지에서 온 젊은 남자로 제주가이드 일을 함께 하고 있을 정도로 제주 사랑이 대단했다. 그가 가이드 일을 나가면 그날 이 카페는 무인카페가 된다고 한다. '스토리텔링'이란 이름처럼 자유롭게 제주여행에 관해 이야기를 나눌 수 있는 여행카페. 작지만 진한 여행분위기를 가진 카페다.

카페를 나와 계속 광치기 해변으로 걸었다. 광치기 해변까지는 걸어서 15분 정도 걸리는데 해변에서 바라본 성산일출봉은 마을 가까이에서 올려다보는 것보다 더 편안하게 눈에 들어왔다. 사다리꼴의 일출봉 측면은 '어린왕자'의 보아뱀이 삼킨 코끼리처럼 해변 위에 조용히 얹혀져있었다. 해변 맞은편으로는 방목하는 말들이 부서지는 호숫가의 햇살 속에서 한가롭게 풀을 뜯으며 아름다운 광경을 만들어 냈다.

성산 게스트하우스로 돌아오니, 두 여자가 자전거를 타고 나갈 준비를 하고 있었다. 동네 구경을 하러 나가는 그녀들에게 간단한 인사를 건네고 방으로 들어왔다. 한

1 성산 게스트하우스는 성산일출봉 입구 바로 아래에 있다.
2 일층 휴게공간엔 PC공간과 무료로 대여해주는 자전거가 있다.
3 주차공간이 넉넉해서 성산 일출을 보려는 렌트카 여행자들에게도 인기가 좋다.
4 도미토리의 이층침대.
5 도미토리, 가족룸, 커플룸 등 각 방에 화장실이 갖춰져 있다.

GUESTHOUSE INFO

add _ 서귀포시 성산읍 성산리 224-2
price _ 도미토리 2만원, 2인실 5만원
in & out time _ 2시 · 10시 30분
meal _ 매일 아침 만드는 성게미역국과
　　　　 김치 간단한 반찬
tel _ 010-9541-3342
web _ www.sshouse.kr

Location

제주공항에서 100번 버스를 타고 제주시외버스터미널에서 성산 방향의 동일주버스를 타고 성산 일출봉 입구 성산리 사무소에서 내린다. 건너편에서 버스가 왔던 방향으로 조금 거슬러 올라가면 20미터 거리에 넓은 주차장이 있는 성산 게스트하우스를 만날 수 있다.

1 도미토리엔 베란다가 딸려 있고, 도미토리 문 앞 복도에 개인사물함도 마련되어 있다.
2 일층 휴게공간에 줄지어 있는 여행자들의 사진.

여행자가 내 윗자리에 짐을 풀고 있었다. 혼자 여행을 왔고 나보다 두세 살 많은 미희 언니였다. 언니와 이야기를 하고 있는데, 아까 자전거를 타고 나간 그녀들이 벌써 돌아왔다. 하기야 자전거로 돌면 금방 구경할 만한 아담한 동네다. 언니들과 이야기하고 있는 중간 중간에도 주인 아저씨는 물이 아직 안 나와 미안하다며 방문을 두드렸다.

얼떨결에 성산 일출을 보러 가다

모두 일층테이블에 둘러 앉았다. 미희 언니는 전에 묵은 게스트하우스에서 차를 얻어 타고 온 일행이라며 김현오라는 까무잡잡한 오빠를 소개했고, 그는 같은 방에 있는 또 다른 여행자를 데리고 나왔다. 그는 지승호라는 이름의 28살 자전거 여행자였다. 우리 여섯은 근처에서 간단한 간식거리를 사들고 다시 둥글게 모여 앉았다.

아까 자전거를 타고 나간 두희와 은희 언니는 동갑내기 사촌이었다. 미희 언니는 처음으로 혼자 여행을 온 모양이었다. 집에서 걱정을 많이 하는지 계속 아빠에게 연락이 왔다. 우리 집에선 내가 먼저 연락 안 하면 연락이 안 오는데……. 우리의 대화가 무르익어 갈 때쯤 모자를 눌러쓴 한 남자가 다가와 주춤하며 앉아도 되냐고 물었다. 당연히 반갑게 맞았다. 정말 게스트하우스에서나 있는 일이다.

"다들, 내일 일출 보러 가실 거예요?"

승호 오빠가 말했다. 모두 보러간다고 하기에 나도 얼떨결에 가기로 약속을 해버렸다. 저녁에도 물은 안 나왔고 아저씬 또 어쩔 줄 몰라 하며 만약 내일도 물이 나오지 않으면 다 같이 근처 목욕탕이라도 가자고 하셨다. 생각만 해도 웃음이 났다. 물탱크에 저장되어 있는 약간의 물로 손발만 닦고 잠이 들었다.

다음날 새벽 5시, 언니들이 깨우는 소리에 눈을 떴다. 일층으로 내려오니 다들 내려와 있었다. 어제 마지막에 합류한 오빠는 아무리 깨워도 못 일어난다며 현오, 승호 오빠 둘만 내려왔다. 밖은 앞이 잘 보이지 않을 정도로 어두웠다. 이곳 성산 계하에서 일출봉 매표소까지는 오 분도 채 걸리지 않는 가까운 거리다. 입장료를 내고 어두운 성산 일출봉에 오르기 시작했다. 우린 스마트폰 손전등을 하나씩 다 꺼내들었다. 일출봉을 향해 반 정도 오르니 검은 하늘이 조금씩 남색 빛으로 변하고 있었다. 바다 옆 마을에서는 노란 가로등 불빛이 올라왔다.

성산 일출봉은 제주도 10대 절경 중에서도 가장 대표 격으로 천연기념물로 지정되어 있으며 한라산, 거문오름 용암동굴계와 더불어 유네스코 세계문화유산으로 지

1,3 이른 새벽 성산일출봉에서 일출을 보고 내려오면 성게알이 듬뿍 들어간 미역국을 조식으로 먹을 수 있다.
2 여행자들이 옹기종기 모여 이야기를 나누는 일층 휴게 공간.
4 광치기해변에서 바라본 웅장한 성산일출봉의 모습.

정되어 있는 곳이다. 제주의 수많은 분화구 중 유일하게 바다 속에서 폭발해 만들어진 분화구로 '우뚝 솟은 봉우리의 모습이 마치 성과 같다'하여 성산이라는 이름을 가지게 되었다. 처음엔 제주에서 떨어져 섬의 모습을 하고 있었으나 바다에서 모래와 자갈이 밀려와 육지와 연결되었다고 한다. 아래에서 봤을 때는 금방 올라갈 수 있을 것 같았는데 생각보다 만만치 않다. 언니 오빠들과 헥헥대며 올라가니 움푹 꺼진 분화구에 꽃과 풀들이 무성하다. 하늘은 그저 먹구름만 무성한 잿빛이었다. 날이 약간 흐린지 해가 뜰 시간이 지났지만 해는 보이지 않았다.

그런데 조금씩 조금씩 해를 덮고 있던 뿌연 구름이 파스텔 톤의 붉고 파란 사랑스런 하늘색을 만들어냈다. 그 사이 수줍은 태양이 고개를 내밀었다. 다들 아름다운 하늘을 카메라에 담느라 바빴다. 성산 일출봉에서 에너지를 다 쓰고 내려오니 성산 게하 일층에 성게미역국이 따뜻하게 준비되어 있었다. 주인 아주머니의 음식 솜씨 때문인지 새벽부터 일출봉에 올라갔다와선지 뜨끈한 성게 미역국은 그야말로 꿀맛이었다. 아침을 먹고 방 침대에 또 다시 누웠다. 왜 이렇게 피곤한지 자꾸만 누워있고 싶었다. 아저씨는 지친 표정으로 아직도 물이 안 나오니 미안하지만 체크 아웃 시간 같은 거 신경 쓰지 말고 조금만 더 기다렸다 씻고 나가라고 했다. 근처 목욕탕도 단수란다. 미희 언니와 난 '올레'를 외치며 다시 침대에 철퍼덕 누웠다.

성산 게스트하우스를 다시 찾은 건 한 달 후였다. 성수기가 지나간 게하는 공연이 끝난 텅 빈 객석 같았다. 조용히 일층에서 컴퓨터를 하다, 광치기 해변도 걷고 말도 탔다. 네발로 걷는 해변은 또 다른 기분이었다. 다시 숙소로 돌아와 한 달 전 언니 오빠들과 함께 둘러앉아 있던 테이블에 조용히 앉았다. 오늘 우리 방엔 나뿐이었다. 원래 이곳을 다시 찾았을 땐 지난번 먹구름에 가려 제대로 보지 못한 멋진 일출을 볼 생각이었다. 하지만 일출봉엔 올라가지 못했다. 게스트하우스를 빠져 나올 때 다시 한 번 그런 생각이 들었다. 따뜻한 물이 콸콸 쏟아지는 수도 시설보다 멋들어진 일출보다 중요한 건 '누구와 함께 하느냐'라는 것을.

호스트 스토리 - 성산지기

친절하고 편안한 숙소를 만들고 싶어요

편안한 인상의 주인 아저씨는 가족들과 육지에서 제주도로 내려왔다. 예전에 여관으로 쓰던 건물을 인수해서 게스트하우스를 꾸몄다. 일층 창문과 외벽에 그려진 벽화와 창문 낙서도 여행자로 왔던 인연들이 준 선물이다.

아침마다 정성스레 성게 미역국을 끓이는 사모님과 친절한 주인아저씨는 이곳만의 편안한 분위기를 만들어 낸다. 제법 큰 규모이지만 푸근함이 느껴지는 이유도 주인 부부의 미소 때문이다. 내가 성산 계하에 머물렀던 날은 하필이면 태풍 피해로 마을 전체가 단수된 날이었다. 아저씨는 들어오는 입구에서부터 물이 나오지 않아 미안하다는 사과로 인사를 시작하더니 마을에서 저녁이면 물이 들어온다고 했다며 안심시켰다. 결국 다음날 아침까지도 물은 나오지 않았다. 그날의 아저씨 얼굴을 잊을 수가 없다. 그는 밤새 걱정으로 한숨도 못 잔 것 같은 하얗게 뜬 얼굴로 면목이 없다며 고개를 숙였다. 다 같이 목욕탕에라도 데려가려고 했는데, 목욕탕도 단수라고 말하는 힘없는 아저씨의 표정이 지금도 기억이 난다. 아저씨의 따뜻한 사과에 오히려 고마운 건 여행자였다.

게스트 스토리

느린 여행이 좋아요

그는 6개월에 한 번씩은 꼭 여행을 떠나야 하는 여행광이고 분명한 여행스타일을 가지고 있었다. 도보와 자전거처럼 느리게 움직이는 여행 그리고 혼자 하는 여행을 즐긴다고 했다. 그는 치밀하게 사전 준비를 하는 것보다 출발지와 목적지만 대충 정하고 사람 냄새와 자연을 느끼는 여행을 좋아한단다. 이번 제주 여행은 2년간 열심히 일한 자신에게 주는 선물이라고 했다. 그런데, 어제 자전거에서 내리는 모습을 보니 선물 치고는 좀 힘들어 보인다.

★ 게스트 추천평

성산 일출을 보기에 좋은 위치에 있다는 점이 가장 큰 장점이지. 1층 전체를 차지하는 휴게 공간은 게스트들이 모여 여행 정보나 많은 이야기를 나눌 수 있는 최적의 장소이기도 하고. 대부분이 일출을 보기 위해 모이는 게스트들이라서 일출 이야기로 자연스럽게 친해질 수 있는 것 같아.

제주에 마음을 놓다

예쁜 이목구비를 지닌 미희 언니는 웃을 때 더 예뻐 보였다. 여럿이 여행을 떠나게 되면 자기 자신보다 서로의 의견에 더 신경을 쓰게 되는 게 싫어 이번엔 오로지 자신에게만 집중하고 싶어 여행길에 올랐다. 결과는 대만족이었다. 스스로의 소리에 집중하고 그 여행지에 집중했다. 그녀는 자신의 눈과 마음에 자신만의 여행지를 담는 '혼자 여행'에 푹 빠져 있었다.

★ 게스트 추천평

한정된 정보나 사람들이 아니라 새로운 사람들을 만나면서 그동안 몰랐던 새로운 세상을 알 수 있는 것 같아. 감사하게도 성산 게하에서는 마음에 맞는 사람들을 만나 계획에 없었던 성산 일출도 보게 되면서 마음가짐을 새롭게 할 수 있었던 곳이야.

동갑내기 사촌들의 여행

그날 머물렀던 여자 여행자들은 모두 하나같이 이름에 '희'자가 있었다. 긴 생머리에 갸름한 턱선을 가진 두희 언니. 어깨까지 오는 짧은 곱슬머리에 깜찍한 은희 언니. 그녀들은 동갑내기 사촌으로 함께 여행을 자주 다닌다고 했다. 이번에도 일부러 휴가 기간을 맞춰 제주로 같이 왔다. 나도 저런 동갑내기 사촌 하나 있었으면 좋겠다.

★ 게스트 추천평

솔직히 처음엔 태풍 때문에 마을 분위기도 어수선하고, 물이 안 나온다는 주인 아저씨에 말에 어쩌나 싶었어. 그렇게 뒤숭숭한 마음으로 짐을 풀었는데, 여행자들이 하나둘 들어오더라고. 태풍 속에서도 여행을 하겠다고 온 여행자들이어서 그런지 금방 친해질 수 있었지. 성산 게하에서의 하룻밤은 잊지 못할 경험이야.

 동부_온평리

둥지 게스트하우스

백호대장이 만들어가는
여행자의 숨은 아지트

★ **Writer's Comments**

집 떠나 방황하던 새들도 둥지를 튼다는 그곳! 둥지 게스트하우스는 돈 벌 생각 없어 보이는 주인장이 운영하는 곳이다. 4천 평의 드넓은 부지에 황토로 만들어진 버섯 모양의 집들이 옹기종기 모여 있다. 제주, 아니 전국 게하 중 가장 저렴한 곳으로 1만원의 행복을 누릴 수 있는 곳! 게하 주변으로는 언제든 픽업이 가능하며, 바비큐 파티 때 회, 고기, 밥, 국, 기타 음식, 주류를 만원에 누릴 수 있다. 비수기에 전화하면 간혹 '예약 필요 없다. 그냥 와라'라는 친절과 거리가 있는 목소리를 듣게 되는데, 너무 실망하지 않아도 된다! 실제로 만나본 주인장은 따뜻한 사람인데다 이런 엄청난 가격에 이만한 곳도 없다. 하긴 불만이 있어도 어쩔 수 없다. 이곳의 대장은 백호아저씨니!

둥지 공화국의 백호대통령

　　성산 온평리에 자리한 둥지 게스트하우스는 4천 평에 달하는 드넓은 대지를 자랑한다. 펜션과 함께 운영되는 이곳은 총 300명에 달하는 인원을 한 번에 수용할 수 있는 어마어마한 규모다. 그래서 비수기에는 '예약 같은 건 안 해도 된다'는 성의 없는 말을 듣기도 한다. 내가 전화했을 때도 그랬다. 오든지 말든지 별 상관없다는 듯한 무덤덤한 목소리로 말이다. 이곳은 10년 전 제주에 내려온 백호대장이라 불리는 주인장이 운영하는 곳인데, 하루 숙박비가 다른 게스트하우스의 반값이라는 점이 눈길을 끈다.

　　일주버스를 타고 '온평초등학교' 정류장에 내려 차로 5분, 걸어서 30분 정도면 둥지에 갈 수 있다. 30분을 만만하게 보고 초등학교 왼쪽으로 난 골목길을 따라 걸었다가 녹초가 되어 숙소에 도착했다. 작은 오솔길인데 주변엔 죄다 낮은 나무들뿐이라 그늘 하나 없는 땡볕이다. 웬만하면 계하에서 서비스하는 무료 픽업을 이용하는 것이 좋겠다. 그렇게 헥헥 대며 걷다보니 왼편으로 둥지라고 적은 작은 간판과 함께 내 키의 다섯 배 쯤 되어 보이는 우람한 버섯들이 우뚝우뚝 솟아 올라와 있었다. 황토로 만든 버섯 모양의 건물들이 옹기종기 모여 하나의 마을 같은 모습인데 버섯들 사이로 차 한 대 정도가 지나갈 수 있는 길이 중심축이다.

　　길을 걸어 들어가며 주변을 살폈다. 야자수들이 쭉쭉 하늘로 마주보며 솟아있고, 잔디가 쫙 깔려있다. 마치 스머프 동네에 몰래 발을 들여 놓은 느낌이다. 체크인을 하는 사무실이 있고 그 뒤편의 버섯 두 송이가 각각 남녀 게스트하우스다. 나머지는 펜션으로 운영된다. 이곳의 게스트하우스는 6인실 남자 도미토리와 8인실 여자 도미토리가 있는데, 자리가 부족하면 펜션건물을 사용한다고 한다.

　　배낭을 메고 금방이라도 고꾸라질 것처럼 씩씩거리며 둥지 사무실에 다다르니, 사무실 앞에 백호라 불리기엔 좀 까무잡잡한 피부의 백호대장님이 무언가 만들고 계셨다. 쇠를 두드리기도 하고 구부리기도 하던 그는 게스트하우스 안내를 해주었다. 세탁물이 있으면 세탁기를 사용하고, 바비큐 파티는 언제 하는지 등등을 설명해 주더니 끝으로 여기 대장은 나니 내 말을 따라야 한다고 했다. 40대 중년의 백호대장님은 마치 둥지공화국의 대통령 같은 느낌을 풍겼다.

　　백호대장의 말은 대부분이 지시 또는 구박이다. 내가 방에 짐을 두고 버섯마을을 구경하러 나왔을 때도 밥 먹었냐 물으시더니, 아직 못 먹었다는 대답에 "그럼 니가 라

1 버섯 모양의 둥지 도미토리 입구.
2 4천평의 넓은 대지 한쪽에 사색하며 쉴 수 있는 해먹이 있다.
3,4 도미토리 침대엔 전기 판넬이 깔려있어 온도를 직접 조절할 수 있고, 침대 모퉁이엔 여성여행자들의 필수품, 거울이 붙어있다.
5 도미토리 화장실.
6 넓은 부지를 자유롭게 돌아다니는 고양이

GUESTHOUSE INFO

add _ 서귀포시 성산읍 온평리 2586-8
price _ 도미토리 (성수기 1만5천원, 비수기 1만원)
in & out time _ 없음
meal _ 조식 없음, 바비큐 파티 1만원
tel _ 011-698-8805
web _ cafe.naver.com/duogi

Location

제주시외버스터미널에서 '온평초등학교' 정류장으로 향하는 동일주버스를 탄다. '온평초등학교'에서 걸어가는 방법도 있으나, 011-698-8805로 연락해서 무료 픽업서비스를 이용하자.

1 버섯 모양의 건물들 사이에 있으면 스머프 세상에 온 것 같다.
2,3 손재주 좋은 백호 주인장이 만든 둥지의 아기자기한 소품들.
4 둥지 정원 한쪽 우리 안엔 오리와 닭이 있어 어린이들에게 인기가 좋다.

면 끓여라." 하신다. 너무나 당연한 듯. 그럼 나는 또 당연하게 쪼르르 주방으로 들어가 냄비에 물을 담고 있다. 이건 뭐지? 라면을 먹으면서도 날 얼마나 구박했는지 모른다. 라면 두 개를 끓이는데 라면 스프를 두 개 넣었다는 게 이유다.

"야! 라면 하나엔 스프 하나, 라면 두 개엔 스프 한 개 반, 세 개엔 두 개 넣는 거야! 너는 그걸 알려줘야 아냐~."

내가 억울해 무슨 말이라도 할라치면 "여기선 내가 대장이니 내 말 들어." 하신다. 내가 집 나와서 왜 이런 잔소리를 들어야 하나. 생각에 잠겨 밥을 먹다 아까부터 무얼 그렇게 만들고 있는지 물어보니 얼마 전 태풍 '볼라벤'으로 피해가 많아 손볼 곳이 많다고 했다. 그런데 나중에 대장님이 하루 종일 뚝딱거리며 만들어 놓은걸 보니 부엉이가 그려진 작은 바람개비였다. 대체 태풍이랑 저 바람개비랑 무슨 상관이지?

"태풍 때문에 일 많으시다면서요?"

그러자 대장님은 또 "됐어, 내가 대장이야."란다. 태풍 피해든 여행자든 뭐든 하나도 중요하지 않다. 지금 꼭 하고 싶은 걸 먼저 해야 속이 풀린다. 바람이 불자 대장님이 만들어 놓은 바람개비가 빙그르르 돌아갔다. 왠지 귀여워 웃음이 났다. 그 외에도 대장이 만든 아기자기한 둥지 로봇과 돌을 쌓아 만든 돌탑, 빨간 새집 모양의 우체통을 쌓아 만든 조형물이 마당에 자리하고 있다. 저렇게 쿨하고 투박한 대장님이 이런 아기자기하고 귀여운 것들을 만들다니. 알고 보니 대장님은 겉으로 보이는 것과 달리 정도 많고 장난치는 것도 좋아하는 개구쟁이였다.

조금 뒤, 사무실 쪽으로 검은 타이즈를 신은 배낭 멘 여자가 나처럼 씩씩거리며 걸어왔다. 대장님은 그녀에게도 픽업 안 하고 왜 걸어왔냐, 왜 니 맘대로 올레길 코스를 섞어서 다니냐 등 웃으며 구박을 늘어놓더니 내게 "희은, 언니에게 방 안내해." 라고 지시했다. 나보다 두 살 정도 많은 언니는 창원에서 온 여행자였다. 대장님의 지시에 따라 언니와 함께 게스트하우스 건물로 향했다.

황토빛 버섯 모양의 게스트하우스 안쪽은 온통 황토로 덮여 있는데, 대장님은 황토방에서 자면 피로가 싹 풀린다고 황토의 효능에 대해 몇 번이나 설명하였다. 둥지는 남녀 도미토리 건물마다 화장실, PC, 주방시설을 갖추고 있어 자유롭게 사용할 수 있는데, 제일 맘에 드는 건 직접 제작한 널찍한 침대다.

게하에서 인기가 좋은 일층 침대 마지막 자리를 내가 잡은 터라 언니는 내 윗자리에 배낭을 풀었다. 그녀가 올레길을 걷는 도보 여행을 하는 것 같아 물어보니, 딱 올레길만 가는 건 아니고 그냥 걷고 싶어 여행을 하고 있단다. 그녀는 이름을 묻기도 전에 배낭을 풀며 올레 1코스를 걷다 생긴 일에 대해 이야기했다. 게하에선 이름은 건너뛰고 곧바로 여행 이야기가 시작되기도 한다. 생각해보면 이름이나 나이는 살면서 별로 중요하지 않은 것 같다.

이야기가 끝나고 우리는 바로 침대에 올라갔다. 게스트하우스까지 걸어와서 둘 다 피곤한 상태였다. 바비큐 파티를 하기 전까지 3시간 정도 남았으니 잠을 자기로 했다. 그녀는 2층, 난 1층 자리에 누웠다.

"잘 자요, 언니. 근데 이름이 뭐예요?"

그녀는 자기 이름은 박세진이고 메이크업 아티스트라고 했다. "메이크업 아티스트?" 그때부터 우리는 결국 3시간 내내 떠들고 말았다. 언니는 내게 어울리는 화장법에 대해서 특강을 해주었다. 그러고는 어제 어디서 묵었는지 물어보니 어제 게하에서 만난 한 언니 이야기를 해준다. 엇, 근데 듣고 보니 내가 아는 사람 같다! 알고 보니 내가 며칠 전에 다른 게하에서 만난 여행자였다. 바비큐 파티 한다고 대장님이 부르지 않았으면 밤새워 떠들었을지도 모른다.

다 같이 만드는 만원 바비큐 파티

바비큐 파티를 한다고 뒷마당으로 모이니, 뒤늦게 도착한 우리 방 여자 여행자 두 명과 남자여행자 여섯 명 정도가 모여 있었다. 우리는 테이블과 간이 주방시설이 있는 곳에 자리를 잡고 간단한 인사를 나누었다. 그리고 곧장 음식을 만들기 시작했다. 내가 만들 음식은 떡볶이, 세진 언니는 골뱅이 무침, 다른 여행자는 부침개, 또 다른 여행자는 계란말이 등 대장님의 지시에 따라 만들 음식을 지정받았다. 함께 재료를 씻고 담을 그릇을 준비하고, 중국집에서나 쓸 것 같은 커다란 프라이팬에 물을 올리고 떡을 풍덩풍덩 넣어 고추장을 풀었다. 대장님은 테이블에 어떤 음식을 어떤 그릇에 몇 개로 담는지까지 일일이 지시를 내렸다. 그리고 놀고 있는 사람이 있으면 설거지를 시키고 재료를 더 가지고 오라고 했다. 마치 군대처럼. "히틀러 같아~." 세진 언니가 내 귀에 대고 속삭였.

요리가 끝나고 대장님은 제주도가 아니면 먹기 힘들다는 고등어회와 불판에 올릴 고기를 가지고 왔다. 그렇게 회부터 고기, 우리가 만든 각종 음식이 테이블 위에 올려졌다. 아주 가끔 바비큐 파티를 못하게 되면

대장님은 게스트를 데리고 나가 밥도 사 먹이고 노래방도 가고 술도 사 먹인다고 하는데, 대체 만 원 받고 어떻게 그럴 수가 있는지 모르겠다.

　내 떡볶이는 생각보다 인기가 좋았다. 대장님은 마당에 있는 낙엽과 나뭇가지를 주워 불을 붙였다. 그날은 한 남자 여행자가 사회를 보면서 분위기를 이끌었는데 알고 보니 그는 레크레이션 강사라고 했다. 그 외에도 우리 엄마 나이 정도 되는 아주머니 여행자, 대학생, 한의사, 프로그래머, 메이크업 아티스트 등등 여러 직종의 여행자가 한자리에 둘러앉았다. 우린 함께 만든 음식을 먹으며 이야기를 나눴다. 대장님이 히틀러 같다던 세진 언니는 곧 대장님의 따뜻함에 반했고, 오늘 처음 만난 여행자들은 같은 둥지 속에서 입을 모아 짹짹대는 새들처럼 하나의 말을 하고 있었다. 둥지는 그런 곳이다. 일단 둥지에 발 들이게 되면 백호대장님을 중심으로 모두 한 식구가 되니 말이다.

호스트 스토리 - 현광렬

미워할 수 없는 매력의 주인장

백호라 불리는 대장님은 40대로 제주도가 고향인 부인과 중고생인 두 자녀와 함께 10여 년 전 제주도로 내려와 살고 있다. 대장님의 대부분 말은 지시, 명령 혹은 구박 같은 것들인데, 구박을 들으면서도 왠지 웃게 만드는 미워할 수 없는 매력이 있다. 그의 구박엔 애정이 섞여있다. 여행자에게 하나라도 더 해주고 싶은 마음이 담겨있다. 그래서 난 이곳이 심히 걱정된다. 만원이라는 저렴한 숙박비 하며, 진수성찬 바비큐 파티하며 세탁기도 무료, 24시간 가능한 픽업 서비스까지. 이곳에 도착하기 전까지는 대장님의 무뚝뚝한 전화 통화에 다소 실망할 수 있다. 카페에 예약 확인 글도 마찬가지다. 예약 문의 글의 답변을 보면 '가능' 혹은 '확인' 딱 두 글자. 웬만한 게스트하우스 답변처럼 어디로 입금하고 오다가 길 모르면 연락주세요^^ 같은 눈웃음 따윈 없다. 하지만 이곳에 발 들였던 여행자라면 그 두 글자 안에 담긴 숨은 애정을 느낄 수 있을 거다. 사실 황토로 만들어진 버섯 모양의 집은 시설은 럭셔리와는 거리가 멀고 따로 청소하는 분들이 있지만 숙소가 너무 많다보니 청결도도 그리 완벽하지는 않다. 하지만 1만원이라는 말도 안 되는 금액에 이런 시설과 서비스는 어디에서도 구경하기 어렵다. 그리고 불만이 있어도 어쩔 수 없다. "내가 이곳의 대장이다." 라는 대장님의 말 한마디면 어차피 KO다.

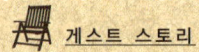 **게스트 스토리**

에너지 넘치는 메이크업 아티스트

언니는 부산에서 온 메이크업 아티스트다. 그것도 달랑 마스카라 하나 들고 여행 온 메이크업 아티스트! 회사를 옮기는 중간에 여유가 생겨서 일주일 정도 제주도 올레길을 걸으러 왔다. 마치 한편의 공연을 보는 것처럼 일인다역을 소화하며 말하는데, 그녀의 이야기가 너무 재밌어서 잠자는 것도 잊은 채 수다를 떨었다. 둥지에 있는 동안 그녀의 생기발랄함에 나까지 에너지가 충전되는 기분이었다. 언니주변 사람들은 좋겠다. 항상 에너지를 받을 수 있을 테니.

★ **게스트 추천평**

일단 둥지는 저렴한 가격이 매력적이야. 그리고 여행자들끼리 분위기가 좋은 것 같아. 뭐 만나자마자 우리우리하는 그런 분위기? 음. 대장님이 처음엔 너무 히틀러 같았는데 좋은 분이셔. 시간이 지날수록 대장님 때문에 다시 가고 싶은 곳이야.

둥지에서 좋은 사람들을 많이 만났어요

그는 경상남도 소속 '병원선 511호'에서 근무 중인 공중보건한의사다. 병원선은 간단히 말해 이동하는 보건소인데, 보건소가 없는 50군데 정도의 섬을 돌아다니며 진료를 한다. 올 4월 말에 배치를 받아서 배를 탄 지는 얼마 되지 않았다는 그는 4박 5일 여행 중 3박 4일을 둥지에서 묵었을 정도로 둥지 게하 예찬론자다.

★ **게스트 추천평**

사람 만나기 좋은 곳인 것이에요. 둥지에서 좋은 사람들을 만나서 여행 내내 같이 다녔거든요. 여행 끝나자마자 서울에서 모임도 한 번 가졌고, 한 달 뒤에 강원도 MT까지 계획해 놨어요. 둥지의 장점은 저렴한 가격과 바비큐 파티라고 생각해요. 대장님이 같이 음식을 준비하고 잘 어울릴 수 있게 자리를 만들어 주시니 사람들과 더 쉽게 친해질 수 있었어요.

아주머니 여행자, 게하의 매력에 빠지다

게하에서 보기 힘든 아주머니 여행자. 난 내심 그녀가 반가웠다. 그녀의 여행은 이렇게 시작됐다. 한라산 등반을 계획하고 함께 온 일행들이 태풍이 온다는 말에 모두 떠나고, 홀로 남았다. 광명시 배드민턴 대회에서 상을 받을 정도로 운동 신경이 좋은 그녀는 중년의 나이에 게하에 오기 위해 큰 용기가 필요했단다. 그런데 그녀는 게하의 매력에 푹 빠졌다. 주부로서의 일상을 벗어 던지고 자유로움을 만끽한 이번 여행을 그녀는 이렇게 말한다. 가장 행복했던 여행이었노라고.

★ 게스트 추천평

둥지는 스스럼없이 대해주는 주인장과 여행자들이 편안하게 어울릴 수 있는 분위기여서 좋았어. 자유로운 영혼이 돼서 젊은 친구들과 함께하니 젊어지는 기분이었달까? 회사에 다니는 딸이 있는 내가 어린 친구들과 어울릴 수 있을지 고민을 많이 했지만, 너무 얻은 것이 많은 여행이었어. 진정한 여행은 게하에 있는 거 같아. 나 같은 중년여행자들이 게하를 많이 이용했으면 좋겠어.

마음도 몸도 살찌는 게하 여행

반짝이는 광 피부를 가진 그는 광명에서 온 직장인. 전날까지 친구와 펜션에서 묵다가 친구들을 보내고 홀로 둥지에 들어섰다. 친구와 먹으려고 잔뜩 사 놓은 미처 먹지 못한 과자와 햇반, 김치……. 그의 렌트카 트렁크 안엔 꺼내도 꺼내도 끝없이 음식들이 나왔다. 혼자 하는 여행은 즐겁기도 하고 외롭기도 한 것 같다며 여행 중 생각 없이 이것저것 먹다보니 무려 5키로가 불었다며 돌아가면 열심히 운동해야겠단다. 특히 제주의 게하는 파티 문화가 자리 잡힌 곳이 많아 살찌기 십상이다. 여행은 맘도 몸도 살찌게 한다.

★ 게스트 추천평

일단 황토로 만들어져서 좋았어요. 둥지에 들어서자 여러 방랑자가 머무는 곳 같은 느낌을 받았어요. 그리 정갈하게 정리된 느낌은 아니었지만, 머무는 동안 불편함 없이 지냈어요. 사실 게스트하우스에는 처음인데 호탕한 대장님 덕분에 금방 사람들과 친해졌어요.

 동부_삼달리

잠도둑 게스트하우스

푸짐한 밥상과
따뜻한 정이 넘치는 곳

★ Writer's Comments

삼달리에 있는 게스트하우스로 2011년 8월에 오픈했고 2만원에 아침과 저녁밥까지 거하게 한상 차려지는 말도 안 되는 서비스를 자랑하는 곳! 넉살좋은 아저씨와 음식 솜씨가 엄청난 김영희 동화작가가 운영한다. 운이 좋으면 두 부부의 늦둥이 승규의 프로급 장구 연주도 들을 수 있다. 건축가인 아저씨가 만든 특이한 발판의 나무 침대가 인상적이다. 그런데 도대체 남는 게 있을 턱이 없어 보이는 밥상을 보면 잠도둑이 아니라 밥도둑이다. 난 이곳이 오랫동안 이 자리를 지키고 있었으면 좋겠다. 그런데 오늘도 쓰러질듯하게 차려진 밥상을 보니, 심히 불안하다.

동화작가 김영희의 동화 같은 게스트하우스

파랗고 큰 고래가 풀쩍 뛰어올라 넘실거리는 파도 위를 날아오른다. 하늘로 솟아오른 고래의 달덩이 같은 얼굴과 마주하니 생기 가득한 표정으로 긴 속눈썹을 파르르 떨며 윙크 한다. 고래는 윙크를 남기고 다시 파도로 풀쩍 뛰어 든다.

아침 밥상에서 주인 아주머니의 어젯밤 고래 꿈 이야기가 한창이다. 이곳은 동화 같은 꿈을 꾸며 사는 동화작가 김영희가 운영하는 잠도둑 게스트하우스다. 삼달2리 마을회관 버스정류장에서 남쪽으로 조금 내려오면 하천이 하나 보인다. 그 하천을 따라 바다 반대 방향으로 난 숲길을 10여분 정도 들어가면 하천을 건너는 짧은 다리가 놓여 있고, 그 다리만 건너면 삼각 지붕에 동그란 등 하나가 물방울처럼 매달린 곳이 잠도둑 게스트하우스다.

잠도둑은 건물 앞뒤로 넓은 정원과 밭을 가지고 있는데, 마당으로 들어서자 대여섯 마리의 개들이 제일 먼저 반갑게 달려온다. 삼각 지붕 건물 뒤쪽으로 난 문이 여행자 공간, 앞쪽에는 주인장 공간이고 두 공간은 주방으로 연결되어 있다. 게스트하우스 안에는 여행자들이 둘러앉아 밥을 먹을 수 있는 거실 겸 휴게공간이 있고 거실 안쪽에는 이층침대 여섯 개가 놓인 남자 도미토리가 있다.

동화작가라는 호칭보다 그냥 아주머니라는 호칭이 더 자연스러운 친근한 인상의 주인장의 안내로 여자 도미토리에 짐을 풀었다. 도미토리로 들어가는 유리 지붕으로 된 짧은 통로는 잠도둑에서 제일 맘에 드는 공간이다. 베란다를 개조했을까, 천장은 유리로 되어 있고, 바로 아래 대나무발이 천장 커튼처럼 주름 잡혀 있다. 통로 한 쪽엔 세 명 정도 앉을 수 있는 긴 나무벤치가 놓여있는데 이곳에 누우면 해변에서 일광욕하는 기분이 든다.

게스트하우스엔 여행자들의 흔적만 있을 뿐 아직 아무도 없었다. 천장을 바라보고 나무벤치에 누워서 눈을 지그시 감았다. 그때, 문 열리는 소리가 났다. 남자여행자 한 명이 불쑥 들어왔다. 잠도둑에 머무른 지 이틀째란다. 그런데 굉장히 무뚝뚝해서 그런지 우리 둘 사이에 어색한 기운이 흘렀다. 그에게 무슨 말이라도 붙여보려고 물이 어디에 있는지 물었다.

"아, 여기 와서 한 번도 물을 안 마셔봐서······. 모르겠는데요."

"아······."

분위기는 점점 더 이상해졌고 난 방으로 돌아왔다. 조금 뒤 7시가 가까워지니 여

> GUESTHOUSE INFO

add _ 서귀포시 성산읍 삼달리 148
price _ 도미토리 2만원
in & out time _ 없음
meal _ 가정식 (아침/저녁밥 모두제공)
tel _ 064-784-0388, 010-6395-1337
web _ cafe.naver.com/wkaehenrshdwkd

1 야자수 나무와 잔디정원이 휴양지 느낌을 자아낸다.
2,3 잠도둑은 숙박료에 푸짐한 아침과 저녁식사가 제공된다.
4 잠도둑 잔디 정원.
5 주인장 아저씨가 직접 만든 침대가 있는 잠도둑의 도미토리.

Location

제주시외버스터미널에서 동일주버스를 타고 '삼달2리 마을회관' 버스정류장에서 내린다. 남쪽으로 조금 내려가다 보면 좁은 하천이 하나 보이고, 바다 반대 방향으로 난 숲길을 따라 10여 분 정도 들어가면 짧은 다리가 놓여 있는데, 그 다리만 건너면 삼각지붕의 동그란 등 하나가 물방울처럼 매달린 곳이 나온다. 그곳이 잠도둑게스트하우스다.

1,2 삼달리 대로변에서 숲길을 따라 들어가면 나오는 잠도둑.
3 잠도둑 거실엔 가볍게 손을 씻을 수 있는 세면대가 있다.
4 거실에서 여자 도미토리로 이어지는 곳에 나무 벤치가 놓여있다.
5 남자 도미토리는 이층침대로 구성되어 있다.

행자들이 하나둘 침대를 채웠다. 그날 우리 방엔 두 명의 여행자가 더 있었다. 직장동료인 그녀들은 마흔에 가까운 나이로 오늘 머무르는 여행자 중 제일 연장자였다. 명희와 선영 언니는 젊은 시절 한 인기했을 것 같은 느낌이었다.

2만 원에 푸짐한 아침과 저녁까지

　　7시가 되자 주인 아주머니는 저녁을 먹으라며 여행자들을 불러 모았다. 잠도둑 게스트하우스는 2만원 숙박비에 아침밥과 저녁밥까지 거하게 한상 가득 차려나오는 말도 안 되는 곳인데, 언니들도 이 밥 때문에 많은 게하를 뒤로 하고 이곳에 왔다고 했다. 오늘 저녁 메뉴는 갓 잡은 싱싱한 물고기로 직접 뜬 회와 얼큰하고 시원하게 끓인 국, 오동통하게 말아 바싹하게 튀겨낸 수제 김말이, 잘 익은 아삭한 깍두기와 고슬고슬 지은 밥 그 외에도 미처 배불러서 먹지 못한 갖은 반찬들이 있었다. 명성은 익히 들었지만 밥상을 보니 입이 떡 벌어졌다. 그날 남자 방엔 아까 본 물 한 번 안 먹었다는 여행자와 두 명의 여행자가 더 있었다. 여섯 명의 여행자와 주인 아주머니, 아저씨 그리고 아들 승규가 모여 앉았다.

　　'잘 먹겠습니다!' 우린 누가 먼저랄 것도 없이 수저를 들었다. 여행자들은 모두 이곳에 온 지 이틀째여서 꽤 친해진 모양이었다. 아까 어색한 기운이 흘렀던 무뚝뚝한 여행자도 아는 얼굴들이 나타나자 금세 편안하게 말을 했다. 그는 22살로 채두성이라는 이름을 가진 오토바이 여행자였다. 아르바이트를 해서 모은 돈으로 오토바이를 사서 전국을 여행하고 있다고 했다. 아까는 왜 그렇게 무뚝뚝했냐고 물으니 원래 낯을 가린다며 터프한 부산 사투리를 날렸다.

　　그 옆에서 맛있게 회를 먹는 두 명의 남자는 다른 게스트하우스에서 만나 함께 여행 중이라고 했다. 큼지막한 덩치의 안경 낀 푸근한 여행자는 명희와 선영 언니 다음으로 나이가 많은 남경구 오빠였다. 그리고 짧게 자른 머리를 매만지며 웃는 검은 피부의 훈훈한 남자여행자는 이현승이라고 자신을 소개했다. 그는 특전사를 전역하고 취업하기 전 여행 중인데, 오늘 경구 형이랑 올레길을 걸었다고 했다. 역시 특전사 출신이라 따라 잡을 수가 없다며 경구 오빠가 엄지를 들었다. 밥을 다 먹고 주인 아주머니와 아저씨가 일어난 후에도 이야기는 계속 이어졌다. 그 날 모인 여섯 명의 여행자는 나이부터 하는 일까지 도무지 어울릴 조합이 아닌데 이상하게 이야기가 무르익었고 선영 언니가 제안했다.

1,2 녹차다원엔 녹차미로공원과 녹차를 즐길 수 있는 찻집이 있다.
3 잠도둑에서 만난 좋은 사람들과의 행복했던 여행.
4 3단으로 이루어진 천제연폭포의 시원한 물줄기.

"우리, 내일 차 렌트해서 같이 여행 다닐까?"

게스트하우스에서 만나 뭉친 '하루 여행'

우리는 오랜만에 만난 친척들 장기 두듯 지도를 펼치고 머리를 모았다. 이미 갔던 곳 중 좋았던 곳과 가고 싶은 곳 총 두 곳씩 이야기해서 정하자는 의견이 나왔다. 이렇게 체계적인 여행 계획을 짜게 되다니. 명희 언니, 선영 언니가 계획을 정리하고, 현승 오빠와 경구 오빤 지도를 보며 동선을 체크했다. 막내인 두성이와 난 그저 '좋아요'를 남발했다. 결국 우리의 루트는 두성이가 멀리서 구경만 했다는 천제연폭포 → 현승 오빠가 녹차 아이스크림을 꼭 먹고 말겠다는 의지를 불태워 선택된 오설록 → 언니 오빠들이 모두 가 보고 싶다는 새별오름 → 오름을 내려온 뒤 근처에서 맛있는 점심을 먹고 → 나의 추천으로 선택된 한담산책길로 정해졌다. 우린 새벽 2시까지 내일의 계획을 단단히 준비했다.

다음날, 9시 전에 숙소를 나서려고 계획했으나, 상다리가 후들거리는 아침 밥상에 붙잡혀 10시가 돼서야 숙소를 나섰다. 대신 주인아저씨가 밴을 빌려주신 덕에 차를 렌트하러 가는 시간을 벌었다. 아저씨의 밴은 말 그대로 배우들이 타고 다니는 럭셔리한 흰색 밴이었다. 우리는 모두 신이 나서 차에 올라탔다.

운전대는 현승 오빠가 잡았다. 첫 번째 목적지는 천제연 폭포. 근처 주상절리도 루트에 추가하기로 했다. 폭포로 향하는 길은 두성이가 오토바이 여행할 때 너무 예뻤다고 추천한 1115도로로 달렸다. 뭔가 척척 맞아 떨어지는 기분이 들었다. 한참을 달리는 데, 갓길에 여러 대의 차가 세워져 있었다. 궁금해 내려 보니 도로 옆으로 한라산 둘레길과 '지혜의 길'로 들어가는 입구 두 개가 있었다. 우리는 한라산 둘레길을 조금 걸어보기로 했다. 다음 스케줄도 있기에 시오름으로 향하는 4킬로미터의 코스를 왕복한 시간이 조금 넘는 편백나무 숲까지만 걷기로 했다. 제주도엔 숨겨진 숲길이 정말 많다. 다니면 다닐수록 상상 이상으로 많은데, 버스를 타고 가다가도 도로 옆으로 생소한 이름을 가진 숲길들은 간간이 만날 수 있다. 그런 길들은 인터넷에서도 검색되지 않는다. 말 그대로 숨어있는 길이다. 한라산 둘레길은 우거진 숲 사이로 좁은 길을 만들어 놓은 등산로였는데, 동백나무 군락지, 편백나무 숲 등 시오름으로 향하는 길이 잘 조성되어 있다.

잠시 후 밴에 올라타고 첫번째 목적지인 천제연 폭포에 도착했을 땐, 모두 조금 지처있었다. 천제연 폭포는 옥황상제를 모시는 칠선녀가 내려와 목욕을 하며 놀다갔다는 전설이 전해지는 상중하 3단의 폭포는 제주에서 빼놓을 수 없는 여행지다. 폭포를 보고 올라와 칠선녀가 조각된 다리 선임교를 밟아보았다. 선임교를 건너면 여미지 식물원에 갈 수 있지만 우리에겐 남은 기력이 없었다. 정말 선임교를 밟아보기만 하고 다시 밴에 올라탔다.

"벌써, 스케줄 다 소화한 것 같다~."

선영 언니가 말했다. 언니들이야 나이 핑계라도 대겠지만 나랑 두성이는 왜 이렇게 피곤한지 우린 주상절리를 패스하고 다음 목적지인 오설록으로 향했다. 오설록의 녹차 아이스크림이 먹고 싶다고 의지를 불태우던 현승 오빠는 어제 밤 모두 뜯어말려도 한사코 오설록에 가야겠다더니 녹차다원으로 우릴 인도했다.

제주녹차다원은 5만여 평의 녹차밭 테마파크인데 입장료에 녹차 값이 포함되어 있다. 우린 들어가자마자 녹차를 주문하고 테라스에 앉았다. 해발 500미터의 녹차다원에서 한가로이 녹차를 마시며 티타임을 가졌다. 녹차밭과 저 멀리 산들이 한눈에 들어왔다. 녹차를 마시며 한가로운 티타임을 가졌다. 왠지 어젯밤의 계획과 달리 대충대충 흘러가는 기분이지만, 모두 재밌어 했다. 녹차다원을 나와 다음 코스로 가는 길에 '펑'하는 소리와 함께 우리의 여행은 클라이맥스를 맞이했다. 바로, 타이어가 펑크가 난 거다! 다행히 현승 오빠의 안전 운행 덕분에 타이어가 쭉정이처럼 입을 벌리고 있었음에도 우린 무사했다. 우리가 낙오된 곳은 애월읍 유수암리. 제주 경마공원에서 약간 떨어진 곳이었다. 생각해보니 우리가 계획대로 간 곳이라고는 천제연 폭포뿐이었다. 주인 아저씨께 연락해서 자초지종을 말씀드리니 아저씨는 타이어 거래업체가 따로 있으니 근처 타이어 가게에서 중고 타이어로 교환해서 숙소까지만 안전하게 오라고 하셨다.

우린 근처 타이어 가게에서 타이어를 바꾸고 조금씩 돈을 걷어서 타이어 값을 드리기로 했다. 계획대로 한 거라곤 천제연 폭포뿐, 주상절리도 새별오름도 한담 산책길도 보지 못했고, 타이어 펑크로 예상치 못한 경비도 깨졌다. 그런데 오늘의 여행에 아무도 불만이 없었다. 아니, 오히려 신이 나 있었다. 타이어 펑크로 낙오됐을 때도, 그 황당한 상황에 놀라기는커녕 살면서 가장 황당한 사건을 이야기하며 웃었고, 그 정신없던 와중에 네잎클로버도 두 개나 발견했다. 여행은 가끔 예상치 못한 사건을 만든다. 그 사건을 불평하며 남은 여행을 포기할지, 그 사건을 있는 그대로 즐길지는 여행자의 몫이다. 그리고 그날 우린, 모두 즐기고 있었다.

호스트 스토리 - 김영희

건축가 아저씨와 동화작가 아주머니

동화작가라는 타이틀보다 아주머니라는 호칭이 더 잘 어울리는 친근한 인상의 안주인. 건축가인 넉살좋은 아저씨와 늦둥이 아들 초등학생 승규와 함께 이곳에 살면서 게스트하우스를 운영 중이다. 도착한 날 저녁밥을 먹고 아들 승규가 장구를 들었다. 승규의 장구 실력은 이곳의 빼놓을 수 없는 매력이다. 승규는 수준급 장구 연주는 혼을 쏙 빼놓았는데, 도도한 성격이라 자주 장구를 들지는 않는다. 하지만 한번 들었다 하면 대충하는 경우가 없다. 잠도둑은 그야말로 입과 귀가 즐거워지는 공간이다. 가족들이 먹는 밥상에 수저만 올린다는 아주머니는 손이 얼마나 큰지 배불리 먹고도 남는 양이다. 그래놓고도 직접 만든 양갱과 간식거리를 또 챙겨주신다. 가끔 점심 때도 밖에 안 나간 여행자를 굶기면 큰일이라도 벌어지는 줄 안다. 오히려 이곳을 찾는 여행자들이 남는 게 있냐며 걱정할 정도다. 이곳이 오래오래 이 자리를 지키고 있었으면 좋겠다.

게스트 스토리

제주 오토바이 여행자

오토바이로 전국 여행을 하고 있는 두성이에게 왜 오토바이를 고집하는지 물었다. 그는 자전거로 육지여행을 두 번이나 했는데 정작 페달을 밟았던 기억뿐이란다. 그래서 차만큼 빠르고 자전거만큼은 고단하지 않은 오토바이를 선택했다. 그의 꿈은 무역사다. 그렇게 고등학교 시절엔 확고했던 꿈이 이상하게 한해 한해가 가면서 많이 흔들리기 시작했다. 미래에 대한 복잡한 마음을 가득 안고 무작정 여행길에 올랐다. 그리고 여행 중 만난 여러 사람들에게 조언을 들으며, 지금은 안정을 찾았다고 한다. 이십대 초반, 자신과 같은 고민을 하는 친구들에게 여행을 권하고 싶단다. 원래 우리가 만난 다음날까지 제주에 있을 거라던 그는 한 달이 지난 후에도 제주의 어느 게스트하우스라고 안부를 전해왔다. 바람을 가르며 지금도 어딘가를 달리고 있는 두성이의 여행이 무사히 끝나길, 그리고 고민의 해결책도 얻길 빈다.

★ **게스트 추천평**
잠도둑만큼 가족적인 분위기인 곳은 없는 것 같아. 아침 저녁 다 같이 먹어서 그런 건지도 모르겠어. 장담하는데, 이곳에서 일주일 만에 5키로 찌는 건 우습지!

 동부_가시리

타시텔레 게스트하우스

평화로운 가시리 마을의
평화로운 게스트하우스

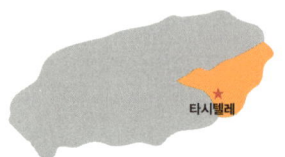

★ Writer's Comments

가시리라는 작은 마을에 위치한 타시텔레 게스트하우스! "굳이 뭔가 하려고 할 필요 없어. 가만히 있다 보면 할 일이 생각나. 그때 해도 충분해." 주인장의 말이다. 이 말처럼 꼭 무언가 할 필요 없이 그냥 자연스레 흘러가는 대로 바람가는 대로 있으면 좋은 곳이다. 도미토리 외에도 2인실 룸을 3개 갖추고 있다. 주인장이 직접 만든 무가당 건강식 아침을 먹을 수 있고 끊어지면 소원이 이루어진다는 미산가 팔찌와 작은 파우치 만들기 등 바느질 공예를 배울 수도 있다. 물론 구입도 가능. 5천원을 내고 자신의 이름표를 만들어 카페 복도에 걸어두면 평생 10% 할인을 받을 수 있고, 눈에 띄는 이름표를 추첨해 매년 무료숙박권을 선물하는 이벤트도 있다. 토요일에는 무료로 영화도 상영되니 토요일에 간다면 놓치지 말자!

시간이 멈추는 곳, 가시리의 유일한 게스트하우스

　　가시리. 이름만큼이나 예쁜 마을이다. 제주에는 아담하고 정겨운 마을이 많지만 가시리만큼 내 마음을 사로잡은 곳은 없었다. 낮은 바람이 돌담 사이사이로 불어오고, 마을 골목 어귀마다 키 작은 귤나무의 반짝이는 잎사귀가 바람 따라 사부작거린다. 버스정류장엔 수십 년 된 큰 나무가 지킴이처럼 든든하게 서 있고, 그 아래로 천하태평 동네 개들이 나와 자고 있다. 뒷짐 지고 가던 할머니가 가다 말고 그 옆에 자리를 깔고 앉으면 뒷짐 지고 지나던 또 다른 할머니가 그 옆에 앉아 말동무가 되어준다. 차 한 대가 지나갈만한 좁은 길들이 뻗고 만나고를 반복하고, 남의 살림살이 훤히 보이는 대문 없는 집들이 마주 보고 인사를 한다.

　　티베트어로 '공손히 웃으며 인사한다'는 뜻을 가진 타시텔레는 가시리 마을의 유일한 게스트하우스다. 그래서인지 가시리 사람들에게 이곳은 '타시네'로 통한다. 가시리 버스정류장에서 만난 아주머니도 그랬다. 두리번거리는 내게 어디 가냐 물었고, 타시텔레에 간다는 내말에 '아~타시네' 하셨다. 아담한 키에 통이 넓어 바람이 잘 드는 바지를 입은 아주머니는 타시네 쪽으로 간다며 앞장 서 걸었다. 그녀의 경쾌한 발걸음에 바지자락이 기분 좋게 춤을 췄다.

　　버스정류장에서 5분 정도 걸었을까? 간판과 바닥에 그려진 화살표를 따라 코너를 도니 작은 골목이 나오고 다시 한 번 오른쪽으로 도니 타시텔레 게스트하우스가 모습을 드러냈다. 골목에서 입구로 들어오지 않으면 가까운 거리인데도 신기하게 잘 보이지 않는 삼각지대라 바로 앞까지 와서도 못 찾는 여행자도 꽤 있단다. 그래서인지 타시텔레는 아무도 모르는 나만의 아지트에 있는 느낌이 든다.

　　타시텔레에 도착하니 개 세 마리가 느긋하게 누워있는데, 알고 보니 이 개들 중 한 마리의 이름이 '타시'였다. 그래서 동네사람들이 이곳을 '타시네'라고 부르는 모양이다. 간판의 연둣빛은 게스트하우스까지 이어졌다. 입구엔 넉넉한 주차장이 있고, 타시텔레라는 인사처럼 반가운 표정이 그려진 벽돌들이 마당에 일렬로 줄지어 있다. 안쪽으로 제일 먼저 나오는 오른쪽 건물이 타시텔레 카페, 카페 뒤 건물이 게스트하우스, 그 앞에 마주보고 있는 작은 건물이 화장실과 샤워실 건물이다. 건물은 전부 싱그러운 연둣빛이고 카페는 넝쿨이 수북이 감싸고 있다. 그 앞으로 길게 붙은 나무 테라스와 잔디가 깔린 마당까지 말 그대로 온통 초록이다. 게스트하우스의 자연스러운 느낌과 닮은 중년의 한 여성이 마당으로 나오면서 반갑게 인사했다. 주인 아주머니였다.

1 전날 미리 주문하면 유기농 조식을 먹을 수 있다.
2,5 휴게공간으로 쓰이는 거실. 수건이나 세탁기 이용시 자율적으로 요금을 내고 사용할 수 있다.
3 감물들인 침대보와 서재 느낌으로 꾸며진 커플룸 내부.
4 카페의 주방 공간.
6 독립된 건물의 화장실과 샤워실.
7 푸른 건물과 잔디 그리고 주변 나무들이 만들어내는 리얼 초록.

GUESTHOUSE INFO

add _ 서귀포시 표선면 가시리 1776번지
price _ 도미토리 2만원, 2인실 5만원
in & out time _ 없음
meal _ 직접 만든 제주밀빵, 요거트, 야채 수프, 한라봉잼, 버터, 샐러드(5천원)
tel _ 010-3785-1070
web _ cafe.naver.com/bimtashidelek

Location

제주공항에서 100번을 타고 시외버스터미널로 간 후, 번영로 노선버스를 타고 1시간이면 '가시리 농협 앞' 정류장에 도착한다. 하지만 번영로 노선 중 가시리를 경유하는 버스는 6:28 11:28 15:28 18:28 이 네 개의 시간대가 전부다. 혹시 버스를 놓쳤을 경우 표선까지 간 후 다른 버스로 갈아타거나 택시를 타면 된다. 가시리농협 앞에서는 중앙슈퍼→디자인카페→나목도 식당→자연사랑 갤러리→구멍가게가 있는 삼거리에서 좌회전→150미터 올라오면 타시텔레에서 직접 만든 의자 간판이 보인다.

1 주인장이 항아리로 만든 간판이 서 있는 타시텔레 입구.
2 여행자들이 편안히 쉬어갈 수 있는 거실.
3 도미토리 침대는 자리마다 커튼이 있고 작은 등이 달려있어 편리하다.

그녀는 30년 동안 창고로 쓰다 비워둔 건물을 하나하나 직접 개조해 지금의 타시텔레를 만들었다. 카페와 게스트하우스에 있는 의자며 테이블, 문과 천장까지 전부 원래 가지고 있던 재료로 만들었거나 무언가 만들고 남은 재료를 재사용한 것들이라 어느 것 하나 칼처럼 정확하게 떨어지는 것이 없다. 카페로 들어가는 입구 문에도 짤막짤막한 서로 다른 나무토막들이 붙어있고, 카페 안쪽으로 이어지는 나무 바닥도 짧고 긴 나무토막들이 서로 얽히고 섥켜 반듯하진 않지만 이야기 가득한 정겨운 공간을 만들어 낸다. 감물 들인 옷을 입고 긴 곱슬머리를 자연스레 묶은 아주머니는 두 아이의 엄마. 이 공간을 만드는데는 3년이 걸렸다고 했다.

게스트하우스 입구는 카페 입구와 비슷한 오렌지빛 삼각 모양이었는데, 입구로 들어서자 거실 공간엔 나무테이블과 벽에 걸린 제주 오름 사진이 햇살을 한가득 받고 있었다. 거실 뒤론 용눈이, 따라비 등 제주의 오름 이름을 딴 방들이 5개 있는데 이중 두 개의 방이 도미토리, 3개의 방은 2인실이다. 아주머니는 왼쪽 제일 처음 붙어있는 방으로 날 안내했다. 역시 직접 만든 이층침대 3개가 놓여 있었다. 아주머니는 직접 앉아보고 누워보고 알맞은 높이를 찾아가며 만들었다고 했다. 여러 사람이 함께 쓰는 공간을 배려해 침대 자리마다 커튼을 달고, 소등시간 이후로도 간단한 책을 보거나 메모할 수 있는 작은 등이 머리맡에 달려있다. 갑자기 추워지는 중산간 날씨에 감기라도 걸릴까 전기장판을 침대마다 마련해 둔 배려가 돋보인다.

동네가 너무 예뻐 구경을 간다고 하니 아주머니는 자연사랑 갤러리에 꼭 가보라고 하신다. 자연사랑 갤러리는 김영갑 갤러리와 마찬가지로 폐교를 보수해 만든 곳이다. 알려주지 않으면 못 알아챌 만큼 옛 학교의 모습을 그대로 간직하고 있다. 가시리까지 오는 여행자가 많지 않아 이곳 역시 여행자는 드물었다. 들어서니 편안한 옷차림의 관장님이 매표소에 앉아있었다. 관장님이라고 하기엔 그저 제주의 평범한 어르신 같은 분이었는데, 알고 보니 이곳에서 전시되는 대부분의 사진을 찍은 사진작가이기도 했다. 관장님은 제주에서 나고 자라 30년 가까이 제주 사진을 찍어온 분이었다.

이곳에서 가장 마음에 들었던 건 폐교를 그대로 간직한 옛 정취와 더불어 7080이라는 이름을 가진 오른쪽 끝에 자리한 전시실이었다. 제주의 아름다움을 찍은 사진이 아닌 어린 해녀가 망을 들고 가는 모습, 나이가 지긋한 해녀가 물질하는 모습, 옛 포구의 모습 등 제주인들의 삶을 담은 사진들이 자꾸 발걸음을 멈추게 했다. 그러다 벽 한 편에 걸린 시가 나를 붙잡았다.

1 타시텔레에서는 소원 팔찌 미산가를 직접 만들어 선물할 수 있는 프로그램이 있다.
2 프라이팬이 걸려 있는 주방.
3 버려진 나무들을 이용해서 주인장이 직접 만든 카페 복도.
4 구석구석 주인장의 손길이 닿아있는 인테리어가 매력적이다.

"말하는 섬 그림자를 읽는 섬
모든 것이 외치고 있다. 내가 지나갈 때, 그건 바람이 아니지.
하늘도 파도도 아니 어두운 머리와 얼굴. 칠흑의 바위들이지.
아니 황홀하여 사지가 벌어진 나무 뿌리들이지.
아니 광적인 꿈의 단어를 먼 바다에서 끼워 맞추고 있는 비취 손의 침범자
살아있는 섬의 시선이지."

갤러리를 나서며 사진을 잘 보고 간다고 관장님께 인사드리니, 젊은 사람이 수동 카메라를 쓴다며 오히려 신기해하신다. 어제부터 카메라가 약간 이상하다고 하자 가까운 카메라 수리점을 알려주신다. 운동장으로 터벅터벅 걸어 나오다 예전엔 공도 차고 고무줄 놀이도 하고 여느 초등학교처럼 생기가 넘쳤을 아무도 없는 운동장 한복판에 멈춰 섰다. 입구를 지나 운동장으로 들어온 바람이 날 감쌌다. 그리고 그건 그냥 바람이 아니었다. 누군가의 애환이고 아픔이고 섬을 지켜온 제주인들의 굳은 심지 같은 거였다.

가시리의 보물, 따라비 오름

그날 밤, 다른 여행자는 없었다. 여섯 명이 있었지만, 전부 커플이라 2인실로 들어가 버린 덕분에 타시텔레의 여유를 제대로 만끽할 수 있었다. 다음 날, 아주머니가 직접 만든 제주 밀빵과 한라봉 잼, 야채 수프, 과일 요거트, 샐러드로 한상 가득 차린 조식을 든든히 먹고, 마당의 벤치에 병풍처럼 앉아있다 어제 자연사랑 갤러리에서 본 따라비 오름 사진이 생각났다. 아주머니에게 물어보니 걸어서 40분 정도, 자전거로 20분 정도가 걸린다고 알려주신다. 자전거를 끌고 길로 나왔다. 아주머니가 '오름 전문가'라고 붙여주신 타시텔레 강아지 세 마리와 함께. 그런데 너무 오랜만에 자전거를 타서인지 전기 자전거가 처음이라 그런지 이리 비틀 저리 비틀하다보니 20분이면 간다던 오름엔 한 시간이 걸려 겨우 도착했다. 강아지들은 앞장서서 오름으로 이끌어주는 척 하더니 가는 길에 슈퍼에서 내게 소시지를 두 개씩이나 얻어먹을 땐 언제고 어느새 유유히 사라져버렸다.

오름 입구 주차장에 자전거를 세워두고 오름에 올랐다. 따라비는 말을 방목하는 오름인데, 올라가는데 20분 정도 걸린다. 말들을 지나 오름에 오르고 또 올라 정상에

다다랐다. 정상에 서자 제주 바다가 저 멀리 보이고 나무들은 햇살을 받아 빛났다. 풍력기가 빙빙 돌며 나른한 구름을 실어 날랐다. 아무도 없는 오름에 혼자 서 있으려니 이 풍경을 선물 받은 아이처럼 신이 났다. 내려오는 길에 콧노래가 절로 나왔다. 말들에게 인사를 고하고 전기자전거에 올라탔다.

 자전거를 한 시간 넘게 타고 오면서 익숙해졌으니 왠지 용기가 불끈 솟았다. 그럼 그렇지. 아니나다를까 길 옆 흙더미로 곤두박질치며 넘어졌다. 팔 뒤꿈치와 어깨를 다치고 핸드폰은 날아가서 액정이 부서졌다. 카메라 UV필터 쇠 테두리도 찌그러졌다. 너무 아파서 일어날 수가 없어 멍하니 있는데 지나가던 할머니가 괜찮냐며 도와주셨다. 너무 아픈데 괜히 웃음이 났다. 절뚝거리며 근처 슈퍼마켓으로 가서 물티슈로 흙을 닦고 있는데, 동네어르신들이 전기자전거를 보고 다가왔다가 다친 날 보고는 자기 집에 가서 약 바르고 가라신다. 조용한 가시리 마을에 자전거를 타다 넘어진 젊은 여자는 어르신들에게 흔치 않는 광경인 듯 순식간에 다른 어르신들도 몰려들어 '그래 그래~. 약 바르고 가~.'하며 한마디씩 하신다. 덕분에 상처 부위를 소독하고 약을 얻어 바르고 나왔다.

 어르신들의 배웅을 받으며 자전거를 질질 끌고 타시텔레로 돌아가는 길은 방금 무슨 일이 있었냐는 듯 여느 때와 마찬가지로 고요하고 나른했다. 그래, 여긴 조용한 마을 가시리에 더없이 조용한 타시텔레지. 이곳에선 모든 사건도 시간도 아무 일 없다는 듯 흘러간다.

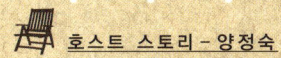 호스트 스토리 - 양정숙

나른하고 편안한 타시네 주인장

타시텔레 카페로 들어가자 그녀는 카페 한 구석에 놓인 소파에 기대어 앉아있었다. 카페에선 낮은 음악 소리가 천천히 흘러 나왔고, 그녀는 약간은 졸린 듯 그리고 약간은 무기력한 듯 나른하면서도 편안한 표정을 짓고 있었다.
"굳이 뭔가 하려고 할 필요 없어. 가만히 있다 보면 할 일이 생각나. 그때 해도 충분해." 이 말이 이곳을 딱 함축적으로 담아내는 것 같다. 하릴없이 나와 소파에 나른하게 앉아 있다. 잠을 자다 책을 읽다 그리고 또 잠을 청해도 이보다 좋은 곳이 없다. 그러다 생각나는 것들이 있으면 그때 그 일을 하면 된다. 마음 졸일 일도 없다. 잡생각이 들면 미산가 팔찌를 만들거나 퀼트를 배울 수 있다. 만다린이라는 좌우상하대칭의 동그란 원 그림을 색칠하며 머리를 비워낼 수도 있다. 이곳에선 시계를 볼 필요가 없다.
아주머니는 30년 가까이 창고로 쓰이던 건물을 3년 동안 직접 나르고 붙이고를 반복하며 지금 타시텔레 모습을 만들었다. 그래서 지금도 무언가 필요하면 '살까'가 아닌 '어떻게 만들까?'를 고민한다. 그는 앉아 있는 자세며 묶은 머리 모양새, 웃는 모습까지 자연스러움 그 자체다. 타시텔레 게스트하우스의 편안하고 자연스러운 분위기의 완성은 누가 뭐래도 그녀다.

Other Guesthouse

 동부_삼달리

삼달재 게스트하우스

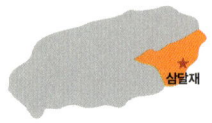

고즈넉한 제주 옛집에서의 조용한 하룻밤

삼달재는 새벽이슬 같은 곳이다. 작정하고 못된 눈으로 무언가 꼬집으려 해도 티 없이 맑은 집이다. 이제는 너무나도 흔해져버린 제주의 수많은 게스트하우스들의 '빨간 지붕의 하얀 벽'을 그 어떤 곳보다 담담하고 점잖게 담고 있는 곳이다. 삼달2리 버스정류장에서 바다를 향해 뻗은 골목으로 얼마 못 가 삼달재를 만날 수 있다. '삼달리' 카페를 따라 마당으로 들어서면 고운 잔디 마당 위 세 채의 집이 아늑한 공간을 만들어내고 있다.

테라스에 놓인 화분 하나 잔디 한 올 심지어 마당으로 들어오는 햇살 한줌까지 다 제자리 인 듯 편안하다. 카페로 들어서자 예술가 분위기의 믿음직스러운 목소리를 가진 중년의 아저씨가 체크인을 도와준다. 이곳을 운영하는 주인장이다. 체크인을 마치고 카페 옆 건물 게스트 공간으로 들어서니 거실을 중심으로 가, 나, 다, 라 네 개의 방과 마당엔 2인실의 독채로 지어진 밖거리 방도 있다. 게스트 공간엔 남녀 화장실과 샤워실, 전자레인지, 정수기가 있는 간단한 주방시설이 있다. 마당이 넓어서인지 채광이 좋아 평화롭기 짝이 없다. 실내는 화이트 톤으로 꾸며져 그 채광이 더욱 눈부시다.

주인장의 철학이 담긴 조식은 삼달재에 묵는 또 다른 즐거움이다. 호텔처럼 부담스럽지 않으면서도 정갈하고 단정한, 그런 조식을 추구한다. 여행길에 젓가락보다 포크를 들고 한가로이 식사해보고 싶던 자신의 여행 철학을 담아 3종의 조식 중 하나를 제공한다. 혹시 같은 메뉴를 이틀 먹게 될 수도 있지만 정갈한 식탁은 하루의 시작을 기분 좋게 해 준다. 조식을 든든히 먹었다면 걸어서 30분 남짓 걸리는 두모악 갤러리에서 오름을 사랑한 사진작가 김영갑의 눈으로 본 제주를 구경하면 좋겠다. 그게 귀찮다면 소박한 삼달리 동네를 한 바퀴 돌거나, 그저 테라스에 앉아 있는 것만으로도 삼달재는 꽤 괜찮은 휴식을 선물한다.

Location
제주공항에서 100번 버스를 타고 제주시외버스터미널로 간다. 버스터미널에서 성산 방향 동일주버스를 타고 '삼달2리' 정류장에 내려서 맞은 편 큰 골목을 따라 내려가면 2분 거리에 있다.

> GUESTHOUSE INFO

add _ 서귀포시 성산읍 삼달리 57-2
price _ 도미토리 2만 5천원
　　　　2인실 5만원 or 7만원
in & out time _ 4시 · 10시 30분
meal _ A 오믈렛과 토스트
　　　　B 샹웨빵과 달걀볶음
　　　　C 구운 감자와 프렌치토스트
　　　　(A, B, C 중 하나 랜덤 제공.
　　　　계절과일 커피, 우유 또는 주스
　　　　제공.)
tel _ 070-4187-8254
web _ www.samdarl.com

1 마당을 사이에 두고 세 채의 건물
　이 배치된 점잖은 ㄷ자로 구성된 삼달
　재의 모습.
2 게스트룸 중심에 있는 거실.
3,4 독채 건물의 카페에서 제공하는 깔
　끔한 조식.

> Other Guesthouse

 동부_표선리

와하하 게스트하우스

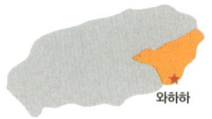

9년의 역사를 가진 끝없이 자유로운 공간

주인장은 있으나 주인장은 없고, 게스트는 있으나 게스트는 없는 것 같은 너무도 자유로운 분위기의 와하하 게스트하우스는 표선에 자리 잡은 지 9년이 넘은 역사가 깊은 곳이다. 표선해안도로를 따라 자리한 와하하는 하와이 구석진 낡은 동네에 있는 분교 같다. 정원에는 야자수가 심어져 있고 허연 건물 곳곳과 무심하게 남루한 외벽도 왠지 이곳의 자유로움에 힘을 얹는다. 언뜻 하와이 작은 마을을 배경으로 한 영화 '호노카와 보이'에서 본 것 같기도 하다.

주인장은 주인장 같지 않고 게스트는 다들 자기 집처럼 널 부러져 있는, 원진 몰라도 건물 안에 발 들여놓으면 자신도 모르게 주인 행세를 하게 되는 곳이다. 뛰어난 낙조를 즐길 수 있는 해안가의 건물, 그보다 더 넓은 정원 그리고 곳곳에 자리한 해먹과 앉으면 눕는 자세가 되는 그물로 만들어진 의자가 편안하다.

너무 쿨하고 시크한 스타일의 주인장이 운영하는 곳이라 불안할 수도 있으나, 어울리지 않게 CCTV가 설치되어 있어 보안에도 힘쓴다. 자전거를 무료 대여해 주며, 주차장도 넓어 렌트카 여행자들에게 인기가 좋다. 청결에 민감한 여행자라면 와하하가 만족스럽지 않을 수도 있다. 도미토리에는 자리마다 개인 모기장이 달려있다. 정원 어딘가에 늘 쓰러진 자세로 누워있는 진돗개 '야임마'와 그의 자식들 '빵꾸'와 '똥꾸'는 부를 때마다 웃음이 나게 만드는 이곳의 마스코트다.

Location
제주공항에서 100번을 타고 제주시외버스터미널로 가서 표선 행 동일주버스를 탄다. '표선리' 정류장에서 내려 게스트하우스로 전화하면 주인장이 픽업을 나온다.

{ Guesthouse info }

add _ 서귀포시 표선면 표선리 1299번지
price _ 도미토리 1만 5천원, 2인실 5만원,
        4인실 8만원(성수기 7. 20~8. 20
        2인실 7만원, 4인실 12만원)
in & out time _ 없음
meal _ 제공되지 않음. 조리와 배달 가능
tel _ 064-787-4948, 016-268-4948
web _ www.wahahajeju.co.kr

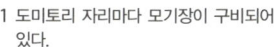

1 도미토리 자리마다 모기장이 구비되어 있다.
2 와하하 휴게공간에서 도미토리 공간으로 이어지는 복도.
3 게스트가 주인 같은 와하하에서 만난 타로카드 마스터 여행자.
4 하와이 오래된 학교 느낌을 풍기는 와하하 외관.

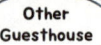

산티아고 게스트하우스

광치기의 절대 비경 속으로

광치기해변의 백사장을 마당 삼아 해변에 홀로 자리 잡고 있는 이곳은 산티아고 게스트하우스다. 올레 1, 2코스 교차점에 자리한 산티아고는 광치기해변과 성산 일출봉 그리고 저 멀리 섭지코지까지 한 자리에서 바라볼 수 있는 명당자리에 있다. 산티아고 근방 1킬로미터 주변으로는 바다 말고 아무것도 없기 때문에 생필품을 미리 마을에서 사 가야 하는 번거로움이 있지만, 그래서 밤늦도록 여행자들과 넋두리를 쏟아내기에 좋은 곳이다.

매일 밤, 바비큐 파티와 자연산 회와 초밥 파티가 열리고 가끔 산티아고 앞 해변에서 펼쳐지는 캠프파이어도 일품이다. 자전거와 낚싯대를 무료로 빌릴 수 있고, 2박 이상 숙박하는 여행자들은 일출봉을 바라보며 해변 승마도 할 수 있다. 문만 열면 바다가 펼쳐지니. 마음 맞는 여행자들은 조개와 게를 잡는 체험도 할 수 있어 제주 바다를 가까이 느끼기에 알맞은 곳이다. 가건물이라 화장실 사용이 불편하지만, 아침부터 저녁까지 펼쳐지는 환상적인 비경과 일출이 황홀하다. 산티아고 앞에서 보는 일출은 성산 일출봉에서 보는 일출만큼 화려하니 굳이 일출봉에 올라가지 않아도 괜찮겠다. 우아한 걸음으로 산티아고 주변을 걸어 다니는 멍멍이 '줄리'도 여행자들의 사랑을 받고 있다.

Location

제주공항에서 100번 버스를 타고 시외버스터미널로 향한다. 시외버스터미널에서 동일주버스를 타고 광치기해변에서 하차. 버스 진행 방향으로 200미터를 가면 왼쪽에 하얀 건물이 보인다.

1 남루한 외관이지만 있을 건 다 있는 산티아고.
2 바비큐 파티에 여행자들이 도란도란 모이는 휴게 공간.
3 편백나무로 만든 도미토리 침대엔 나무발과 전기장판이 있다.
4 문 앞으로 펼쳐지는 광치기해변과 성산일출봉.

GUESTHOUSE INFO

add _ 서귀포시 성산읍 고성리 232
price _ 도미토리 2만원, 2인실 5만원,
3인실 6만원, 4인실 8만원
in & out time _ 4시 · 10시
meal _ 토스트, 우유, 커피 등
tel _ 010-6246-7400
web _ cafe.naver.com/mrmp3down

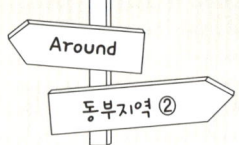

광치기해변

성산 일출봉과 저 멀리 섭지코지까지 한 눈에 보이는 해변으로 올레길 1코스의 종점이자 2코스 시작점이다. 세계자연유산 성산 일출봉의 모습이 가장 아름답게 보이는 지점으로 사진작가들이 좋아하는 곳이다. 해수욕장으로 알려진 곳이 아니라 비교적 한산한 해변을 즐길 수 있다. 광치기 해변에서 타는 말도 이색 체험 중 하나다.

add _ 제주도 서귀포시 성산읍

김영갑 갤러리 두모악

1982년에 제주도에 와서 그 매력에 매료되어 평생을 제주 사진을 찍는데 일생을 바친 사진작가 故김영갑의 갤러리다. 2005년 루게릭병으로 세상을 떠나기 전까지 그가 담은 제주의 모습이 생생히 담겨있다. 폐교를 개조해 만든 아담한 갤러리와 고인이 직접 실어 나른 나무와 돌로 꾸민 정원이 멋스럽다. 두모악은 한라산의 옛 이름으로, 갤러리 안엔 수년간 그가 찍어온 사계절의 한라산 모습과 가장 사랑했던 용눈이 오름 등 제주의 바람까지 담겨진 그의 애잔한 사진들이 전시실을 메운다. 김영갑의 사진을 사랑하는 여행자들의 아낌없는 사랑을 받고 있다.

add _ 서귀포시 성산읍 삼달리 437-5064 | tel _ 064-784 9907 | web _ www.dumoak.co.kr

표선 해비치해변

표선에 위치한 해수욕장으로 썰물 때가 되면 둥근 호수 모양의 원형 백사장이 드러나는 곳이다. 잔잔한 물결이 드넓은 경기장처럼 느껴지고, 모래가 유난히 곱고 부드러워 모래찜질을 하면 신경통에 좋다고 알려져 있다. 남쪽엔 낚시터가 마련되어 있어 싱싱한 회를 즐길 수 있으며 해수욕장 야경이 근사한 곳이다. 매년 7월 말에서 8월 초까지 백사장에서 표선리청년회에서 주관하는 백사대축제도 구경할 만하다.

add _ 서귀포시 표선면 표선리 | tel _ 064-760-4476

성산 일출봉

유네스코 세계자연유산으로 지정된 성산 일출봉은 10만 년 전 화산 활동으로 생겨난 수많은 분화구 중 유일하게 바다 속에서 폭발해 만들어진 곳이다. 우뚝 솟은 봉우리의 모습이 마치 성과 같다 하며 '성산'이라는 이름이 붙여졌다. 정상에서 바라보는 일출은 제주도 10대 절경 중에서도 으뜸으로 꼽힌다. 원래는 섬이었으나 모래와 자갈이 밀려 육지와 연결되었고, 정상에 올라가면 제주의 바다와 성산 마을을 한눈에 볼 수 있다. 빼어난 일출을 자랑하며 매일 새벽녘이 되면 일출을 보러 올라가는 여행객들과 주민들로 붐빈다. 정상까지는 40분에서 1시간 정도 걸리며 꽤 가파른 편이다.

add _ 서귀포시 성산읍 성산리 114 | tel _ 064-783-0959

경미휴게소

성산 일출봉에 가면 꼭 들러야 하는 맛집 '문어라면집'이다. 번듯한 간판 없이 낡고 오래된 입간판 하나가 전부라 그냥 스쳐지나가는 사람도 있지만, 맛만은 그냥 스쳐지나갈 수 없다. 문어가 듬뿍 들어간 매콤한 문어 라면과 야들야들한 문어 숙회가 주 메뉴다. 입구 수조에 달라붙어있는 생생한 문어들이 신선함을 말해준다. 문어 라면은 5천원, 문어 숙회는 1만 5천원에서 2만원이다.

add _ 서귀포시 성산읍 성산리 145-4 | tel _ 064-782-2671

따라비 오름

가시리를 대표하는 오름의 여왕이다. 입구로 들어가면 부드러운 능선을 뽐내는 오름과 방목하는 말들이 유유히 돌아다니며 동화 속의 한 장면을 연출한다. 억새가 장관을 이루는 가을 풍경이 유명하지만 푸르른 여름에도 그 아름다움은 변함없다. 정상에 오르면 뒤편으로 풍력발전기와 함께 높은 오름, 좌보미 오름, 백약이 오름 등 주변 오름들과 저 멀리 바다의 모습이 파노라마로 펼쳐진다. 가시리 마을은 조선시대에 말을 사육했던 곳으로 따라비 오름을 포함해 큰사슴이 오름, 화산이 만들어낸 용암덩어리인 행기머체, 소꼽지당 등이 연결된 20킬로미터에 달하는 총 7시간 코스의 '갑마장 길'도 조성되어 있다.

add _ 제주도 서귀포시 표선면 가시리 산62

자연사랑 갤러리

신문사 사진기자 출신인 서재철 관장이 운영하는 가시리의 사진갤러리다. 옛 가시초등학교를 개조하여 운동장이며 건물 모두 옛날 그대로다. 천혜의 제주 자연경관을 담은 사진과 더불어 과거 해녀들의 흑백사진까지 제주의 삶이 묻어나는 사진들을 전시하고 있다. 전시장 한 편엔 전국에서 기증한 오래된 카메라들도 전시하고 있으며, 복도엔 옛 가시초등학교의 졸업생들 사진도 전시되어 있다. 번듯한 갤러리의 모습은 아니지만 정겨운 공간에 전시된 아름다운 제주 사진은 마음을 뜨겁게 만드는 무언가가 있다.

add _ 서귀포시 표선면 가시리 1920-1 | tel _ 064-787-3110 | web _ www.hallaphoto.co.kr

허브동산

표선에 있는 허브테마파크로 180여 종의 허브와 250여 종의 야생화로 꾸며진 곳이다. 4개의 테마 가든으로 구성되어 있으며, 가든 외에도 허브 숍과 카페가 있고 펜션도 갖춰져 있어 숙박까지 가능한 테마파크다. 금액이 부담스럽긴 하지만 아로마 소금으로 마사지하고 따뜻한 허브 물에 발을 담그는 족욕 체험은 하루의 피로를 모두 잊게 만든다. 입장료 성인 7천원, 청소년 5천원이고, 족욕 체험은 2만원 정도다.

add _ 서귀포시 표선면 표선리 2608 | tel _ 064-787-7362 | web _ www.herbdongsan.com

우도

종달리 해안가에서 바라보면 마치 소 한 마리가 누워 있는 형상을 하고 있다고 해서 우도(牛島)라는 이름이 붙여졌다. 150년 전만 해도 사람이 살지 않는 무인도였지만, 1697년에 국유 목장이 설치되면서 사람이 살기 시작했다. 지금은 600여 가구가 어업과 농업에 종사하고 있다. 새하얀 모래 사장과 푸른 바다가 지중해 못지않은 아름다움을 자랑한다. 여행객을 위해 우도 순환 버스가 30분마다 운행되며, 스쿠터나 자전거 등으로 돌아볼 수 있게 해안을 따라 도로가 잘 조성되어 있다.

add _ 제주시 우도면 | tel _ 064-728-4333

대동강 초계탕
표선해수욕장 근처에 자리한 초계탕 전문점이다. 북한에서 내려온 주인장이 제주도에 정착해 만든 곳으로 정갈하고 맛깔스러운 음식을 자랑한다. 제주도 토종닭과 한방약을 이용한 시원한 초계탕, 온반 등으로 조미료 없는 깔끔한 맛은 표선 일대에 소문이 자자하다. 거기다 깍듯한 친절함으로 기분 좋은 식사 시간을 만들어준다.

add _ 서귀포시 표선면 표선리 40-52 | **tel** _ 064-787-5989

커피잇수다
버려진 목재를 재활용해서 인테리어한 커피숍이다. 외관은 신사동 가로수길에나 어울릴 법한 감각적인 모습이다. 빈티지하게 꾸며진 실내에서는 동전지갑, 가방 등 아기자기한 상품을 판매하고 수익금은 '제주도 평화인권센터'에 기부된다. 커피를 비롯해 전통차와 제주 향토음식 오메기떡도 준비되어 있으며, 음료는 3천원대, 오메기떡은 개당 1천원이다.

add _ 서귀포시 성산읍 성산리 127-3 | **tel** _ 070-4416-2510

여행 카페 스토리텔링
육지에서 온 젊은 청년이 운영하는 곳으로 성산 일출봉 근처 도로변에 있다. 벽면엔 다녀간 여행자들의 쪽지들이 붙어있고, 여행 카페답게 제주 지도들도 그 사이를 채운다. 주인장이 제주 투어 가이드 일과 함께 운영하는 곳으로 제주에 대해 모르는 게 없으니 이것저것 제주에 관한 질문을 던져보자. 평소엔 주인장이 있지만 주인장이 가이드 일을 나가면 무인카페로 변한다.

add _ 서귀포시 성산읍 성산리 196-2 | **tel** _ 064-782-1882

우리봉 식당

성산 일출봉 아래에 있는 제주향토음식점이다. 가리비와 게 등 각종 해산물이 들어간 칼칼하고 시원한 오분작 해물뚝배기가 일품이다. 일출봉 입구에서 5분 거리도 안 되는 곳이라 일출봉에 다녀온 여행자들이 식사를 해결하기 좋다. 1인분도 주문 가능한 갈치조림과 제주에서만 맛볼 수 있는 갈치회도 뚝배기와 더불어 이곳의 대표 메뉴다.

add _ 서귀포시 성산읍 성산리 157-1 | tel _ 064-782-0032

가시리 동네가게

농촌과 도시의 공생을 추구하는 따뜻한 사람들이 운영하는 가시리의 아늑하고 아담한 카페다. 실용적인 제주기념품과 가시리에 살고 있는 작가들이 만든 작은 액세서리들을 판매한다. 유기농으로 재배한 녹차로 만든 녹차 아이스크림과 따뜻한 매실차 등 모든 메뉴가 건강한 맛을 자랑한다. 음료는 2~4천원대이며, 영업시간은 오전 10시에서 오후 10시까지다.

add _ 서귀포시 표선면 가시리 1898-1 | tel _ 064-787-8765

나목도 식당

남루한 간판이 그 역사를 말해준다. 가시리의 도민들 사이에서 더 인정받는 곳이다. 팥죽색의 제주 전통 순댓국과 두루치기로 유명한 식당이다. 고기가 떨어지면 문을 닫는 배짱 좋은 집으로 저녁시간엔 연락을 하고 가는 게 좋다. 모든 메뉴를 1인분씩 판매하고 있어 나 홀로 여행자들에게 추천하기 좋은 곳이다. 대부분의 메뉴가 5~6천원 선으로 저렴한 금액으로 든든한 한 끼를 먹을 수 있다.

add _ 서귀포시 표선면 가시리 1877-6 | tel _ 064-787-1202

 남동_신례리

안녕메이 게스트하우스

공천포의 은빛 바다를 누릴 수 있는
깔끔한 공간

★ Writer's Comments

공천포를 따라 올레5코스 작은 마을로 들어서면 나오는 네 번째 집이 안녕메이 게스트하우스다. 4인실의 도미토리룸 세 개와 온돌로 된 2인실 한 개로 이루어진 이곳은 지난 2011년 9월에 문을 열었다. 잔잔한 은빛 바다가 매력적인 공천포에 있어 바글거리는 관광지에서 벗어나 작은 마을을 산책하며 여유를 누리기에 더 없이 좋은 곳! 30대 초반의 젊은 부부가 젊은 감성으로 꾸민 인테리어 때문에 여성들에게 인기가 높다. 저녁에 카페에서 여행자들과 이야기를 나누거나 조용히 사색하기 좋은 곳이다.

은빛 공천포 신례리 마을의 아담한 게스트하우스

　공천포의 바다는 은빛이다. 제주의 모든 바다가 에메랄드빛일 것 같지만 공천포 바다는 낮에는 산산이 부서지는 태양빛에 밤에는 은은히 빛나는 달빛에 먹색의 바닷물이 은빛이 된다. 은빛의 공천포 해안을 따라 마을로 조금 들어가면 돌담 위 귀여운 부엉이가 그려진 작은 간판이 보인다.
　까만 돌담에 둘러싸여 더욱 새하얗게 보이는 이곳은 이름부터 싱그러운 안녕메이 게스트하우스다. 허벅지 높이의 낮은 나무 대문 안으로 네모난 잔디 마당에는 둥글둥글한 돌들이 놓여있고, 유난히 새하얀 건물과 하늘색 지붕이 시원한 우유 한 잔을 생각나게 만든다. 잔디 마당 위로는 빨주노초 무지갯빛 바람개비가 빙그르르 돌아가고, 마당에는 파란 의자들이 놓여있다. 어디선가 클래식과 함께 비눗방울이 날아갈 것 같은 집이다.
　나무 대문을 살짝 열고 들어가니 오른쪽 건물은 작은 테이블 대여섯 개가 놓여있는 아담한 카페다. 간판에 있던 그림과 같은 안녕메이의 마스코트 부엉이 인형들과 작은 소품들이 사랑스러운 아기 방처럼 꾸며져 있다. 천장에 매달린 모빌이 창 밖에서 들어오는 햇살을 따라 카페 구석에 흔들리는 그림자를 만든다.
　카페 바로 맞은 편은 게스트하우스, 카페와 게스트하우스 사이엔 주인장의 공간이 있다. 내가 들어가자 주인 언니가 나와서 반갑게 인사한다. 이곳은 젊은 신혼부부가 운영하는 곳으로 원래 주인 언니는 온라인을 담당하고, 오프라인은 남편인 주인 오빠가 관리하는데, 오늘은 산방산 근처에 있는 인기 카페 '레이지박스'에서 사진을 전시하게 되어 저녁 때나 되어야 온다고 했다.
　언니의 안내를 받으며 안으로 들어갔다. 온통 새하얗다. 문을 열면 제일 먼저 거실이 있고 거실 중간엔 클래식한 다리를 가진 4인용 테이블이 놓여있다. 거실을 중심으로 두 개의 방이 양쪽으로 마주 보고 있는데, 오른쪽 두 번째 방이 2인용 온돌 룸이고 나머지 세 개의 방은 이층침대가 두 개씩 놓인 4인실 도미토리다. 원목사물함과 파란 스프라이트 무늬의 침구가 놓여 있는 깔끔한 공간이다.
　게스트하우스 건물엔 이미 어디론가 구경나간 주인 없는 배낭들만 조용히 놓여 있었다. 나도 배낭을 한쪽에 두고 동네 구경에 나섰다. 안녕메이를 나서서 파도 소리가 나는 방향으로 조금 걸어가면 이곳의 자랑 공천포를 만날 수 있다. 공천포의 물은 한여름에도 얼음장처럼 차가운 것이 특징인데, 이유는 바닷물과 산에서 내려오는 계곡

1 안녕메이 마당에 있는 바람따라 돌아가는 색색의 바람개비.
2,3 소녀감성으로 꾸며진 안녕메이의 거실과 도미토리.
4 화장실과 샤워실이 따로 분리되어 있다.
5 거실 한쪽에 마련된 간단한 주방.
6 안녕메이 카페에서 먹을 수 있는 주인장이 직접 만든 조식.

GUESTHOUSE INFO

add _ 서귀포시 남원읍 신례리 81번지
price _ 도미토리(4인실 1인기준) 2만원,
온돌방(2인기준) 5만원
in & out time _ 4시 · 10시 30분
meal _ 베이컨에그 / 햄치즈 샌드위치
+ 커피, 우유, 주스 택1
(별도 4천원/3천원)
tel _ 070-4146-8757
web _ www.hellomay.co.kr

Location

제주공항에서 제주시외버스터미널(택시 4천원)에 가서 서귀포-남조로 행 버스를 타고 '공천포' 정류장에서 내린다. 횡단보도 건너 민박 간판 골목 안으로 들어간 후 끝까지 가면 바다와 정자가 보이고 른쪽 골목에 안녕메이가 있다.

1 젊은 부부가 오래된 집을 함께 꾸민 감성적인 안녕메이.
2 도미토리와 온돌방 중심에 자리한 직사각형의 거실.
3,4 안녕메이의 온돌방.
5,6 아기자기한 인형들과 모빌이 달려있는 귀여운 카페.

물이 만나는 지점이기 때문이란다. 그래서 썰물 때 공천포 해안을 바라보고 있으면 바닥에 덮인 먹색의 돌들 사이로 계곡물이 차오르는 것을 볼 수 있다. 해안가로 내려가 그 물을 만져보면 무척 차가운데, 이 하천은 과거 용천수가 풍부해 식수로 이용되었다고 한다.

공천포를 따라 나가는 길목엔 2미터 정도의 다리를 두고 팔각 정자 모양의 쉼터가 있는데, 이곳에 올라서서 보는 공천포는 또 색다르다. 쉼터는 누구나 이용할 수 있는 열린 공간이다. 나무로 둘러싸인 정자 안쪽으로 무릎까지 오는 평상과 발코니로 된 큰 창이 있다. 평상에 누워 공천포를 향한 발코니 창을 활짝 열면 솔솔 불어오는 바닷바람과 함께 여유를 느껴볼 수도 있다.

공천포 해안을 따라 2분 정도 더 걸어가면 가죽공방과 함께 식사가 가능한 카페 '나나요네'가 있고 그 한 블럭 앞에는 카페 '숑'이 있다. 바다를 향해 나란히 자리잡은 이 두 곳이 공천포에 있는 유일한 카페다. 카레 빛깔의 노란 건물 카페 '숑'으로 숑 들어가 커피를 주문하고 바다가 보이는 창 앞에 자리를 잡았다. 먹색의 바다는 바람 따라 햇빛을 조각조각 내며 찬란히 빛났다. 이곳 숑 카페는 육지에서 온 젊은 주인장이 운영하는 곳인데, 직접 만든 수제초콜릿이 맛있기로 소문난 곳이다. 손님 한명 한명에게 맛있게 먹었는지 묻는 세심한 친절에 기분이 절로 좋아졌다.

하늘과 바다가 만나는 쇠소깍에 가다

숑 카페를 나와 쇠소깍까지 천천히 걸었다. 쇠소깍은 하늘과 바다가 만나는 깊은 웅덩이로 암벽에 둘러싸인 비경이 뛰어난 곳인데, 안녕메이에서 걸어서 30~40분, 차로는 5분 정도 걸린다. 하천을 따라 산책로가 만들어져 있어 시간 여유가 있다면 걸어서 다녀오는 걸 추천한다. 큰 길을 따라 하천으로 뻗은 산책로를 걸으면 암벽 위로 자라난 상록수림이 푸른 하늘과 어우러져 절경을 이루는 쇠소깍을 만날 수 있다. 쇠소깍은 오랫동안 숨어있던 비경이었는데, 최근 관광지로 부상했다.

이곳엔 대감댁 딸과 머슴 아들의 애절한 사랑이야기가 전해지는데, 딸이 머슴 아들과 사랑에 빠진 걸 알고 머슴을 쫓아 버리고, 머슴 아들이 이곳 쇠소깍에 몸을 던진다. 이 소식을 들은 딸은 쇠소깍 위에 자리한 소원바위에서 연인을 찾게 해달라며 날마다 빌었단다. 백일을 빌자 하늘에서 폭우가 쏟아졌고, 머슴 아들의 시신이 쇠소깍 위로 떠올랐다. 그걸 본 딸은 소원바위 위에서 그대로 몸을 던져 쇠소깍에 떨어져 죽고 말았다는 애절한 이야기다. 그 뒤로부터 마을 사람들은 어려운 일이 생기면 쇠소깍 기원 바위 위에서 소원을 빈다. 그런 러브스토리 때문인지 이곳은 연인들이 많이 찾는 명소이기도 하다. 양옆으로 솟아 오른 기암 절벽 사이로 에메랄드빛 쇠소깍 위를 유유히 가로지르며 가는 투명 카약과 테우 때문인데, 바닥이 훤히 내려다보이는 투명 카약은 연인들의 인기 데이트코스다.

행복한 여행자를 만나는 행복한 주인장

작지만 알찬 동네 구경을 마치고 안녕메이로 돌아오니 뽀글 머리에 안경을 낀 귀여운 인상의 주인 오빠가 와있었다. 카페에 앉아 주인 오빠와 이런저런 이야기를 나눴다. 그는 이곳을 오픈하기 위해, 다섯 마을의 이장님을 만나며 자신들과 맞는 지역을 찾아 나섰다. 언니와 오빠는 제주에서 살고 싶은 동네를 각자 다섯 군데씩 쓰자고 했고, 둘이 적어 내려간 다섯 지역 중 유일하게 일치하는 곳이 바로 여기였다.

그렇게 이곳에 안녕메이를 오픈한 지도 벌써 일 년이 지났다. 여행자들이 와서 편안히 소통할 수 있는 공간으로 기억되길 바란다는 부부는 게스트하우스를 운영하며 소중한 인연들이 많아져 행복하다고 말했다. 이젠 제주도에 태풍이 온다는 뉴스만 나와도 이곳을 다녀간 여행자들에게 안부 문자가 쏟아진다. 지난번엔 서울에 올라갈 일이 있어 홍대에서 정모를 했는데, 50명 가까이 되는 여행자들이 모였단다. 글쎄 그중엔 부산에서 온 여행자도 있었다.

안녕메이는 게스트하우스 최초로 단독 어플리케이션도 가지고 있는데, 그 역시 여행자가 만들어준 선물이다. 그중에서도 가장 기억에 남는 여행자는 남부러울 것 없는 의사였다. 대뜸 부럽다고 하길래 이유를 물으니, 자신은 죽기 직전 혹은 죽은 사람만 늘 마주하는데, 이곳에선 여행하는 사람들의 행복한 표정을 볼 수 있으니 부럽다고 했단다. 그러고 보니 게스트하우스 문을 열고 들어오는 사람들의 표정은 하나같이 밝다. 일주일이면 백 명, 한 달이면 오백 명 가까운 여행자를 만나게 되는데 그들은 하나같이 기분 좋은 미소를 짓고 있다. 젊은 주인 부부는 앞으로 얼마나 더 많은 사람들의 설렘 가득한 미소를 보게 될까? 나 역시 주인장이 부럽다.

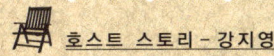 호스트 스토리 - 강지영

결혼 1주년, 게스트하우스를 열다

부부는 제주도에 와서 살기로 결심했다. 각자 살고 싶은 동네를 다섯 곳씩 썼고 그중 일치한 마을이 바로 이곳이었다. 주인 언니 오빠는 8년 연애 후 결혼에 골인했는데 첫 번째 결혼기념일에 이곳을 오픈했다. 그래서인지 안녕메이에는 신혼집의 설렘이 있다. 검은 공천포와 뽀얀 안녕메이는 상반된 느낌이면서도 잘 어울린다. 여심을 사로잡는 깔끔한 인테리어 덕분에 남자여행자는 찾아보기 어렵다. 이곳에 온 지 겨우 일 년 남짓이지만, 그들은 영락없는 동네사람이다. 여행자들이 편안히 소통하고 갔으면 좋겠다는 그곳에서 그들 역시 편안한 신혼 생활을 즐기길 빈다.

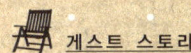 게스트 스토리

지친 마음, 달래고 싶어요

둘은 대학 친구 사이인데 한명은 프로그래머, 한 명은 광고 회사에 다닌다. 함께 제주도에 오려고 휴가를 맞춰서 놀러왔다고 했다. 아침에 분주히 준비하며 무언가 재밌는 이야기를 하기에 들어보니, 요 앞 공천포 숑 카페의 주인장이 잘 생겨 어제도 갔는데 오늘도 또 갈 거란다. 왠지 그녀들의 여행이 유쾌해보였다.

★ **게스트 추천평**

깨끗하다는 점이 좋았어요. 아늑하고 조용해서 편안히 쉬어갈 수 있는 분위기도 좋고요. 무엇보다 제일 큰 매력은 숙소에서 조금만 걸으면 바로 공천포 바다가 보인다는 거죠! 바다 바로 앞에 있는 카페에서, 커피와 함께 바다를 바라보고 있으면 지친 마음이 저절로 치유되는 느낌이 들었어요!

 남동_남원리

나무이야기 게스트하우스

나무꾼 아저씨가 만든
나무집에서 보내는 하룻밤

나무이야기

★ Writer's Comments

나무를 닮은, 나무를 사랑하는 나무꾼 아저씨가 운영하는 곳! 잠을 자는 숙소인지 나무를 전시하는 전시실인지 헷갈릴 정도로 나무 작품이 가득하다. 운이 좋으면 나무꾼 아저씨와 작은 나뭇가지 액세서리도 만들어 볼 수 있다. 조식과 바비큐 파티를 따로 제공하지는 않지만 조리시설을 잘 갖추고 있어 자유롭게 음식을 만들어 먹을 수 있다. 미리 말하면 숯불도 준비해준다. 이곳의 자랑은 뭐니 뭐니해도 나무꾼이 직접 만든 침대다. 편백나무로 만든 침대는 옹이를 하나하나 살려 나무가 가진 고유의 모양이 살아있어, 단 하나도 같은 모양의 침대가 없다. 나무 냄새 가득한 이곳에서 나무가 하는 말에 귀를 기울여보자.

사람만 말하는 것이 아니다 나무도 말을 한다

　　동물도 말을 하고, 풀도 꽃도 바람도 그리고 나무도 말을 한다. 이곳 나무이야기의 나무들은 전부 말을 한다. 서툰 사람에겐 충고하고, 지친 사람에겐 위로를 건넨다. 사장님도 촌장님도 아닌 나무꾼이라 불리는 이곳의 주인장은 나무를 닮은 중년의 아저씨다. 나무꾼 아저씨는 근처 동네에서 아내와 오손도손 세탁소도 함께 운영 중인데, 자식들이 다 자라 독립하면서 이 집을 2011년 8월 게스트하우스로 오픈했다.

　　나무이야기는 가정집 느낌이 물씬 나는 2층 단독주택으로 남원리에 있는 남원교회 주차장 바로 옆에 있다. 버스에서 내리면 높은 건물이 거의 없어 뾰족 지붕 남원교회를 금방 찾을 수 있다. 내가 나무이야기에 도착했을 땐 오후 5시가 다 되어갔다. 난 게스트하우스 주변을 서성이는 아저씨를 보고 단번에 나무꾼이라는 걸 알아차렸다. 그도 내가 오늘 나무이야기에서 머무는 여행자라는 걸 단번에 알아차린 모양인지 반갑게 인사했다.

　　그를 따라 꽃 벽화와 함께 '나무이야기'라고 씌어있는 건물로 들어가 현관문을 열자, 나무의 은은한 향이 집안 곳곳에서 퍼진다. 고소하면서도 따뜻하고 푸근한 향기다. 현관 문 바깥부터 걸려 있던 나무 조각들은 안쪽으로도 이어져 진을 치고 있었는데, 내가 숙소에 온 건지 나무 조각 전시를 보러 온 건지 헷갈릴 정도였다. 이곳의 작품과 가구는 모두 나무꾼 아저씨가 손수 만든 것인데, 어린아이 손가락 마디처럼 가녀린 나뭇가지 한 올 한 올을 사포로 부드럽게 문질러 만든 것들이다. 명언이며, 시, 짧은 문장이 새겨진 작품에서부터 감귤나무로 만든 의자, 작은 연필꽂이 등 다양한 나무 조각들이 전시되어 있다.

　　창문 쪽에는 추억의 장작난로가 자리를 지키고, 현관으로 이어지는 거실에는 여행자들이 자유롭게 이용할 수 있는 주방 시설이 있다. 거실 왼쪽에 2인실, 3인실, 4인실이 있는데 방 안에 있는 침대 역시 나무꾼 아저씨가 직접 만든 작품이다. 침대는 편백나무로 만들어져 기분 좋은 향을 솔솔 풍기는데 나무 고유의 모양을 살려 만들었기에 모양이 다 다르다.

　　1층이 가정집 느낌이라면 2층은 넓은 옥상이 있어 캠핑 공간 같다. 건물 바깥으로 난 계단을 따라 2층으로 올라가면 옥상 끝에 두 개의 1인실이 있고, 그 사이 주방과 휴게공간이 있다. 그런데 옥상에 있는 1인실이 재미있다. 방이라고 하기엔 뭔가 애매한, 대형 사물함 같은 느낌이랄까? 나무꾼 아저씨가 큐브룸이라고 이름 붙인 이유를 알 것

GUESTHOUSE INFO

add _ 서귀포시 남원읍 남원리 153-3
price _ 도미토리 2만원,
         1인큐브룸 2만 5천원, 2인실 5만원,
         3인실 7만원, 4인실 8만원
in & out time _ 없음
meal _ 조식 없음. 바비큐는 선택
tel _ 011-697-4071
web _ cafe.naver.com/treestory123

1 나무이야기 문을 열면 나무작품과 난로가 만들어내는 진풍경을 볼 수 있다.
2 주인장 나무꾼님의 별명은 얼치기목수.
3 나무이야기 주인장이 발명한 1인실 큐브룸. 작지만 알찬 공간이다.
4 도미토리의 침대들은 주인장이 옹이를 하나하나 살려 만들었다.
5,6 화장실 가는 공간에 장식된 대나무 천장과 화장실.
7 나무이야기에 전시된 작품은 모두 나무꾼의 작품이다.

Location

제주시외버스터미널에서 제주시와 서귀포시를 이어주는 남조로행 버스를 타고 '남원1리' 정류장에서 내린다. 남원교회를 찾아가면 바로 앞에 나무이야기 간판이 보인다.

1,2 나무이야기 2호점의 모습은 기숙사형태로 30명을 수용할 수 있다.
3 버려진 PC 의자를 재활용해서 만든 나무 PC 의자.
4 남원교회의 수련관으로 쓰던 건물을 인수해서 만든 나무이야기 2호점.

같다. 도미토리 침대보다 약간 큰 사이즈의 방은 작지만 에어컨부터 텔레비전, 거울, 접이식 테이블이 갖춰진 알찬 공간이다. 게다가 도미토리 금액과 큰 차이가 없으니 누구에게도 방해 받고 싶지 않은 날에 이용하면 좋을 것 같다.

추억의 건물을 나무이야기 2호점으로 오픈하다

옥상에서는 남원마을이 한눈에 내려다 보인다. 뾰족 지붕 남원교회 건물과 잔디 주차장이 보이고 교회와 오른쪽으로 마주보고 있는 또 다른 건물이 하나 보이는데 이곳이 바로 얼마 전 오픈한 나무이야기 2호점이다.

예전엔 교회로 썼던 곳인데 굵직굵직한 돌들을 쌓아 만든 건물은 고대 느낌이 나는 것 같기도 하고 르네상스 느낌이 풍기는 것 같기도 하다. 단층에 길쭉한 건물에는 뾰족한 종탑이 있고, 30명 정도를 수용할 수 있는 규모로 단체 여행객이나 성수기에 유용하게 쓰일 듯하다. 나무이야기 2호점은 돌을 쌓아 올리는 제주도 전통 방식으로 지어진 건물로 제주도에서도 보기 드문 건물이라고 한다.

나무꾼 아저씨가 이 건물에 눈독을 들이다 게스트하우스로 만든 이유는 따로 있다. 바로 그의 아버지 때문이다. 그가 스무 살이 되던 해 돌아가신 아버지는 석공이었다. 이 오래된 교회 건물엔 그의 아버지의 손길이 닿아있다. 이 교회는 종교와 관계없이 자신과 동네 사람들에게 추억이 많은 곳이라고 했다. 크리스마스 날이면 사탕을 얻어먹겠다고 줄 서있던 꼬마들이 자라 이 동네의 어른이 되었다.

아저씨는 아버지의 손재주를 물려받은 모양이다. 굵은 돌이 총총 박힌 붉은 벽의 2호점 안에도 그의 작품들이 복도를 따라 전시되어 있었다. 구부러진 얇은 가지 하나 하나를 붙여 만든 '당신은 왜, 사는가?' 라는 글귀가 마치 내게 하는 말 같다. 갈라진 널찍한 나무판 사이사이로 얇은 나뭇가지들이 실처럼 꿰매어진 작품이 눈에 들어온다. 갈라진 나무를 나무로 꿰맨 작품은 지금도 생각이 날 정도로 나무꾼 아저씨의 감성이 느껴지는 작품이다. 나무이야기의 나무들은 마치 내게 이야기하고 있는 느낌을 준다.

몇 년 전까지만 해도 작품을 위해 나무를 구하러 다녔는데, 이젠 나무가 찾아온단다. 그러고 보니 2호점 뒷마당 한가득 자리한 나무토막들과 가지들을 보니 주인장에게 나무를 선물하는 사람들이 많아진 모양이다. 그도 그럴 것이 버리는 나무들로 작품을 뚝딱뚝딱 만들어내는 모습을 보면 그 재료를 제공했다는 뿌듯함이 있을 것 같다.

내가 나무작품에 푹 빠져있자 아저씨는 1호점 옥상 휴게공간으로 데리고 가더니 작은 나뭇가지들이 수북이 담긴 상자를 꺼냈다. 아저씨는 원하는 나뭇가지를 하나 고르라고 했다. 옹이가 붙은 새끼 손가락만한 나무를 집어 들었다. 그리고 아저씨가 시키는 대로 사포로 살포시 문질러 맨들맨들하게 광을 냈다. 아저씨는 원하는 문구를 새겨 선물해주시겠다고 했다. 머리가 갑자기 새하얘진다. 아저씨는 웃으시더니 알아서 적어주겠다며 불로 달군 뾰족한 송곳을 나무로 가져간다. 그가 내게 쥐어준 나뭇가지엔 진한 밤색으로 그을려진 '자연스러움'이라는 단어가 적혀있었다. 자연스러움. 그 어떤 말보다 기분 좋은 칭찬이었다. 나뭇가지를 보라색 끈으로 묶어 카메라 줄에 달았다. 아저씨는 "나무는 시간이 지나고 사람의 손때가 타면서 더 깊이 있어지고 아름다워져요." 라고 말씀하셨다.

1층으로 내려오니 오늘 묵을 여행자 한 명이 더 와있었다. 올레길을 걷는 언니였는데, 나무꾼 아저씨가 준 초록색 귤을 먹으며 거실에 앉아 이야기를 나누다 잠이 들었다. 다음날 일어나보니 부지런한 올레꾼 언니는 이미 나가고 없었다.

여행을 마친 지금, 내 카메라엔 아저씨가 선물해준 나뭇가지가 대롱대롱 달려 있다. 그러고 보니 처음의 살굿빛은 어디 가고 꼬질꼬질하다. 하지만 아저씨의 말처럼 더욱 윤기가 나고 자연스러워졌다. 나무를 닮은 나무이야기도 여행자들의 손길, 발길이 묻어나면서 시간이 지나면 지날수록 더 깊이 있고 자연스러워지는 게스트하우스가 될 거다. 나무 냄새도 사람 냄새도 진해져서 이야기가 넘쳐흐르는 그런 게스트하우스가 될 거다.

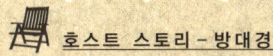 호스트 스토리 - 방대경

제주 토박이 나무꾼 아저씨

제주에 수많은 게하가 있지만, 게하를 운영하는 주인장 중에 제주 토박이를 만나기는 하늘의 별따기다. 제주에서 나고 자란 나무꾼 아저씨는 제주 정보가 한가득이다. 유명관광지가 아닌 세월 속에서 얻어진 추억 많은 장소들 이야기가 재미있다.

그는 마을에서 부인과 함께 세탁소를 운영하는데, 다음날 마을 구경을 하다 나무이야기에서 얼마 멀지 않은 곳에 누가 봐도 그가 운영하는 곳으로 추정되는 세탁소가 보였다. 간판부터 건물 전체를 채우고 있는 나무 작품들! 그 안에서 열심히 일하고 있는 나무꾼과 선녀가 보였다.

그는 제주 사람으로서 게스트하우스를 운영한다는 것에 큰 자부심을 느낀다고 했다. 여행자들이 제주에 대해 조금이라도 알아간다면, 자신이 평생을 살아온 이곳에서 무언가 작은 것이라도 느끼고 얻어간다면 더 바랄게 없단다.

처음 나무로 무언가 만든 게 언제인지 물으니 그는 초등학교 시절 마을 어르신들이 집을 짓던 광경을 떠올렸다. 나무와 지푸라기를 손으로 파는 장면에서 사람 손을 타면 탈수록 맨질맨질 빛이 나는 걸 보고 처음으로 나무가 예쁘다는 생각을 했다고 한다. 그 후부턴 틈만 나면 무언가 만들기 시작했고, 하나 둘 모은 것이 지금의 나무이야기가 되었다.

세탁소를 그만 둔 후에도, 나이를 더 먹어서도 계속 이 마을에서 나무이야기를 운영하고 싶다는 그는 얼마 전 추억이 많이 담긴 교회건물을 고쳐 나무이야기 2호점을 오픈했다. 추억의 공간에서 어떤 사람들이 모여 또 어떤 추억들을 만들어 갈지 앞으로 펼쳐질 나무이야기가 기대된다.

Other Guesthouse

 남동_신례리

룸바 게스트하우스

20대의 유쾌한 감성으로 바라본 제주

패션을 전공한 20대 유쾌한 두 여인이 운영하는 곳이다. 빛이 산란하게 부서지는 공천포를 따라 걷다보면 은은한 하늘색 대문이 발길을 붙잡는다. 검은 돌담들 사이 하늘색 대문이 있는 이곳이 게스트하우스 '룸바'다. 마당을 가운데 두고 오른쪽 공간이 게스트하우스, 왼쪽 공간이 작은 카페인데 메인 컬러 화이트와 파스텔 톤의 노랑, 하늘, 분홍이 어우러진 로맨틱한 컬러가 돋보인다.

두 여인은 학창 시절부터 좋아했던 도미니크 아벨 감독의 영화 '룸바'를 모티브로 이곳을 만들었다. 컬러와 분위기 모두 영화에서 가져왔다. 한가로운 공천포만큼 한가롭게 머물 수 있는 룸바의 침대는 모두 1층이다. 게다가 2인실 도미토리로 구성되어 무척 조용하다. 4개의 방들 중 하나는 1인실인데, 2인실과 요금이 같으나 선착순이다. 룸바 이곳저곳에 놓인 작은 소품들과 LP는 그녀들이 이곳을 계획하며 몇 년간 천천히 모아온 물건들. 두 여인이 아는 사람 하나 없는 이곳에 내려와 그렇게 어렵다는 '제주에서 집 구하기'를 해내고 직접 벽지를 뜯고 핸드코트를 바르고 바닥의 타일을 깔고 붙여가며 만들어 냈다. 그래서 어디 하나 소중하지 않은 곳이 없다.

감각적으로 꾸민 작은 카페 창으론 은빛의 공천포가 그림처럼 걸려있다. 카페 한쪽 구석엔 룸바에서 직접 만든 디자인 소품도 판매한다. 디자인 소품은 일회용 카메라로 담은 제주 사진집부터 해녀가 그려진 엽서와 수첩까지, 제주를 다른 시선으로 그려낸 감성적인 소품들이다. 카페 천장엔 게스트하우스에서는 듣도 보도 못한 미러볼이 하나 걸려 있는데, 손으로 직접 돌리고 밑에서 직접 플래시를 터뜨려야 하지만, 어색한 분위기를 없애기엔 그만이다. 오늘도 룸바에선 산란히 빛을 부수는 은빛의 공천포처럼 은빛 미러볼이 돌아간다.

Location
제주시외버스터미널에서 남조로행 버스를 타고 '공천포' 또는 '롯데칠성공장'에서 내린다. 버스정류장에서 바닷가 쪽으로 내려간 후에 바다를 따라 마을 정자에서 우회전 후 50미터 정도 내려오면 검은 돌담 사이 하늘색 대문이 보인다.

GUESTHOUSE INFO

add _ 서귀포시 남원읍 신례리 70-6번지
price _ 도미토리(2인실) 2만원,
        1인실 2만원
in & out time _ 16시~22시 · 12시
meal _ 스팸무스비+미소된장국 3천원,
       간장계란밥+미소된장국 3천원,
       토스트+커피 4천원
tel _ 070-4258-4445
web _ blog.naver.com/jejurumba

1 주인장이 직접 만들어서 판매하는 제주아이템.
2,4 20대의 젊은 감각으로 꾸민 파스텔톤의 룸바. 모든 도미토리 자리는 단층 침대.
3 검은 돌담 옆 귀여운 하늘색 룸바 대문.
5 영화 '룸바'를 모티브로 만든 룸바 공간 중 가장 매력적인 카페

> Other Guesthouse

 남동_**남원리**

풍경 게스트하우스

안녕 올레! 풍경 화이팅!

캐리어를 끌고 렌트카에서 내리는 여행자를 문전박대하는 게스트하우스가 있다면 믿겠는가? 바로 여기, 풍경 게스트하우스가 그렇다. 이곳은 배낭을 메고 걸어오는 여행자에겐 천사 같지만, 캐리어를 끌고 차에서 내리는 여행자에겐 유난히 매정하다. 올레 5코스에 자리 잡고 있는 풍경 게스트하우스는 문을 연 지 3년이 됐다. 주인장의 단단한 여행 철학이 소문이 날대로 나버려 유별난 사유가 아니라면 차를 타고 오는 여행자의 발길은 끊긴 지 오래다. 다행히 나도 배낭을 메고 있었다.

    2층집 주변에 쌓아놓은 장작들이 만들어놓은 울타리와 넓은 1층 테라스가 인상적이다. 나무로 덮인 테라스는 주인장이 하나하나 뚝딱거리며 만든 노천카페다. 햇살이 나무와 나무 틈 사이를 비집고 들어오는 카페 공간은 마치 영화 '아웃 오브 아프리카'의 한 장면처럼 애잔한 느낌이다. 문을 열고 들어서니 그곳에 녹아내린 것처럼 자연스러워 보이는 중년의 한 남자가 나를 우두커니 바라본다. 그가 풍경의 주인장이었다.

    그는 내가 들어오자마자 커피를 한 잔 내렸다. 주인장은 맘에 들면 커피를 그냥 주기도 한다. 그리고 가끔 맘에 들지 않는 손님이 오면 안 팔기도 한다고. 또 게스트가 아니더라도 5코스 골목을 지나가며 풍경을 향해 "안녕 올레!" 또는 "풍경 파이팅!"이라고 반갑게 인사하면 커피를 무료로 준다. 오픈하고 한 번도 빼먹은 적이 없는 풍경만의 이색 이벤트다.

    나는 주인장과 햇살 가득한 노천카페에서 제주 게하를 주제로 열띤 토론을 벌였다. 정확히는 그의 이야기를 가만히 듣고 있었다. 그는 앞다투어 생겨나는 최고급 시설의 게하는 게하 본연의 취지를 잃어가는 게 아니냐고, 어떻게 생각하냐고 물어왔다. 단 한 번도 들어본 적 없는 질문이었다. 그리고 조금이라도 더 시설이 좋은 게하로 옮겨 다녔던 여행자의 입장에서 절로 반성이 됐다. 이곳은 편안하게 즐기기만 하는 여행을 추구하는 여행자는 환영하지 않는다. 그는 이곳에서 배낭을 메고 느리게 걷는 올레길의 순리를 꿋꿋이 지키고 있는지도 모르겠다. 그의 말이 맞다. 최고급 시설과 최고의 여행은 무관하다.

Location
제주공항 2번 출구에서 100번 버스를 타고 제주시외버스터미널로 간다. 터미널에서 남원 신성동 버스표를 사서 7번 승강장에서 탑승. 남원 신성동에서 하차. 약 50분 정도 걸리며 '신성동' 버스정류장에서 마을회관 방향으로 조금만 걸어 들어가면 표지판이 보인다.

GUESTHOUSE INFO

add _ 서귀포시 남원읍 남원리 2476-2
price _ 도미토리 2만원
in & out time _ 오전 8시 · 10시
meal _ 라면, 커피 무료 제공
tel _ 010-4119-5212, 070-8900-0114
web _ cafe.naver.com/poongyung

1,2 편안한 분위기의 풍경의 도미토리 거실 벽면에 가득 찬 여행자의 사진.
3 나무 장작이 자연스러운 울타리를 만들고 있는 풍경 게하.
4 풍경 게하의 악동 주인장.
5 풍경 게하 앞으로 뻗은 올레길을 걸으며 '안녕 올레', '풍경 파이팅!'를 외치면 커피를 무료로 준다.

나나요네

'홈 메이드 & 핸드메이드'가 콘셉트인 공천포의 카페다. 신선한 홈 메이드 요리와 핸드메이드 가죽공예품을 판매하는 곳이다. 주문을 하면 정성스레 바로바로 만들기 때문에 성격이 급하거나 배가 고프더라도 마음을 비우고 기다리는 게 좋다. 가죽공예품을 만드는 공방과 함께 운영하고 있어 먹는 즐거움 뿐 아니라 보는 즐거움도 있다. 모든 음식은 유기농 식자재를 사용한다. 끼니를 해결할 수 있는 파스타류와 커리, 디저트, 두부 치즈 케이크가 이곳의 이색 메뉴다. 영업 시간은 낮 12시부터 저녁 8시까지이고 화요일은 휴무다.

add _ 서귀포시 남원읍 신례리 30-6 | tel _ 070-4238-0507

공천포 해안

남원을 대표하는 해안. 모래가 아닌 검은 돌들로 이루어진 해안이다. 낮엔 햇살이 산산이 부서지며 은빛을 만들어내고 밤에는 달빛이 바다에 스며 은빛을 만든다. 바닷물이 빠지고 나면 돌 틈새로 물이 차오르는 것을 볼 수 있는데, 이는 용천수로 과거 식수로 이용되었을 정도로 맑고 차가운 물이다. 공천포가 다른 바다보다 수온이 낮은 이유도 그 때문이다. 먹색의 공천포 바다는 하늘을 더욱 푸르게 만들고, 여기저기 반짝이는 햇살은 가던 길도 멈춰서 한참을 바라보게 만들 정도로 아름답다.

add _ 서귀포시 남원읍 신례리

송 카페

공천포 바닷가의 작은 카페다. 육지에서 온 훈남 주인장이 운영하는 곳으로 수제 초콜릿으로 입소문이 났다. 바다를 향한 반듯반듯한 창으로 들어오는 공천포는 움직이는 근사한 그림을 보는 것 같다. 창가에 앉아 포근한 분위기의 카페에서 따뜻한 차를 마시고 있노라면 마음까지 치유되는 느낌이다. 주인장의 따뜻한 친절은 덤이다.

add _ 서귀포시 남원읍 신례리 27-6 | tel _ 070-4191-0586

쇠소깍

'소가 누워 있는 모습의 연못'이라는 뜻으로 연못을 뜻하는 '쇠소'와 마지막을 뜻하는 '깍'이 더해진 제주 방언이다. 쇠소깍은 효돈천 하류지역으로 바다와 맞닿아 민물과 바닷물이 합쳐지는 계곡이다. 깊은 수심과 기암괴석, 용암괴석 그리고 울창한 소나무 숲이 조화를 이루는 평화롭고 잔잔한 공간이다. 2011년 6월 30일 문화재청에서 국가지정문화재 명승으로 지정한 곳으로, 바위가 비치는 고운 빛깔 쇠소깍물은 더없이 맑고 신비롭다. 계곡 주변 경관을 둘러보기 좋은 산책로가 있고, 제주전통목선 테우와 투명 카약을 타고 절벽 사이를 유유히 지나가는 것도 쇠소깍에서의 이색 체험이다.

add _ 서귀포시 과원동로 | tel _ 064-732-9998

서진갈비

쇠소깍 입구 근처에 자리한 갈비집. 관광객에겐 잘 알려지지 않은 맛집으로 몇 인분인지 말하지 않고 고기 종류만 주문하면 사장님이 알아서 고기를 들고 온다. 후한 고기 인심과 더불어 맛을 자랑한다. 함께 일하는 사장님의 아버지가 고기가 적당히 익을 때쯤 와서 말을 걸며 고기를 잘라주는 모습이 살갑다.

add _ 서귀포시 하효동 360 | tel _ 064-767-1806

 서귀포시_중문

클럽JJ 게스트하우스

중문에 자리한 전망 좋은 방

★ **Writer's Comments**

중문에 자리한 게스트하우스로 오픈한 지 3년이 넘은 곳이다. 중문문화단지 건너편 언덕에 자리하고 있어 중문문화단지와 선임교가 한눈에 내려다보이는 최고의 전망을 자랑한다. 매일 저녁 7시가 되면 1층 마당에서 바비큐 파티가 열리는데 제주 1등급 오겹살만을 고집한다는 JJ의 바비큐 파티와 7가지 반찬이 푸짐한 가정식 조식은 제주 게하 중에서 최고로 꼽힌다. 도미토리 외에 인디언 텐트와 캠핑카 룸도 있으니 색다른 하룻밤을 원하는 여행자들에게 추천한다.

온가족이 오손도손 꾸려나가는 게스트하우스

언덕 위 외계인과 탑신하고 있는 것처럼 보이는 원통 모양의 하얀색 건물은 바비큐가 맛있기로 소문난 클럽 JJ 게스트하우스다. 이름부터 럭셔리한 이곳은 이제 막 착륙하는 우주선 모습을 하고 있는데, 특이하게 생긴 건물 덕분에 쉽게 찾을 수 있다. 중문문화단지 사거리 큰길에서 대각선을 바라보면 좁은 골목으로 이어진 길이 JJ로 가는 길이다.

JJ라는 이름이 왠지 럭셔리해보여 무슨 뜻인지 주인장에게 물어보니, 글쎄 제주의 약자란다. 사거리와 이어지는 좁은 오르막길을 올라가면 길 끝에 JJ의 모습이 나타난다. 멀리서 봤을 땐 몰랐는데 가까이 가서 보니 꽤 크다. 주차장을 지나 건물로 들어서는 마당에 캠핑카가 세워져 있다. 체크인을 하러 2층으로 올라갔다. JJ는 어디서든 바깥 풍경을 볼 수 있는 통유리로 건물이 뒤덮여 있다. 2층은 식당 겸 휴게 공간인데, 여행자들뿐 아니라 레스토랑으로 오픈된 곳이기도 하다. 검정과 흰색의 정사각 타일들이 체스 판처럼 바닥에 붙어있고, 한쪽 벽면에는 각종 와인병과 술병 그리고 CD가 진열되어 있어 분위기 좋은 바에 와 있는 것 같다. 2층엔 이런 분위기와 좀 거리가 있어 보이는 꽃무늬 앞치마를 한 귀여운 뽀글머리 할머니가 계셨다. 이곳 JJ는 호호아줌마를 닮은 할머니네 가족이 운영한다. 체크인과 예약 전화 그리고 정리정돈은 호호할머니와 큰아들, 며느리가 하고 바비큐 파티나 직접적인 게스트하우스 운영은 작은 아들이 도맡아하는 듯했다.

어느새 4시가 다 되어 서둘러 체크인을 하고, 바비큐 파티를 신청했다. 이곳의 바비큐 파티는 삼나무와 참나무로 숯을 직접 만들기 때문에 오후 4시 전까지 예약해야 한다. 체크인을 하고 올라온 계단으로 한층 더 올라가니 3층 전체가 여자 도미토리 방이었다. 창을 따라 이층침대가 두 개씩 양쪽에 놓여있고, 한쪽 벽면에 네 개의 침대가 놓인 8개의 이층침대로 이루어진 16인실이었다. 2층과 마찬가지로 반원을 그리는 건물 벽을 따라 통창으로 되어있는데 이어지는 테라스는 안쪽 도미토리만큼 여유 있는 공간을 자랑한다. 이 테라스는 바비큐와 함께 JJ의 자랑이다.

창을 열고 테라스로 나가니 중문문화단지와 칠선녀다리라 불리는 선임교가 한눈에 들어온다. 밤에는 선임교의 등이 켜지면서 중문만의 소소한 야경을 구경할 수 있고, 새벽엔 물안개가 올라와 산 속에 있는 신비스러운 느낌도 준다. 또 날이 좋으면 가파도와 마라도, 송악산, 산방산까지 보인다고 한다. 아마도 중문에서 이만한 전망은

1 여자 도미토리는 한 층으로 이루어져 있으며 근사한 베란다가 있다.
2 우주선 모양의 화이트 색상 외관이 독특하다.
3 도미토리 복도에 자리한 샤워실과 화장실.
4 마당에서는 매일 저녁 바비큐 파티를 위한 삼나무와 참나무 연기가 모락모락 피어난다.
5 계단 벽면에 붙어있는 다녀간 여행자들의 CD방명록.
6,7 클럽JJ 2층 벽면의 술병들과 체스 판 같은 바닥 타일은 럭셔리한 Bar같은 느낌이다.

GUESTHOUSE INFO

add _ 서귀포시 색달동 2472-1
price _ 도미토리 2만원, 캠핑카(3인) 6만원,
  인디언텐트(3인-5인) 6~10만원
in & out time _ 3시 · 11시
meal _ 조식(푸짐한 가정식)
  / 바비큐 1만 5천원
tel _ 064-738-8151, 010-4807-8151
web _ www.club-jj.co.kr

Location

제주공항 1번 플랫폼에서 600번 공항리무진 버스(배차 15분)를 타고 중문관광단지에 내리면 된다. 중문단지까지는 45분 정도 걸린다. 클럽JJ 게스트하우스는 중문단지 입구 쪽에 있는데 입구에서 SK주유소가 있는 큰 길 쪽으로 나오면 언덕 위 수상하게 생긴 동근 모양의 흰 건물이 클럽JJ다.

1 도미토리의 이층 침대 자리마다 개인 모기장이 달려있다.
2,3 제주 일등급 오겹살만을 사용한다는 클럽JJ의 인기 바비큐 파티.

구경하기 어려울 거다.

　방엔 침대마다 개인 모기장이 달려 있어, 무더운 여름엔 테라스 문을 활짝 열어두고 자도 좋겠다. 남자 도미토리 방은 이층침대가 아닌 온돌방으로 이불을 깔고 눕는 형식이고, 1층에 따로 분리되어 있다. 테라스 구경을 하고 들어오니 한 여자가 침대에 걸터앉아 있다. 부산대학교에 다니는 스물네 살의 정화는 탁구선수 현정화와 이름과 같다며 자신을 소개했다. 그녀와 이런 저런 이야기를 하다 테라스로 모닥불 연기가 모락모락 올라와서 내려가 보니 1층엔 단발머리를 정갈하게 올려 묶은 한 남자가 가마솥에 불을 지피며 바비큐 파티 준비를 하고 있었다. 그가 바로 호호할머니의 작은 아들이었는데, 산적 같은 범상치 않은 외모의 소유자였다.

가마솥 바비큐 파티에 초대합니다

　7시가 되자 게스트들이 하나둘 모여들었다. 그날 마당에 모인 여행자들은 12명. 제주 1등급 오겹살만을 고집한다는 사장님의 말대로 참나무와 삼나무 향이 배어있는 고기는 아직도 생각날 정도로 맛있었다. 부산에서 온 커플과 정화까지 부산사람 셋이 모이니, 부산 구석구석의 맛집이며 현지인들만 안다는 보석 같은 장소와 가게 정보가 마구 쏟아졌다. 개강 전 놀러온 대학생들과 인명구조팀에 있다는 남자 여행자, 그리고 안경 낀 체크 셔츠의 여행자가 우리 테이블의 멤버였다. 체크 셔츠 여행자는 제주도에 온 지 4일째로 도보여행을 하고 있다고 했다. 그런데 이야기를 들어보니 게스트하우스에서 만난 다른 여행자 차를 얻어 타고 다녔다는 게 아닌가. 부산 커플이 그게 무슨 도보여행이냐고 타박해도 그는 꿋꿋이 도보여행이라고 했다.
　고기를 먹으며 서로 이름도 모르니 한사람씩 인사라도 하자고 누군가 제안해서 한 사람씩 자기 소개를 하게 되었는데, 그때도 그는 다른 사람들에게 도보여행 중이라고 자신을 소개했다. 그 말이 떨어지기도 전에 우리 테이블에서는 "뻥~치시네", "도보는 무슨!", "차타고 뿅뿅 옮겨 다녀 놓고, 그건 메뚜기지 메뚜기!"라는 말이 쏟아졌다. 모두 한바탕 웃음이 터졌다. 그렇게 유쾌했던 바비큐의 밤이 흘러갔다.
　다음날 아침, 정화와 함께 일곱 가지 반찬에 국과 밥이 나오는 따뜻한 JJ의 아침을 먹었다. 식사를 마치고 그녀는 가장 가보고 싶었다는 정방폭포에 간다고 했고, 특별한 일정이 없었던 나도 함께 따라나섰다. 마침 그 날이 서귀포 오일장이 열리는 4일이어서 폭포에 들렀다가 오일장에 가기로 했다. 그녀와 버스에 나란히 앉아 왜 정방폭포가 가장 가보고 싶었는지 물으니 그녀는 두 손을 모으며 우수에 찬 눈빛으로 "언니~. 그 폭포는 바다로 떨어지잖아요." 한다.

그녀는 졸업을 앞두고 취업 때문에 고민이 많았다. 아무 생각 없이 지내고 싶어 제주에 왔다며 아버지 이야기를 꺼냈다. 제주는 아버지의 고향인데, 다른 곳은 위험해서 안 보내주실 것 같았단다. 아버지는 제부심이 대단한 분이라고 했다. 제부심이 뭔지 물으니, '제주도 자부심'이란다. 아버지는 제주도에 간다고 하니 여자 혼자 위험하다고 말리기는커녕 오히려 "너 제주도 가 봐라, 뭐도 좋고, 뭐도 좋고, 뭐 버스 타고 여행한다고? 너 대중교통도 너무 좋아서 깜짝 놀랄 걸~?"이라고 하셨단다. 설마 했는데 정말로 버스로 가고 싶은 곳에 다 갈 수 있고 배차시간이 길어 정류장에 한 시간 남짓 가만히 앉아있는 것마저 경치가 아름다워 좋다고 했다.

그녀의 말을 듣고 보니 그렇다. 나도 이번 제주 여행을 하며 정류장에 하염없이 앉아있었던 적이 꽤 많았다. 버스 기다린 시간만 모아도 며칠은 될 거다. 그런데 제주도에선 이상하게 그런 시간마저 지루하지 않게 흘러간다. 어쩌면 제주도라서가 아니라 여행 중이라서, 버스를 기다리는 그 시간마저 여행의 일부분이라서인지도 모르겠다.

그녀의 로망인 정방폭포는 평소엔 발도 담그고 손도 담글 수 있다는데, 안타깝게도 태풍 피해로 멀리서 구경만 했다. 산기슭을 따라 암벽으로 우아하게 흐르는 물줄기는 그대로 바다에 풍덩 떨어진다. 정방폭포 구경을 하고 우린 꽤 가까운 곳에 있는 오일장에 갔다. 제주오일장엔 없는 게 없다는 수식어처럼 어마어마했는데, 그동안 날짜를 매번 잊어버려 놓쳤었는데 안 봤으면 큰일 날 뻔했다.

오일장을 구경하고 버스정류장에 서 있는데, 할머니 두 분이 "로터리에 가냐" 물었다. 그렇다고 하니 택시에 두 분이 올라타고 우리에게 손짓한다. 얼떨떨한 채로 택시를 탔다. 알고 보니 네 명이 모이면 버스비로 택시를 탈 수 있어서, 버스정류장에 있는 할머니들은 대부분 같은 방향 사람들을 찾아서 네 명씩 짝지어 택시를 타는 모양이었다. 택시에서 내려 우리는 얼마나 웃었는지 모른다. 다시 생각해도 참 정겹다. 오일장에서 나던 시골 냄새도, 택시에서 손짓하던 할머니도, 저녁이 되면 제이제이에서 피어오르던 바비큐 연기도.

호스트 스토리 - 최상민

호호 할머니네 게스트하우스

호호아줌마를 닮은 흰 뽀글머리 할머니와 그의 두 아들 그리고 큰며느리가 함께 운영하는 곳이다. 예약이나 전화 정리는 큰아들과 며느리, 할머니가 하고, 게스트하우스의 전반적인 운영은 단발머리의 작은 아들 담당이다. 산적 같은 외모와는 다르게 친절하고 푸근하다. 그러다가도 가끔 진상여행자가 나타나면 다시 범상치 않은 포스로 제재를 한다. 다른 게스트하우스와 달리 가족들이 함께 운영하고 있어서, 넓고 럭셔리한 시설과 함께 가족적인 푸근함도 느껴볼 수 있다.

마지막 날, 주인장 식구들의 사진을 담고 싶다 말하니 곧 2층 휴게공간에 가족이 모두 모였다. 그저 제주가 좋아 함께 내려와 살고 있다는 가족들의 표정이 참 행복해 보인다. 서로서로 부족한 부분을 도와가며 게스트하우스를 운영하는 JJ 가족들. JJ에 머무는 여행자들의 추억 속에도 저런 행복한 미소로 기억되길 빈다.

게스트 스토리

아버지의 고향을 여행하다

그녀는 부산대학교 신문방송학과 졸업반이다. 정화는 제주도가 고향인 제부심(제주도 자부심) 강한 아버지 덕에 홀로 제주 여행에 올 수 있었다. 취업 준비로 고민이 많은 그녀는 제주에서 정방폭포가 가장 보고 싶었단다. 그러고 보니 닮았다. 암벽을 따라 넓은 바다로 떨어지는 정방폭포와 이제 사회에 첫발을 내딛는 그녀가 말이다. 바다를 향해 시원하게 떨어지는 정방폭포처럼 그녀의 취업문도 시원하게 열리길 바라본다.

★ 게스트 추천평

바비큐 파티가 참 좋았어요. 고기도 맛있고 분위기도 흥겹달까? 시설로는 여자 도미토리의 테라스가 너무 좋았어요. 아침에 나가보면 앞이 안 보일 정도로 물안개가 깔려 있는 데, 그 모습은 여행이 끝나고도 오래 기억이 날 것 같아요. 아참 제이제이의 맛있는 조식도 빼놓을 수 없지요!

 서귀포시_서홍동

외돌개나라 게스트하우스

여행의 달인이 꾸민
클래식이 흘러나오는 공간

외돌개나라

★ Writer's Comments

풍랑을 만나 돌아오지 못한 하르방을 기다리다 돌이 되었다는 할망바위 '외돌개' 근처에 자리한 게스트하우스. 2010년 6월 문을 연 외돌개나라의 주인장은 전 세계 안 가본 곳이 없다. 살굿빛 돌조각들을 모자이크처럼 붙여 만든 스페인풍 건축물은 기억에 남는 하룻밤을 만들어준다. 넓은 잔디 마당과 여유로운 정원이 있고, 클래식을 사랑하는 주인장의 고상한 취향 덕에 정원에서는 하루 종일 클래식이 흘러나온다. 외돌개나라 부근 일대가 문화재 보호구역으로 지정되어 있어 게스트하우스 주변을 돌아보는 것만으로도 특별한 여행이 된다! 도미토리는 여성 전용으로만 운영되며, '서로 소통하는 어울림'과 '조용한 쉼' 둘 다 가능하다.

여행자 왕국 외돌개나라

건설회사에서 오랫동안 일한 주인장은 비행기에 8백 번이나 몸을 실었다. 가본 나라보다 안 가본 나라를 헤아리는 것이 더 수월할 만큼 세계를 누볐던 그가 제주를 만났다. 그의 눈에 비친 제주는 세계에서 가장 으뜸이라고 생각해왔던 섬 하와이를 순식간에 밀쳐냈다. 그는 이곳에서 살고 싶었다. 그리고 언젠가 여행자를 위한 왕국을 건설하고 싶었다. 그렇게 2010년 6월, 여행자 왕국 외돌개나라가 건국됐다.

서홍동 남성마을에 자리한 외돌개나라는 풍랑을 맞아 돌아오지 못한 하르방을 기다리다 망부석이 되어버린 외로운 할망바위 '외돌개'에 단 하나뿐인 게스트하우스다. 남성마을이라는 이름을 보고 버스노선표를 꼼꼼히 살폈지만, 여성마을은 없었다. 나중에 알고 보니 남성마을은 사람의 성별을 뜻하는 남성이 아니라 남쪽 남, 별 성자로 한라산에서 보인다는 남극성을 뜻하는 말이란다.

서귀포 시내 로터리에서 남성마을로 향하는 버스는 주말이라 일찍 끝난 학생들로 금방이라도 터져나갈 기세였다. '남성마을' 정류장을 지나쳐 '삼매봉' 정류장에 겨우 내렸다. 삼매봉은 서귀포시를 대표하는 오름으로 정상에서 서귀포 일대를 볼 수 있는 곳이다. 삼매봉 버스정류장에서 바다를 향해 떨어지는 내리막길이 외돌개나라로 이어지는 길이었다. 왼쪽은 숲이 오른쪽으로는 바다가 펼쳐지는, 도로 옆으로 난 나무 산책로가 너무 예뻐 남성마을을 지나쳐 온 것이 다행스러울 정도였다.

내리막길을 산책하듯 십 분 정도 걸었다. 난 한눈에 외돌개나라를 알아봤다. 스페인풍의 세련된 외관, 살굿빛 돌들로 덮인 건물, 코끼리와 사슴 조각상들이 있는 정원……. 마당 안쪽으로 걸어 들어갔다. 잔디 마당 뒤로는 여러 동물 조각상과 식물이 잘 어우러진 여유로운 정원도 있었다. 그리고 클래식이 나지막하게 흘러나왔다.

체크인을 하려고 카페 반대편 오른쪽 사무실로 들어갔다. 마침 시계 바늘은 체크인 시간 2시를 정확히 가리키고 있었다. 사무실엔 귀여운 인상의 한 아주머니가 계셨다. 아주머니를 따라 계단을 올라가니 정원이 내려다보이는 오픈형 복도가 연결되어 있고 정원엔 야자수가 울타리처럼 주변을 감싸고 있었다. 외돌개나라의 도미토리는 여성 전용으로 8인실과 6인실 두 개가 있다. 나머지 방들은 모두 펜션으로 이용된다. 내가 배정받은 도미토리는 6명이 쓰는 널찍한 공간에 2명이 쓰는 쪽방이 딸린 8인실이었다. 나는 일층 자리에 짐을 두고 누웠다. 공간은 넉넉했고 개인사물함과 깔끔한 화장대도 갖춰져 있었다. 방문 뒤편 베란다로 조금 전 걸어온 산책로와 바다가 그대로 펼쳐

1 클레오파트라의 눈을 상징하는 입구의 예술적인 조각상.
2 일층에 자리한 카페 '다프니스와 클로에'.
3 외돌개나라 도미토리는 여유 있는 공간을 자랑한다.
4 방마다 화장실이 갖춰져 있다.
5 외돌개나라 정원에 편안히 누워있는 강아지.
6 조식으로는 간단한 토스트와 음료가 제공된다.

GUESTHOUSE INFO

add _ 서귀포시 서홍동 744-13 번지
price _ 도미토리(여성전용) 1만5천원 /10평 5만원(성수기 8만원)/ 15평 8만원 (성수기 14만원)
in & out time _ 2시 · 11시
meal _ 토스트, 음료, 잼
tel _ 064-732-1193, 080-732-1188
 010-3622-3630
web _ www.olle7.com

Location

제주공항에서 600번 리무진버스를 타고 서귀포 뉴 경남관광호텔에서 내려 택시를 타면 기본요금으로 갈 수 있다. 택시기사님께 "외돌개나라요!" 라고 당당히 말해도 될 만큼 외돌개나라는 외돌개 일대에서 유명하다. 서귀포 시내에서 올 경우 서귀포 중앙로터리에서 남성마을 행 시내버스를 타고 남성마을에서 내리면 바로 외돌개나라 특유의 화려한 스페인풍 건물을 찾을 수 있다.

1 스페인풍의 살굿빛 건물 구석구석엔 동물조각상들이 세워져있다.
2 도미토리는 6인실과 8인실이 있으며, 방엔 작은 화장대가 놓여있다.

졌다. 말없는 배낭들만 놓여있는 방 안으로 정원의 클래식 음악이 평온하게 들려왔다.

서귀포 이중섭 거리를 산책하다

나는 벌떡 일어나 서귀포 시내에 있는 이중섭 거리로 향했다. 이중섭 거리는 이곳에서 버스를 타고 십여 분이면 갈 수 있다. 폭발적인 에너지가 담긴 간결한 붓터치와 대담한 색감을 가진 화가 이중섭은 일본에서 미술 공부를 마치고 한국으로 오는데, 한국 전쟁 이후 전국 이곳저곳을 떠돌며 예술 활동을 한다. 생활고를 견디지 못한 일본인 부인 마사코는 두 아들과 함께 일본으로 떠난다. 가족에 대한 그리움과 힘겨운 유랑생활로 인한 자괴감에 빠져 몸과 마음이 극도로 불안정해진 그는 결국 정신분열 증세를 보이다 사십 세의 나이에 세상을 떠난다. 비운의 천재화가 이중섭. 한국 예술 역사의 커다란 축 이중섭. 그가 짧게나마 살았던 생가와 그를 기리는 미술관이 서귀포에 있다. 이중섭은 이곳에서 살면서 '서귀포의 환상', '게와 어린이', '섶섬이 보이는 풍경' 등의 그림을 남겼다.

이중섭 거리는 서울 홍대거리와 비슷한 세련된 느낌이었다. 마침 주말이라 프리마켓도 열렸다. 거리 양옆으로는 화가 이중섭의 그림들로 만들어진 가로등이 문화거리의 느낌을 물씬 풍겼다. 이중섭 미술관엔 그가 일본으로 떠난 가족을 그리워하며 적은 손 편지도 전시되어 있다. 하지만 이중섭의 원화가 몇 점 되지 않아 아쉽기도 했다. 이중섭미술관 앞의 정원은 이중섭 생가로 이어져 있는데, 생가엔 원래 살던 집주인이 생활하고 있었다. 주말이라 거리에선 작은 공연도 펼쳐졌다. 이중섭 거리의 카페들과 음식점의 간판 모퉁이에는 모두 이중섭의 그림 사인인 'ㅈㅜㅇㅅㅓㅂ'이 씌어있었다. 이중섭 거리에서 내려와 큰길의 표지판을 따라 20분 남짓 걸으면 뛰어난 계곡미로 손꼽히는 천지연 폭포에 갈 수 있다. 천지연에 도착하니 이미 날이 어둑어둑했다.

방으로 돌아오니 2층 침대자리에 따로 온 것 같은 언니들이 이미 씻고 나와 자리를 잡고 누워있었다. 나도 서둘러 씻고 나와 자리에 누웠다. 언니들도 금방 왔는지 아직 서먹한 분위기였다. 때가 됐다. 이런 때를 대비해 배낭 깊숙이 숨겨둔 팩 세 장을 꺼내들었다. 우린 얼굴에 팩을 한 장씩 붙이고 천장을 보고 누워 신나게 수다를 떨었다.

3박 4일 일정으로 제주에 왔고 오늘이 첫날이라는 한 언니는 스물 아홉의 웹디자이너였고 그 옆자리 짧은 단발 언니는 제주 게하에서 보기 힘든 도민여행자였다! 그녀는 제주시에 산다고 했다. 제주에 살지만 정작 제주도에 대해 잘 모르는 것 같아 여행

1,4 외돌개나라의 정원으로 이어진 카페 테라스. 여행자들이 쉴 수 있는 여유로운 공간이다.
2 평화로운 외돌개나라 정원. 동물조각상들과 바닥타일, 야자수가 보이는 풍경이 이국적이다.
3 계단을 따라 이어지는 복도에서는 정원과 마을 풍경이 한눈에 들어온다.
5 예술적인 느낌이 가득한 외돌개나라 카페에는 낙서 화가 바스키아의 작품이 걸려있다.

을 시작했고, 외돌개나라에는 두 번째란다. 우린 팩을 다시 한 번 매만지며 제주도 여행에 관해 끝없이 이야기를 나눴다.

다음날, 언니들과 외돌개나라 카페에서 간단한 토스트와 음료로 조식을 챙겨 먹고 정원에서 한가로이 햇살을 받으며 강아지들과 놀았다. 그리고 주인 아저씨와 카페에서 이야기도 나눴다. 오늘도 여전히 외돌개나라엔 잔잔한 클래식이 흘러나왔다. 정말 하나의 왕국 같은 느낌이 들었다. 전 세계 방방곡곡 안 다녀본 곳이 없다는 주인아저씨는 제주도만큼 아름다운 섬이 없다고 단호하게 말했다. 그는 단번에 제주도에 반했고, 제주도에서 간절히 살고 싶었다. 그렇게 이곳이 만들어졌다. 주인 아저씨가 제주도에 반하지 않았다면 외돌개나라는 없었겠지. 아니, 그럴 리가 없다. 제주를 보고 반하지 않을 수가 없다. 특히 이곳 외돌개에선 말이다.

호스트 스토리 - 김진호

클래식과 여행을 사랑하는 주인장

그는 올레길을 자전거로 6번, 걸어서 2번 완주했다. 제주도에서 살고 싶었지만, 부인이 반대했다. 그는 건설회사에서 16년 반 동안 일하며 비행기를 8백 번 탔다. 2009년 퇴직하고 자전거를 끌고 무작정 나왔다. 그리고 서울에서 김포까지 달렸다. 그러고도 기운이 남아서 석모도까지 더 달렸다.

다음날은 안양, 그 다음날은 과천까지 달렸다. 그렇게 시작된 여행이 그를 제주도까지 오게 만들었다. 그는 제주도에 반했다. 전세계 안 가본 곳 없는 그는 하와이를 최고로 꼽았었는데 제주도를 만나고 생각이 바뀌었다.

그는 서귀포에 있는 작은 빌라를 덥석 계약했다. 하지만 선뜻 그와 함께 하겠다는 가족이 없었다. 적어도 그때는 그랬다. 어느 날 제주도에 놀러온 아내와 올레 길을 걸었고, 1코스는 2코스가 되고 2코스는 3코스가 되었다. 올레길을 완주한 후 아내가 말했다.
"그럽시다. 여기서 살아 봅시다."

외돌개나라의 이야기는 그렇게 시작됐다. 지금은 큰아들이 운영을 돕고, 커피를 공부하던 작은 아들이 외돌개나라의 카페를 담당하고 있다. 하나 둘 모여든 가족은 이제 똘똘 뭉쳐 이곳을 운영하고 있었다. 외관만 봐도 예술적인 느낌이 드는데 알고 보니 주인장은 클래식 음악 애호가다. 잦은 해외 출장에 홀로 밤을 보내야했던 그를 달래주던 것은 책과 9천 장의 클래식 CD였다. 그는 고상한 취미도 갖고 있다. 바로 색소폰 연주다. '다프니스와 클로에'라는 한 번 들어서 기억하기도 힘든 어려운 일층 카페 이름도 바로 그의 고상한 취미 덕분이다. 간혹 음악에 일가견이 있는 여행자들은 프랑스 작곡가 M.J 라벨의 발레모음곡 '다프니스와 클로에'를 알아보고 일부러 차를 세워 들어오기도 한단다.

그에게는 이제 여행자들과 가족들과 아름다운 제주에서 행복하게 사는 일만 남은 듯했다.

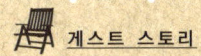 게스트 스토리

제주 도민 여행자를 만나다

그토록 만나기 어렵다는 제주 도민 여행자. 그녀의 이름은 '하다'. 한 번 들으면 절대 잊지 못할 이름. 그녀는 제주시에 살고 있다. 여름 휴가에 친구와 함께 왔던 외돌개나라를 다시 찾았다. 제주도에 살면서 정작 제주도를 너무 모르는 것 같아 여행을 시작했단다. 내가 떠나는 날 하다 언니는 이중섭 거리 프리마켓에서 산 작은 카드를 내게 선물했다. 카드엔 제주 방언으로 '폭싹 속았수다' 라고 적혀있었다. 하도 속았다는 말을 많이 들어서인지 왠지 카드가 나한테 속았다고 속삭이는 것 같았다. 그런데 '폭싹 속았수다'라는 말은 '수고하셨습니다'라는 말이란다. 제주 사투리는 알면 알수록 재밌다.
긴 머리에 손짓 하나까지도 여성스러운 혜인 언니는 편집디자이너다. 3박 4일 제주도 여행의 첫날이고 게스트하우스의 경험도 처음이다. 그녀는 3박 4일이 다 끝나고서야 게스트하우스가 무엇인지 알게 되었다고 한다. 그녀는 이번 여행에서 스마트폰의 지도앱을 이용했다. 홀로 하는 여행자들에게 딱이란다. 우도의 어르신들이 오토바이 소리를 시끄러워 한다는 말도 어느 게스트하우스에서 정보를 얻었다. 그래서 자전거로 우도를 열심히 달렸다. 생각보다 언덕도 많지 않고 느긋하게 볼 수 있어 좋았다. 우도에선 자전거 강추닷!

★ 게스트 추천평

김하다_외돌개나라에 처음 왔을 때는 친구랑 둘이었어요. 다른 사람들과 같은 방을 쓴다는 게 처음엔 너무 어색했는데 같은 방 사람들과 금세 어울리게 됐어요. 다음날엔 함께 여행까지 하고 밤엔 주인아저씨까지 가세해 카페에서 맥주를 마시며 이야기도 나눴죠. 지금 생각해도 너무 좋은 시간이었어요. 그게 가장 큰 매력인 것 같아요. 그래서 이번 휴가 때는 고민할 것 없이 외돌개나라를 선택했어요. 외돌개나라는 나의 첫 게하이자 넘버원 게하예요.

범혜민_게스트하우스가 처음이라 잘 몰랐다가 여행을 모두 마치면서 외돌개나라의 매력을 알게 되었던 것 같아요. 외돌개나라에 도착했을 때 처음 느낀 건 참 높은 곳에 있구나, 였어요. 발코니에서 보이는 바다 풍경이 만족스러웠어요.

 서귀포시_서호동

달팽이 게스트하우스

달팽이 여행자를 위한
느리고 행복한 공간

★ Writer's Comments

시간이 천천히 흐르는 제주, 거기서 한 차원 더 평온하게 흘러가는 곳이 바로 달팽이 게스트하우스다. 달팽이 같은 삶을 추구하는 달팽이 게스트하우스는 서귀포 월드컵 경기장 맞은편 엉또폭포로 유명한 고근산 아래 서호마을에 자리해있다. 고즈넉한 마당에 친환경적인 인테리어가 마음을 적신다. 달팽이 게스트하우스는 윗집, 아랫집, 옆집으로 띄엄띄엄 떨어진 세 채의 게스트하우스로, 도미토리룸은 윗집에만 있다. 특히, 아랫집으로 들어가는 길은 큰길에서 집앞 대문까지 이어지는 좁은 길을 뜻하는 제주방언 '올레'를 정석으로 보여준다. 차가 들어가지 못할 정도의 좁은 흙길이 집을 포근하게 감싸 안는다. 달팽이처럼 느리게 여행하고픈 느림보 여행자라면 이곳을 놓치지 말자!

느릿느릿 행복하게 달팽이처럼

작년 이맘때쯤 '달팽이 식당'이라는 일본 영화를 봤다. 주인공 린코가 하루에 딱 한 테이블의 손님을 받는 식당을 운영하는 내용이다. 린코는 예약 손님이 좋아하는 음식들과 취향, 직업, 꿈 등을 조사해서 테이블을 정성스레 준비한다. 그렇게 오직 그날의 손님만을 위한 음식을 만들어가며 자신의 상처도 치유해가는 내용을 담은 영화는 오가와 이토가 쓴 소설을 원작으로 만들어졌다.

그 오가와 이토의 '달팽이 식당'을 모티브로 오픈한 곳이 바로 달팽이 게스트하우스다. 달팽이는 옆집, 윗집, 아랫집으로 꾸며진 총 세 채의 게스트하우스다. 얼마 전 신축한 깔끔하고 클래식한 윗집, 소소하게 꾸며진 소품과 거실 난로가 매력적인 고즈넉한 옆집, 큰길에서 집문 앞까지 이어지는 좁은 길이 '올레'를 완벽하게 보여주고 있는 아랫집까지 각 집들은 서로 다른 매력을 뿜내고 있다.

도미토리룸은 윗집에 있지만, 나는 오늘 아랫집에 묵기로 했다. 홈페이지에서 본 아랫집으로 들어가는 좁은 흙길이 맘에 들어서였다. 서호동 새마을금고 정류소에 내려서 전화를 해 보니 폭신폭신한 조끼를 입은 한 할머니가 마중을 나오셨다. 푸근한 인상의 할머니는 고모님이라고 불리는 이곳의 관리인이었다. 여러 일로 바쁜 사장님을 대신해 옆집과 아랫집은 고모님이, 윗집은 사이좋은 부부가 관리한다.

고모님을 따라간 길은 차가 다니지 못할 정도의 좁은 길로 이어졌다. 바로 이 길이 내가 아랫집으로 향한 이유였다. 이젠 사라져가는 보기 힘든 올레길을 고스란히 간직한 길, 낮게 쌓인 검은 돌담은 큰길에서 집 앞까지 족히 백 미터는 돼 보이는 제법 긴 길인데, 돌담 옆으론 귤나무들이 두텁게 자라나 차분하게 집을 감싸고 있는 느낌이 든다. 이 길은 해가 머리꼭대기까지 뜬 대낮에도 아름답지만, 안개가 자욱한 새벽녘이나 날이 저문 밤엔 더 아름답다. 해가 지고 어둠이 내려앉은 길 가장자리에 사장님이 직접 설치해 놓은 허리까지 오는 촛불 같은 조명들이 하나둘 길을 비춘다. 마치 이상한 나라의 앨리스에서 양복을 입은 토끼가 지나간 길 같기도 하고 오즈의 마법사에 나오는 어느 길모퉁이 같은 신비스러운 느낌이다.

길 구경을 하느라 정신없이 두리번거리며 고모님을 따라 가니 데칼코마니처럼 두 개의 건물이 마주보고 있다. 두 개의 건물 중 통유리로 되어 안쪽 거실이 훤히 들여다보이는 곳이 오늘 내가 묵을 공간이다. 이곳은 세 개의 방과 고모님 공간 그리고 주방이 있다. 거실을 중심으로 양쪽으로 세 개의 방이 둘러가며 있고, 거실 벽걸이 텔레비

GUESTHOUSE INFO

add _ 제주도 서귀포시 서호동 766-3번지 (아랫집) | 제주도 서귀포시 서호동 635-2번지(옆집)
price _ 도미토리 2만원, 2인실 4만 5천원, 3인실 6만원, 4인실 8만원, 독채 9만원(2인 기준, 인원 추가시 1인 1만원)
in & out time _ 4시 · 10시
meal _ 토스트, 음료 or 커피 등
tel _ 010-4493-0419
web _ www.jejusnail.com

1 붉은 지붕의 새하얀 벽이 하늘을 더욱 푸르게 만든다.
2 아랫집 건너편의 가족룸으로 사용되는 독채 흙집 내부.
3 2인실과 3인실로 구성된 아랫집의 깔끔한 방.
4 날이 저물면 화려한 모습을 드러내는 아랫집 주방 조명.
5 돌담의 창문과 자전거가 만들어 내는 고즈넉한 아랫집 마당.
6 생긴 것과 다르게 무척 온순한 아랫집 지킴이.

Location

서귀포 월드컵 경기장이 내려다보이는 서호마을에 자리해 있는 달팽이 게스트하우스 앞으론 올레 7-1코스가 지나간다. 공항에서 5번 출구로 나와 600번 리무진 버스를 타고 서귀포 월드컵 경기장에 내리면 이마트가 바로 앞에 있다. 그 앞 택시 승강장에서 택시를 타고 '서호동새마을금고'에 내리면 된다. 택시요금은 기본요금이다. 중앙로터리에서 오는 마을버스 2번과 7번이 있기는 하지만 배차시간이 한 시간에 한 대 혹은 그 이상이니 택시를 추천한다. '서호동새마을금고'는 옆집, 윗집, 아랫집의 중심이므로 세집 어디든 걸어서 5분 정도면 갈 수 있다.

1 사과박스를 재활용해서 만든 책장.
2 달팽이 윗집 외관.
3 윗집 화장실과 샤워실.
4 클래식한 샹들리에가 매력적인 윗집 거실.
5 달팽이 윗집엔 게스트가 자유롭게 이용할 수 있는 카페가 독립적으로 만들어져있다.

전 아래로는 사과박스를 쌓아 만든 책꽂이가 있다. 모두 사장님의 책이란다. 건너편 흙으로 덮인 또 다른 흙집은 독채로 빌려주는 가족룸이다.

한지에 감춰진 조명이 은은하게 방안을 메웠다. 왼쪽으로 난 창으론 뒷마당에 빨래들이 바람 따라 흔들거리는 게 보이고 그 아래 가꿔진 작은 텃밭도 보였다. 짐을 풀고 윗집과 옆집도 구경하고 싶어 길을 나섰다. 말만 윗집과 옆집이지 각각 걸어서 십 분 정도는 걸리는 거리인데 소박한 동네를 구경하며 가는 재미도 쏠쏠하다.

윗집을 찾다가 길을 잃어 당황하고 있으니 지나가던 할아버지가 달팽이 윗집까지 데려다 주셨다. 윗집은 새로 지어 깔끔했고, 파스텔 톤의 벽과 샹들리에로 클래식한 느낌을 풍기는 거실이 있고 도미토리와 두세 명이 사용할 수 있는 두 개의 방이 더 있었다. 방 구경을 하다 거실로 나오니 양 갈래로 머리를 땋은 밀짚모자 소녀가 도미토리 방문 앞에 서 있다. 이야기를 나눠 보니 그녀는 삼십대 언니였다. 그녀는 내가 묵는 아랫집 구경을 하겠다며 따라 나섰다.

게임회사에 다니는 류미 언니는 까사 델 아구아를 보기 위해 제주에 왔다고 했다. 까사 델 아구아는 리카르도 레고레타라는 세계적인 건축가가 지은 모델하우스인데, 모델하우스 특성상 일정 기간이 지나면 철거해야 하지만 레고레타가 갑작스레 세상을 떠나게 되면서 그의 유작이 되었다. 그래서 철거를 하느냐 마느냐로 문제가 되고 있는 건축물이었다. 언니의 말을 듣고 내일 까사 델 아구아에 같이 가기로 했다.

얘기를 하며 아랫집의 올레길에 들어서자 언니 역시 그 아늑함에 매료됐다. 조금 뒤 언니와 난 고모님까지 합세해 옆집 구경을 나섰다. 옆집에 도착한 우리는 집 보러다니는 신혼부부처럼 구석구석을 살폈다. 옆집은 에메랄드 색으로 꾸며진 벽면이 인상적이었는데 소소한 소품들이 어우러져 고즈넉한 공간을 만들어내고 있었다. 거실 가운데에는 난로가 있고 바닥이 푹 꺼져있어 걸터앉을 수 있는 재밌는 공간도 꾸며져 있었다. 구경을 마치고 나오니 벌써 시간이 꽤 흘렀다.

그날 밤, 윗집에서 바비큐 파티가 있어 다시 윗집으로 향했다. 아까 잠깐 지나온 길인데, 오래된 친구네 집 골목처럼 친근해졌다. 윗집은 가족 여행자들이 모여 있었다. 윗집을 관리하는 인상 좋은 아저씨는 바베큐를 굽고 남은 불에 귤을 구워주셨다. 귤 구이를 한입 베어 물자 상큼하고 달달한 귤 즙이 목구멍을 뜨겁게 훑으며 내려갔다. 진한 유자차를 마시는 듯한 이색적인 맛이다. 귤 구이로 마무리를 하고 더 깜깜해지기 전에 아랫집으로 돌아왔다. 아랫집에 돌아오니 고모님이 마루에 앉아 책을 읽고 계셨다. 들여다보니 꽃에 관한 책이다. 알고 보니 고모님은 예전에 정원사였단다. 어쩐지

1 분주하게 일하는 달팽이 식당의 주방 모습.
2,3 달팽이식당 메뉴는 김치찜과 김치찌개, 버터구이 고등어.
　　일인분도 주문 가능하다.
4 특유의 잔잔한 분위기가 매력적인 달팽이 식당.

뒷마당의 꽃들이 예사롭지 않더라니.

　다음날, 류미 언니와 카페 안트레에서 흑돼지돈가스를 배불리 먹고 까사 델 아구아로 가는 버스에 올랐다. 까사 델 아구아가 있는 컨벤션이 종점인 버스 뒷자리에 나란히 앉아 둘 다 잠이 들었다. 버스기사님이 뒤를 보며 어디까지 가냐고 묻는 소리가 나기 전까지. 일어나 보니 버스엔 언니랑 나 둘뿐이었다. 컨벤션에 간다고 하니 기사님은 그쪽으로 가는 버스가 아니란다. 잠이 확 깼다. 어쩔 줄 모르고 당황하는 우리에게 아저씨는 미소를 짓더니 뻥이란다. 제주의 버스기사님들의 농담은 도무지 알 수가 없다. 한번은 정류장에 정차한 버스기사님께 중산간에 가냐고 물었더니 '아니다, 맞다'라는 간단한 대답 대신, "만장굴 갔다 어디 갔다 어디 가지롱." 하면서 가버린 적도 있다. 이 모든 게 제주도라서 가능한가보다. 버스는 컨벤션 종점을 향해 달렸다. 기사님은 중간 중간 속도를 낮추며 마치 관광버스의 가이드처럼 이것저것 설명을 해 주셨다.

　종점에 내려 컨벤션 뒤에 있는 까사 델 아구아에 도착하니 다행히 아직까지 전시를 하고 있었다. '빛을 담은 건축물'이라는 수식어답게 원색의 강렬하면서도 정감 가는 색감에 눈이 휘둥그레졌다. 건축가 레고레타는 제주에서 찾은 색으로 이곳을 만들었다고 한다. 제주의 돌 송이에서 따온 붉은 색과 바다와 햇살 담은 건축물은 구석의 작은 공간 하나까지도 예술품이었다. 류미 언니와 나는 또다시 집 보러온 신혼부부가 되어 까사 델 아구아의 구석구석을 둘러보고 게스트하우스로 돌아왔다.

　다음날, 달팽이 식당에서 고모님과 함께 점심을 먹었다. 달팽이 식당의 주 메뉴는 김치찜인데 10분 정도 차를 타고 가야 한다. 달팽이 식당 역시 달팽이다운 느낌으로 꾸며져 있었다. 점심을 먹고 나는 또 윗집에 놀러갔다. 아랫집에 묵으면서 윗집에 더 자주 놀러가는 것 같다. 류미 언니는 오전에 낚시를 마치고 한껏 상기된 얼굴로 작고 못생긴 물고기를 두세 마리 들고 돌아왔다. 윗집아저씨가 맛있는 걸 만들어 주기로 했다는데 대체 먹을 수 있을까 모르겠다. 까사 델 아구아와 낚시만이 제주에 온 목적이었다는 언니는 이제 자유라고 했다.

　언니를 뒤로 하고 평온한 동네를 지나 다시 우리집 아니 아랫집으로 돌아왔다. 흙을 밟으며 올레길을 지나 마당에 조용히 앉았다. 마당 의자 옆에 놓인 통나무 위엔 작은 달팽이 한마리가 그려져 있었다. 커다란 시베리안 허스키는 마당을 향해 편안하게 누워있고, 둥실둥실한 구름들이 조용히 흘러간다. 그것들은 사는데 바빠 잊어버리고 있었던 것들을 이야기해준다. 서두를 필요 없다고. 느릿느릿 천천히 가도 충분하다고. 이곳 달팽이처럼 말이다.

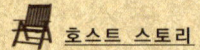 **호스트 스토리**

달팽이 나라를 꿈꾸는 주인장

오똑한 코에 작은 얼굴, 그는 나이를 가늠할 수 없을 정도로 미남이었다. 마흔이 넘었거나 마흔이 다 되어가는 삼십대인 것 같은데, 말 안 해주면 이십대라고 해도 믿을 법했다. 그를 못 보고 이곳을 떠날 수도 있다고 생각하던 그날 밤 10시가 넘어서 거실로 한 남자가 들어왔다. 양손 가득 빵 봉지를 들고 나타난 그가 바로 이곳을 만든 장본인이었다.

그는 제주에 온 지 500일이 다 되어 간다고 했다. 고모님 말로는 대학에선 사진을 전공했는데, 오랜 외국 생활을 접고 서울에서 5년 정도 다이빙을 가르치는 다이브 센터를 운영했단다. 늘 깨끗한 공기를 마시며 대자연 속에서 여유 있는 삶을 살고 싶다는 생각을 했고 그렇게 제주에서 살게 되었다. 아랫집, 옆집, 윗집의 세 개의 게스트하우스와 더불어 김치찜이 주 메뉴인 달팽이 식당도 오픈했다. 게스트하우스와 식당을 직접 인테리어를 하며 얻은 노하우로 이젠 인테리어 건축일까지 하느라 바쁜 나날을 보내고 있다고. 그를 보내고 거실에 고모님과 앉아 사과박스로 만든 책장을 들여다봤다. 책은 대부분 귀농과 시골에서 살기 등 그의 관심사를 알 수 있는 책들이었다. 숲 속에 멋진 집도 더 짓고 멋진 배로 스쿠버를 하고 싶다는 그의 꿈이 꼭 이루어지길.

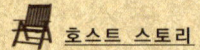 **게스트 스토리**

여행은 무조건 게스트하우스야!

양 갈래로 땋은 머리가 잘 어울리는 아담한 류미 언니는 게임 회사에 다닌다고 했다. 작년인가 재작년인가에 회사 사람들이랑 제주도로 여행을 왔는데, 그때 처음으로 게스트하우스에 와 보았단다. 그때 바로 이거다! 했다고. 여행 느낌이 물씬 나는 공간!

아무것도 안 하고 있어도 여행하는 것 같은 공간! 바로 게스트하우스다! 그래서 이번 휴가엔 망설일 것도 없이 게스트하우스를 예약했다. 일주일 여행 중 낚시와 까사 델 아구아에 가는 거 외엔 다른 계획이 없다는 언니는 까사 델 아구아에 갔다가 다음날 새끼물고기 몇 마리를 잡아와서는 이제 할일을 다했다며 하루 종일 방에서 나오지 않았다.

★ 게스트 추천평
달팽이 게스트하우스는 제주도에 숨겨둔 친구집 같은 곳이야. 처음 가는 곳이지만 낯설지 않고 여행의 설렘을 간직한 곳이지. 친한 친구네, 그것도 엄청나게 친한 친구네 온 것처럼 편안한 곳이랄까? 너무 편안해서 만난 사람들과 정말 친구가 되기도 하고. 예쁜 집 구경과 더불어 윗집 가족들의 친절함에 기분까지 좋아져.

똑같은 일상에 여유를 주는 여행

대학 동기로 각자 휴가를 내고 3박 4일로 여행을 왔다. 스쿠터를 빌려 여행 중인 그들에게 요즘 같은 비수기엔 차 렌트 값이 더 저렴할 거라 말하니 한동안 침묵. 직장인의 삶은 매일 똑같다며 한숨 섞인 이야기를 꺼내어 놓는 그들에게 이번 여행은 특별한 선물이 될 듯 하다.

★ 게스트 추천평
깔끔한 인테리어와 친절한 고모님이 마음에 들어요. 2인실이 있어서 도미토리에 지쳐있을 때 편안하게 머무를 수 있을 것 같아요. 불편하게 느끼는 사람도 있겠지만 친환경적인 화장실이 마음에 들어요. 옆으로 바람도 솔솔 들어오고 말이죠. 하하.

Other Guesthouse

 서귀포시_법환동

율 게스트하우스

범섬을 품에 안다

장기투숙객에서 지금은 율 게스트하우스의 스태프인 한 여인이 우수에 찬 눈빛으로 창밖을 보며 말했다. 지금 보이는 이 광경이 잊혀지지 않아 다시 이곳에 오게 되었다고. 그녀의 눈빛을 따라 고개를 돌리니, 웅크려 누운 호랑이를 닮아 범이라는 이름이 붙여진 범섬이 눈앞에 펼쳐진다. 꽤 가까워 보이는 수평선 위로 둥둥 떠 있는 범섬은 율 게스트하우스로 밀려들고 있었다. 거실 테이블에 앉으면 보고 싶지 않아도 무조건 보이는 광경이다.

부산이 고향인 부부는 2011년 2월 이곳에 자리를 잡았다. 문을 연 지 벌써 2년이 다 되어가는 율은 도미토리 말고도 단독 건물로 이뤄진 독채와 네 달 전 문을 연 아담한 2인용 별채를 운영하고 있다. 율이라는 이름은 주인 부부의 다섯 살 난 예쁜 딸 소율이의 이름에서 따왔다. 올레 7코스에 자리한 율 게하 바로 앞엔 해녀 문화를 전승하고자 조성한 해녀체험장이 있는데 언뜻 보면 율 게하 전용 풀장 같다. 내부엔 여러 색들로 멋을 낸 나무 의자들이 정겹고 입구 옆 좁은 기둥을 활용한 책장에서 젊은 주인 부부의 센스를 엿볼 수 있다. 겨울에 율을 찾는 여행자들이라면 거실 난로에서 직접 구워먹는 제주의 이색 음식 귤 구이를 맛볼 수 있다.

Location

제주공항에서 리무진을 타고 '풍림리조트'에서 내린다. 다시 마을버스 5번을 타고 '법환농협' 정류장에서 내린 후 농협을 등지고 바다 쪽으로 내려가다 우회전해서 길을 따라 5분 정도 걸으면 된다. 올레 7코스에 해당하는 길로 빨간 화살표를 따라 걸으면 쉽게 찾을 수 있다. 해녀체험장 바로 앞 하얀 집이 율 게스트하우스다.

1 빈티지한 색색의 의자들.
2,3 율 거실에서는 호랑이를 닮은 범섬이 한눈에 보인다.
4 바다와 잘 어울리는 깔끔한 율 게스트하우스.

GUESTHOUSE INFO

add _ 서귀포시 법환동 168
price _ 도미토리 2만원, 1인실 4만원 (1인 추가시 만원 추가), 2인실 7만원, 별채독채 10만원(성수기 15만원)
in & out time _ 3시 · 11시
meal _ 토스트, 원두커피
tel _ 010-9716-3416
web _ cafe.naver.com/jejuyul

Other Guesthouse

 서귀포시_동홍동

쿨쿨 게스트하우스

쿨쿨 잠을 부르는 공간

게스트하우스 쿨쿨은 훈훈한 30대 주인장이 운영하는 곳이다. 깔끔하게 떨어지는 건물은 직선의 세련미가 살아있다. 서귀포 시내에서 약간 떨어진 곳이라 택시 말고는 딱히 추천할 교통편이 없지만, 매일 저녁 서귀포 시내에서 쿨쿨까지 오는 픽업서비스를 이용하면 된다. 주변으로는 산 속의 들판이 전부라 살랑대는 바람을 만끽하기에 좋다. 근처에는 꼭 가봐야 할 서귀포향토오일시장이 자리해 있다. 오일장은 4일, 9일로 끝나는 날 열리니 일정을 맞춰 가보는 것도 좋겠다.

    넓은 들판을 따라 반기듯 열려 있는 문으로 들어서자, 모자를 눌러쓴 대장이 반갑게 맞았다. 열린 문으로 기분 좋은 바람이 들어와 거실 옆으로 뻗은 계단을 지나 이층까지 메우고 있는 느낌이다. 남자 8명, 여자 12명이 잘 수 있는 도미토리와 2인실, 3인실을 갖춘 쿨쿨 게스트하우스는 핑크와 라임색으로 꾸며진 포근한 공간이었다.

    장난기 가득해 보이는 그와 거실에 앉아 이런저런 이야기를 나눴다. 열린 문으로 뻥 뚫린 하늘이 가득 차 있었다. 거실 한쪽으로 취사가능한 주방도 보였다. 혼자 운영하려면 힘들지 않느냐고 물으니 야구를 못하는 것만 빼고 육지에서의 생활보다 훨씬 좋단다. 제주가 고향인 부모님들은 아들이 고향에서 무언가 해보려 하는 걸 그저 자랑스러워하신다고. 야구를 좋아해 거실에 갖춰 놓은 스크린을 내려 축구, 야구경기를 여행자들과 함께 관람하기도 한다. 그와 이야기하는 동안 열린 문으로 끊임없이 바람이 들어왔다. 문 밖에 철봉 모양으로 서있는 앙상한 나무가 눈에 들어왔다. 원래 있던 것인데 제주 사람들은 저걸 '바람문'이라고 부른다고 했다. 바람문. 이곳과 참 잘 어울린다.

Location

제주공항에서 리무진 버스 600번을 타고 서귀포 '뉴경남호텔'에서 내린 후 택시나 쿨쿨 픽업차량을 이용하자. 택시를 타면 4천 원 정도가 나온다. 픽업차량은 서귀포시내에서 매일 저녁 6시와 7시에 운영된다. 서귀포향토오일장에서 걸어올 경우, 천지연 육가공 간판 아래 주인장이 붙인 이정표를 따라가면 쉽게 찾을 수 있다.

GUESTHOUSE INFO

add _ 서귀포시 동홍동 819-5
price _ 도미토리 2만원,
온돌방(3만 5천원-7만원)
in & out time _ 4시 · 11시
meal _ 식빵, 잼, 커피, 차 등
tel _ 064-767-5000
web _ cafe.naver.com/jejucoolcool

1 향토오일장 뒤 조용한 곳에 단독으로 자리한 쿨쿨 게스트하우스.
2,3 아늑한 도미토리 공간과 온돌룸.
4 일층 거실엔 간단한 취사가 가능한 주방이 있다.

Other Guesthouse

 서귀포시_**서귀동**

슬리퍼 게스트하우스

시장 안에 자리한 사람 냄새 가득한 게스트하우스

제주의 게스트하우스들은 거의 해안가나 중산간에 있지만 시장 안에도 게스트하우스가 있다. 색다른 잠자리를 제공하는 슬리퍼 게스트하우스다. 슬리퍼 게스트하우스는 올레꾼들이 가장 많이 찾는다는 서귀포 올레매일시장 깊숙이 자리해 있다. 바다의 파도 소리도 바람 따라 사부작거리는 중산간의 나뭇잎 소리도 없는 이곳은 늘 훈훈한 사람 냄새와 사람 소리로 가득하다.

그저 8절 도화지만한 벽보가 간판의 전부인 슬리퍼는 유심히 보지 않으면 찾기 어려울 정도로 꼭꼭 숨어있다. 벽보 옆으로 두 사람이 겨우 함께 설 수 있는 틈처럼 보이는 노란 길이 하나 있고, 벽을 따라 달린 노란 문으로 들어오면 2층부터가 슬리퍼 게스트하우스다. 게스트하우스에 들어서자 땡땡이 파자마를 입은 젊은 여자가 빠른 속도로 달려 나왔다. 그녀는 놀이동산에서 볼법한 양손을 빤짝빤짝 흔드는 인사를 건네며 얼싸 안을 기세로 반갑게 맞아주었다.

알고 보니, 그녀는 꽤 유명했다. 20대인 그녀는 철학을 사랑한다. 그런 철학적 사고 때문이었는지 대학에 들어가서 질풍노도의 시기를 보내고 결국 명문대 자퇴를 결심한다. 학교를 나와 방황하던 2011년 4월의 오후, 모든 것이 불투명해 보였다. 착잡한 마음에 영등포 타임스퀘어 뒷골목을 서성이는데 그녀의 귓가에 영화 트레인스포팅 OST atomic이란 노래가 들렸다. 그 곡을 부른 록밴드 이름이 'sleeper'. 이곳의 이름을 있게 만든 장본인. 그렇게 그녀는 'sleeper'의 노래에 자신의 미래를 덜컥 세워버린다.

그녀는 그날 무작정 부모님이 계신 제주로 왔다. 그때만 해도 부모님 소유의 이 건물은 세를 주지도 못할 정도로 낡아도 너무 낡아 비워둔 지 오래였다. 그녀는 부모님을 설득해 그 낡은 건물을 지금의 모습으로 바꾸어 놓았다. 건물을 보수하고 솜씨 없는 그녀가 직접 인테리어를 했다. 대부분 색종이와 포장지, 잡지 등이 전부인 그녀의 인테리어 실력 그리고 진지하게 어떠냐고 묻는 초롱초롱한 눈빛에 웃음이 새어나왔다.

슬리퍼 여기저기엔 그녀만 아는 수상한 모양의 색종이들이 나름의 의미를 가지고 벽면에 붙어 있다. 미흡하지만 정겨운 이곳은 먹을거리를 언제든지 제공하는 인심을 가진 곳이다. 2층 창가 방 아래론 북적한 시장한복판이 훤히 내려다 보였다.

GUESTHOUSE INFO

add _ 서귀포시 서귀동 27
price _ 도미토리 2만원, 더블룸(3인까지) 5만 5천원, 패밀리룸(온돌방 8인) 8만원
in & out time _ 3시 · 11시
meal _ 식빵, 우유, 커피, 차, 달걀, 잼
tel _ 070-4212-0526, 010-9487-0521
web _ www.sleeper.co.kr

1 간판이라고는 8절 도화지만한 벽보가 전부인 슬리퍼 게스트하우스.
2,4 젊은 주인장이 손수 꾸민 소박한 내부 모습.
3 시장 풍경을 한눈에 내려다 볼 수 있는 옥상.
5 매일올레시장 안에 자리한 슬리퍼 게스트하우스.

Location

제주공항 5번 게이트에서 중문방향 600번 리무진 버스를 타고 '뉴경남호텔'에서 내리면 된다. 정류장에서 올레매일시장 안으로 들어오면 중앙통닭 → 덕이죽집 → 중앙식품 옆 틈으로 보이는 노란 좁은 길로 들어오면 문이 하나 보인다. 문을 열고 2층부터가 슬리퍼다.

Other Guesthouse

 서귀포시_서귀동

백팩커스 게스트하우스

'굿 스테이'에 등록된 글로벌 게스트하우스

서귀포 일대에서 가장 좋은 시설이라고 자신 있게 말할 수 있는 곳이다. 유럽 풍 붉은 지붕의 백패커스 게스트하우스는 기업형 게스트하우스다. 이곳은 한국관광공사가 전국 4만여 개의 숙박업체 중 고작 3백 개의 숙박 업체를 선정하는 '굿 스테이'에 당당히 등록된 곳이다. 도미토리마다 화장실이 갖춰져 있고, 여러 개의 파라솔이 줄지어 있는 큰 마당과 카페까지 갖춘 넉넉한 공간이다.

화, 목, 토요일엔 바비큐 파티(1만원)가 저녁 6시부터 열리며, 카페에선 자유롭게 컴퓨터를 사용하거나 앉아서 책을 읽어도 된다. 귤 수확 철엔 귤을 박스째로 가져다놓아 제주 귤 맛을 즐길 수 있다. 제주 게스트하우스에서 외국여행자를 만나는 것이 쉽지 않은데 이곳은 늘 외국인이 북적대는 곳 중 하나다. 나무수출회사에서 운영하는 곳답게 인테리어의 대부분이 나무로 되어있어 따뜻한 느낌이 든다. 지하에 작은 공연을 할 수 있는 펍 느낌의 휴게 공간도 만들고 있는 중이다.

바로 길 건너에 서귀포에서 가장 맛있는 해물뚝배기집 삼보 식당이 있으며, 걸어서 15분 정도면 이중섭 거리와 매일올레시장에 갈 수 있다. 백패커스를 담당하는 매니저님은 세계 각국에서 오는 외국 여행자들에게 간단한 설문 조사를 하고 있는데 대부분의 여행자들이 한국에 오기 전에 제주도에 대해서 들어본 적이 없단다. 한국을 여행하다가 제주도 이야기를 듣게 되어 온 셈이다. 백팩커스처럼 외국인들에게도 편안한 숙소가 제주에 많아지길 빌어본다.

Location
제주시외버스터미널에서 성판악·서귀포 방향 버스를 탄 후 '동문로터리' 정류장에 내리면 바로 오거리인데, 여기서 해달한의원과 농협이 있는 맞은편 골목으로 쭉 걸어가면 백패커스가 보인다.

> GUESTHOUSE INFO

add _ 서귀포시 서귀동 315-2
price _ 도미토리 2만 2천원, 2인실 6만원
in & out time _ 2시 · 10시
meal _ 달걀, 시리얼, 우유, 감귤주스,
　　　　커피, 계절과일
tel _ 064-763-4000
web _ www.backpackershomejeju.com
　　　　blog.naver.com/bpks_jeju

1 백패커스 도미토리는 방마다 화장실을 갖추고 있다.
2 라운드형의 통로들이 이국적인 느낌을 준다.
3 나무 이름으로 된 백패커스의 룸.
4 여유있는 바비큐 파티장과 오른쪽에 있는 카페.

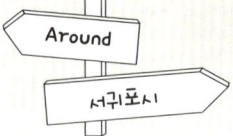

천제연폭포

중문관광단지 부근에 있는 제주도 3대 폭포 중의 하나다. 3단의 폭포로 되어 있으며, 제1폭포, 제2폭포를 지나 제3폭포로 떨어지는 물줄기가 바다로 향해 내려가며 장관을 이룬다. 폭포 주변으로는 희귀식물들이 자생하는 난대림으로 천연기념물 제378호에 지정되어 있다. 옥황상제를 모시던 칠선녀가 폭포에 내려와 목욕하며 놀다간다는 전설이 전해지며, 칠선녀가 조각된 아치형의 다리 선임교도 볼거리다.

add _ 서귀포시 중문동 2232 | tel _ 064-760-6331

이중섭 거리

화가 이중섭을 기리는 거리다. 거리 안엔 이중섭의 생가와 갤러리가 있다. 거리엔 분위기 있는 카페와 소품 숍 등 여러 상점이 줄지어 있고, 가로등엔 이중섭의 작품들이 세워져 있는 문화예술거리다. 서울의 홍대거리 비슷한 느낌도 드는 곳으로 서귀포 시내의 중심지라고 생각하면 된다. 매주 토요일마다 홍대 프리마켓처럼 예술 시장이 열리고, 근처엔 올레꾼에게 인기가 좋은 올레매일시장이 있다.

add _ 서귀포시 서귀동

이중섭갤러리와 생가

세계적인 천재화가 이중섭이 한국 전쟁 이후 여기저기를 떠돌다가 제주도로 와 가족과 함께 머물던 곳으로 당시 이중섭이 머물던 생가와 이중섭을 기리는 미술관이 인근에 자리해 있다. 이중섭은 제주에 머무르며 '서귀포의 환상', '섶 섬이 보이는 풍경' 등 제주를 주제로 한 작품을 많이 남겼으며, 매년 9월 중순 에는 이중섭 예술제가 열린다. 미술관엔 이중섭이 가족에게 보내는 손 편지도 전시되어 있다. 이중섭의 많은 작품을 기대하고 간다면 아쉬울 수 있으나 이 중섭이 머물던 생가와 이중섭 거리를 걸어보며 이중섭의 삶을 되짚어보는 것 도 좋겠다.

add _ 서귀포시 서귀동 532-1 | **tel** _ 064-733-3555 | **web** _ www.jslee.seogwipo.go.kr

천지연폭포

제주의 많은 폭포들 중 규모나 경관 면에서 단연 으뜸으로 꼽히는 곳이다. 높 이 22미터의 폭포가 무성히 자란 난대성 상록수 숲과 기암을 뚫고 내리꽂힌 다. 물줄기와 숲으로 한여름에도 서늘할 정도로 시원한 기운이 돌아 사람들의 발길이 끊이지 않으며, 연인들의 데이트 코스로도 사랑받는 곳이다. 못 속에 는 열대어의 일종인 육식성 무태장어가 서식하는 것으로 알려져 있으며 폭포 일대가 '제주도 무태장어 서식지'라는 명칭으로 천연기념물 제27호로 지정되 어 있다.

add _ 서귀포시 천지동 667-7 | **tel** _ 064-733-1528

정방폭포

천지연, 천제연폭포와 더불어 제주도 3대 폭포로 선정된 곳이다. 물줄기가 직 접 바다로 떨어지는 유일한 폭포다. 23미터에 달하는 물줄기가 까만 절벽 사 이로 통쾌한 소리를 내며 바다로 떨어지는데 그 모습에 감탄사가 절로 나온 다. 폭포로 이어지는 계단으로 내려가 직접 폭포 물을 만져볼 수도 있다. 가 슴 벅찬 높은 물줄기 사이로 만들어지는 무지개도 심심치 않게 볼 수 있다.

add _ 서귀포시 동홍동 278 | **tel** _ 064-733-1530

제주녹차다원

한라산 해발 500미터 청정지역에 위치해 있으며, 1996년에 제주도에 처음으로 조성된 민간 녹차테마파크다. 5만 여 평의 녹차다원의 전망대에 서면 서쪽으로 문섬과 범섬, 수평선 아래론 대한민국 최남단 마라도와 가파도까지 볼 수 있는 대자연의 파노라마를 가진 곳이다. 입장료에 찻값이 포함되어 있어 신선한 녹차 맛을 즐길 수 있고, 녹차미로생태공원도 만들어져 있어 아이들에게도 인기가 좋은 곳이다. 녹차미로생태공원을 천천히 둘러보는데 2시간 남짓 걸리며 입장료는 6천원이다.

add _ 서귀포시 색달동 산 50 | tel _ 064-738-4433 | web _ www.jejugreentea.co.kr

서귀포향토오일장

50년의 긴 역사를 가진 시장으로 4, 9가 들어가는 날에 열린다. 매월 4일을 시작으로 5일 간격으로 7천여 평의 규모에 500명 이상의 상인이 모이는 장이라 해서 오일장이라 부른다. 옛 오일장의 모습을 그대로 간직한 곳으로 여러 가지 농수산물과 가축은 물론 제주도 특산물인 칠보공예 기념품, 시장에서 파는 다양한 전통음식까지 볼거리가 많다. 젊은 여행자들은 보기 힘든 전통 시장의 모습을 볼 수 있어 좋고, 나이가 좀 있는 여행자들은 옛 추억을 잔잔하게 되살릴 수 있어 좋은 곳이다. 그 지역 주민들의 모습이 가장 잘 담겨 있는, 살아 숨쉬는 여행의 묘미를 가진 곳이다.

add _ 서귀포시 동홍동 779-1 | tel _ 064-763-0965

매일올레시장

60년 전통의 서귀포 대표 재래시장이다. 500여 개의 점포에 농수산물 공예품 등 없는 물건이 없을 정도로 유명하다. 잘 가꿔진 대표 재래시장으로 1천여 평의 실내 주차장과 야외 주차장까지 완비하고 있으며, 무료주차 한 시간을 제공하는 등 배려가 돋보인다. 시장길 중심으로 흐르는 물줄기가 쾌적함과 여유를 더한다. 소소한 먹거리가 많아 올레꾼들이 놓치지 않고 들르는 명소다.

add _ 서귀포시 서귀동 271-38 | tel _ 064-762-2925 | web _ www.sgp.market.jeju.kr

대포주상절리

제주 곳곳에 주상절리가 있으나 그 중 가장 큰 규모를 자랑한다. 주상절리 기둥 하나의 높이가 40미터에 이르며 깎아지른 절벽 사이로 파도가 부딪치는 모습은 장관이다. 파도가 심하게 칠 때는 10미터 이상 용솟음치며, 2005년 1월에 천연기념물 제443호로 지정되었다. 이정표가 제대로 되어 있지 않을 정도로 찾는 사람이 드물지만, 병풍을 연상시키는 절벽의 비경은 혼자만 알고 싶을 정도로 욕심나는 곳이다.

add _ 서귀포시 중문동 2663-1 | tel _ 064-738-1393

새연교

서귀포 항과 새섬을 잇는 169미터의 다리다. 제주 전통배 테우의 모습에서 영감을 얻어 만들었으며, 야간 10시까지 개방하고 조명을 곳곳에 설치해 분위기 있는 야경을 만들어 낸다. 서귀포 항에서 새연교를 바라보며 찍는 일몰이 장관이라 사진작가들에게도 인기가 많고, 다리 한가운데서는 서귀포항 일대가 한눈에 들어온다. 건너편 새섬은 다 돌아보는데 1시간 남짓 걸리는 완만한 길로 새연교를 지나 새섬을 한 바퀴 돌아보길 추천한다. 올레6코스에 해당되는 이 길은 서귀포 앞바다의 아름다움을 만끽하기에 충분하다.

add _ 서귀포시 서홍동 707-6 | tel _ 064-760-3471

엉또폭포

한바탕 비가 쏟아져야 자태를 드러내는 엉또폭포는 서귀포 70경 중 하나로, 높이 50미터에 이른다. 제주방언으로 큰 웅덩이를 뜻하는 '엉'과 입구를 뜻하는 '도'가 만나 엉또폭포라는 이름을 가지게 되었다. 물이 풍부하지 않아 평소엔 숲 속에 숨어 있다가 시간당 70mm 이상의 비가 오거나 장마철이 되면 웅장한 폭포수가 떨어진다. 폭포 주변으로 천연 난대림이 넓게 형성되어 있어 사시사철 푸른 풍치를 자아내며, 1박 2일의 촬영지로 유명세를 타며 비가 오면 폭포를 보기 위해 여행자들이 몰려든다.

add _ 서귀포시 강정동 1587 | tel _ 064-760-2650

외돌개

서귀포 칠십리 해안가에 우뚝 솟아 있는 바위섬이다. 풍랑을 맞아 돌아오지 않는 할아방을 기다리던 할망이 그대로 망부석이 되었다는 전설이 전해져 할망바위라고 불리기도 한다. 150만 년 전 화산 폭발로 생겼는데, 보는 각도에 따라서 달리 보인다. 해질 무렵 외돌개와 밤섬 뒤로 넘어가는 일몰이 빼어나며, 산책로를 따라 내려가면 일제 때 군사기지로 파 놓은 가슴 아픈 동굴이 있다. 2011년 문화재청에서 국가지정문화재 명승으로 지정한 여행지다.

add _ 서귀포시 서홍동 791 | tel _ 064-760-3033

까사 델 아구아

멕시코 출신의 세계적인 건축가 리카르도 레고레타의 마지막 유작이다. 모델 하우스로 임시허가를 받은 '가설건축물'로 지어져 법적으로는 철거해야하지만 세계적인 건축가의 유작이기에 철거하느냐 마느냐로 논란의 중심에 서 있다. 스페인어로 '물의 집'이라는 뜻을 가진 까사 델 아구아는 제주에서 얻은 다채로운 컬러와 빛을 머금은 아름다운 건축물로 다녀간 많은 이들에게 사랑받으며 여러 기관에서 철거 반대 운동이 벌어지는 중이다. 철거이야기를 떠나 건축물 자체는 '제주의 작은 보석'이라 불릴 정도로 예술적 가치가 뛰어나다.

add _ 서귀포시 중문동 2700-2 (제주국제컨벤션센터 뒤)

꼼지락 키친

서귀포 이중섭 거리에 있는 곳으로 차와 식사를 모두 해결할 수 있다. 클래식하게 꾸며진 편안한 소품들과 카페에서 흘러나오는 선곡이 센스있다. 성인 남자가 먹어도 배부를 정도의 두툼하고 푸짐한 돈가스와 볶음밥, 커피 등 뭘 시켜도 만족스러운 음식이 나온다. 식사류는 7천원~1만 원 정도, 커피류는 4~5천 원 정도. 낮 12시 오픈. 일요일 휴무.

add _ 서귀포시 서귀동 510 1층 | **tel _** 064-763- 0204

삼보식당

허름한 건물이지만 제주에서 손꼽히는 맛집이다. 제주 세 가지 보물, 뚝배기, 자리물회, 옥돔구이 전문이라 하여 '삼보'라는 이름이 붙었다. 서귀포 번화가에서 조금 떨어져 있는 곳이지만 도민과 여행자들로 늘 붐빈다. 인기메뉴는 해산물이 넉넉히 들어간 뚝배기와 진한 국물 맛을 자랑하는 성게알 미역국.

add_ 서귀포시 천지동 319-8 | tel_ 064-762-3620

안트레

법환동에 있는 식당인 안트레는 제주 방언으로 '안으로 들어오세요.'라는 뜻이다. 흑돼지로 만든 왕 돈가스로 소문이 자자한 곳이다. 돈가스는 어마어마한 사이즈로 여자 둘이 먹어도 남길 정도고, 돈가스를 시키면 햄버거빵이 함께 나온다. 식사시간이 되면 늘 앉을 자리가 없을 정도로 붐빈다. 어린이를 동반한 여행객에게 추천하고 싶은 곳으로 흑돼지 왕 돈가스에 가려졌지만 커피와 함께 나오는 브런치 세트도 실속 메뉴다. 왕 돈가스는 1만 5천원.

add_ 서귀포시 법환동 229번지 | tel_ 064-738-7720

덕성원

이중섭 거리에 있는 60년 전통의 중국집이다. 3대째 내려오는 집으로 장인의 맛과 정성이 담진 계짬뽕이 인기메뉴. 계짬뽕은 다른 해물은 일절 넣지 않고, 오로지 꽃게만을 넣어서 맛을 낸다고 한다. 계짬뽕 국물은 얼큰함보다는 시원한 쪽이라 얼큰한 짬뽕을 기대한다면 다소 실망할 수도 있다. 3대를 이어온 짜장면과 탕수육 역시 최고의 맛을 자랑한다. 짜장면 4천원, 계짬뽕 7천원, 탕수육 1만 6천원.

add_ 서귀포시 정방동 474 | tel_ 064-762-2402

 남서_상모리

루시드봉봉 게스트하우스

송악산 근처의
유쾌하고 달콤한 공간

루시드봉봉

★ **Writer's Comments**

루시드봉봉은 송악산 근처 상모리에 있는 게스트하우스다. 유쾌한 주인 언니, 그저 사랑스럽게 웃기만 하는 주인 오빠, 그리고 루시드봉봉의 마스코트 네 살 로운이가 행복 바이러스를 만들어낸다. 앙증맞은 소품들과 새빨간 지붕 그리고 밤이면 지붕 위로 봉봉 떠오르는 달이 좋은 기운을 실어 나른다. 주인집과 게스트룸, 카페 봉봉벅스 세 공간으로 나눠져 있다. 주인 언니가 직접 내려주는 핸드드립 커피도 이곳의 자랑이다. 산방산 송악산 용머리해안까지 정처없이 걸어보자. 예전 올레길 코스였던 아기자기한 루시드봉봉 마을길을 구경하는 재미도 쏠쏠하다.

유쾌한 달이 봉봉 뜨는 곳, 루시드봉봉

　　살짝만 건드려도 터질듯 홍시 같은 지붕. 청명한 푸른 하늘엔 제멋대로 뭉쳐진 구름들이 아무렇게나 던져져 있고, 밤이면 푸른빛이 가시지 않은 진한 하늘에 달이 살포시 내려앉는다. 은은한 달빛에 질세라 마당에 심어둔 노란 등이 조용히 켜지면, 지붕 아래 모인 마음 맞는 여행자들은 달달한 수다를 펼친다. 달력의 한 장면처럼 어여쁜 이곳은, 세 가족이 운영하는 루시드봉봉이다.
　　루시드봉봉에 도착했을 땐 다른 게스트하우스에서 만난 동생과 함께였다. 큰길로 나온 루시드봉봉 올레길(큰길에서 집까지 이어지는 좁은 길)에 들어서니 푹신한 잔디 마당이 나왔다. 그리고 두건과 앞치마에 청소하다 뛰쳐나온 것이 분명해 보이는 그녀가 서 있었다. 건강한 에너지가 넘치는 주인 언니였다. 그녀는 단호하게 하지만 기분 좋게 말했다.
　　"아니~ 그냥 들어오시면 어떡해요???"
　　루시드봉봉 올레길에 서 있던 '체크인 전에 도착하면 연락 달라'는 입간판을 가볍게 본 게 문제였다. 이곳의 체크인 시간은 네 시. 우리가 도착한 시간은 두 시였다. 물론 짐을 맡아주긴 하지만 이렇게 미리 연락 안하고 들어오면 그녀에게 혼날 수도 있다. 여행자들 눈치 안 보며 자신의 속마음을 분명하고도 유쾌하게 말하는 그녀의 첫인상이 참 맘에 들었다. 빨간 지붕은 더없이 파란 하늘 덕에 돋보였다. 우리는 짐을 맡기고 루시드봉봉을 빠져 나왔다.
　　어제 금능에 있는 한 게스트하우스에서 그녀를 만났다. 아침에 체크아웃을 하려는데, 그녀가 서둘러 날 따라나섰다. 특별한 목적지가 없었던 우린 무작정 길을 따라 걸었다. 가을 제주는 어딜 가나 꽃들이 만발해 있다. 오늘은 코스모스를 따라 못다한 이야기 삼매경에 빠졌다.
　　그녀도 나처럼 걷는 걸 좋아하는 뚜벅이었다. '어딜 가야한다'는 계획이나 의지도 없고, 그저 걷다 힘들면 버스를 타거나 중간에 멈춰서면 그만이라고 생각하는 것도 비슷했다. 시원한 살랑바람이 기분 좋게 불어왔.
　　어느새 눈앞에 산방산이 보였다. 한 시간이면 도착할만한 길을 얼마나 주섬주섬 걸었는지 두 시간이 걸렸다.

1 게스트룸으로 들어서면 바로 나오는 빈티지 스타일의 거실.
2 철제 침대의 뽀송한 이불을 갖춘 이층침대.
3 아침으로 제공되는 루시드봉봉의 샌드위치.
4,5 포근한 느낌으로 꾸며진 게스트룸. 거실에는 심심함을 덜어주는 여행서들이 있다.
6 칸막이로 분리되어 있는 공용 화장실과 샤워실.

Guesthouse info

add _ 서귀포시 대정읍 상모리 2641-1
price _ 도미토리 2만원, 2인실 5만원
in & out time _ 4시 · 11시
meal _ 모닝토스트, 커피 (별도 2천원)
tel _ 010-6388-8037
web _ www.lucidbonbon.co.kr

Location

제주공항에서 100번 버스를 타고 시외버스터미널로 향한다. 시외버스터미널에서 대정읍 사계리를 경유하는 모슬포 행(평화로 노선) 버스 타고 '이교동' 버스정류장에서 내리면 되는데, 두 시간은 족히 걸리니 아무 생각없이 창밖 바다를 구경하거나 버스기사님께 부탁드리고 숙면을 취해도 좋다. 버스정류장 건너편으로 보이는 좁은 골목에 들어서면 바로 루시드봉봉 미니어처와 손글씨 간판이 보이는데 간판 옆 올레길을 따라 걸으면 빨간 지붕이 반갑게 인사한다.

1 게스트룸과 주인장 공간, 카페 공간으로 이뤄져 있다.
2 화장실이 딸려 있는 4인실.
3,4 싱크대와 냉장고가 있는 게스트룸. 거실 곳곳엔 피노키오들이 진열되어 있다.

산방산까지 하염없이 걸어보기

　　설문대할망이 화가 나 한라산 봉우리를 내리쳤고, 그 조각이 떨어져 산이 되었다는 산방산은 금방이라도 산신령이 나올 것 같은 위엄을 뽐냈다. 돔 형태로 봉긋 올라온 산은 가까이서 보니 더욱 신비로웠다. 우리는 산방산 아래 자리한 카페 레이지박스에서 당근 케이크와 커피로 방전된 에너지를 채웠다. 그리고 돌아오는 길엔 산방산에서 가까운 사계리의 미향식당에서 저녁도 먹었다. 정식과 두루치기, 자투리고기 등이 주 메뉴로 도민들이 인정하는 맛집이다. 착한 가격의 맛있는 저녁으로 든든히 배를 채우고 루시드봉봉으로 돌아왔다.

　　경쾌했던 아침 마당과 달리 노란 불빛이 운치있게 깔려있었다. 루시드봉봉은 잔디 마당을 중심으로 주인장 공간, 여행자 공간 그리고 밤 11시까지 자유롭게 사용할 수 있는 카페 봉봉벅스가 ㄷ자로 마주보고 있다. 맡겨둔 짐을 받아 게스트하우스 건물로 들어갔다. 거실로 이어지는 공간에는 정원과 같은 노란 실내등이 켜져 있어 포근함을 더했다. 거실은 싱크대와 전자레인지, 냉장고 등이 갖춰져 있었다. 귀여운 피노키오 인형과 빈티지한 나무테이블 그리고 제주 여행 책들이 꽂힌 책꽂이가 눈에 들어왔.

　　이곳은 4명이 사용할 수 있는 도미토리 세 개와 2인실 한 개가 있어 총 14명을 수용할 수 있는 아담한 공간이었다. 도미토리 중엔 화장실이 딸린 방도 하나 있지만 주로 3명 이상의 일행이나 남자게스트들이 사용한다. 다른 방 도미토리 여행자들은 거실 한쪽에 마련된 청결함으로 똘똘 뭉친 공용화장실과 샤워실을 편하게 사용하면 된다. 방문을 여니 이층침대 두개가 놓인 창가로 앤티크한 사물함이 있고 화이트 톤 철제 침대 위엔 하늘색 갈색 체크무늬의 깜찍한 이불이 놓여있었다. 우리가 들어가자 방은 만원이 됐다. 먼저 온 두 명의 여행자들은 각자 올레 길을 걷고 있는 여행자였다. 우리가 씻고 나오니 둘은 피곤한지 벌써 잠들어 있었다.

　　루시드봉봉은 낮에도 예쁘지만 밤이 더 맘에 든다. 운치 있는 마당에선 건물 밖 창가로 네모난 불빛이 요란하게 빛났다. 남보랏빛 검은 하늘엔 봉봉 뜬 유쾌한 달 하나가 이곳을 힐끔 내려다본다. 옆 건물 카페로 들어가니 삼각 지붕과 오래된 옛 돌벽을 잘 살린 공간이었다. 난 카페 한쪽에 앉아 주인 언니를 귀찮게 하며 이것저것 물었다. 예상대로 주인 언니는 유쾌하고, 시원시원한 성격이었다. 그녀의 말 한마디 한마디에선 건강한 기운이 넘쳐흘렀다. 그때, 카페로 한 꼬마가 들어왔다. 동그란 얼굴, 동그란 이마 동그란 코를 가진 오통통한 꼬마는 그녀의 아들 로운이었다. 루시드봉봉은 로

운이를 빼놓고 말할 수 없다. 루시드봉봉의 마스코트 로운이는 엄마의 유쾌한 웃음과 아빠의 예쁜 말씨를 닮았다.

다음날, 조식을 먹으러 카페 봉봉벅스로 들어갔다. 아침부터 일찍 일어난 로운이는 카페 여기저기를 누비며 여행자들에게 말을 걸고 있었다. 루시드봉봉의 조식은 이천 원에 모닝 샌드위치와 커피가 제공되는데, 그날은 모닝 토스트의 속재료가 다 떨어져 잼을 바른 토스트가 여행자들에게 무료로 제공됐다. 카페엔 주인 언니와 여자스태프, 루시드봉봉을 벌써 몇 번째 찾은 단골여행자도 있었다. 우린 한가로이 카페에서 아침 식사를 즐겼다.

조금 뒤 마당에서 따사로운 햇살과 함께 로운이와 사진을 찍으며 놀고 있는데, 건축 일을 하는 주인 오빠가 루시드봉봉 올레길에 놓인 전등을 달그락거리며 손 보고 있었다. 수고하는 남편에게 주인 언니는 물을 가져다준다. 가만 보니 둘의 눈에서 하트가 뽕뽕이다. 행복해 보였다. 유쾌한 루시드봉봉엔 달콤 행복한 세 식구가 살고, 그들의 웃음바이러스가 옮은 행복한 여행자도 산다. 오늘도 루시드봉봉의 유쾌한 달은 행복한 이곳이 부러워 매일 밤 이곳을 또 힐끔거린다.

호스트 스토리 - 김진희

함께 살기 위해서

행복하다고, 사랑한다고, 감사하고, 소중하다고. 그들이 서로를 바라보는 눈빛은 그랬다. 건강한 기운을 내뿜는 싱그러운 그녀의 눈빛엔 이 모든 게 담겨 있었다.

육지에서 제주도로 이주해 오는 대부분의 사람들은 제주도가 좋아서, 혹은 육지가 싫어서였다. 그런데 루시드봉봉의 세 가족이 1년 전 제주도로 건너온 이유는 그저 '함께 살기 위해서'였다. 건설회사에 다니던 주인 오빠는 일산, 주인 언니는 이천에서 회사를 그리고 아들 로운이는 그녀의 언니 집에서 지내다 보니 세 가족은 보통의 가족처럼 둘러 앉아 밥 한번 먹기 힘들었단다. 로운이가 두 돌이 되던 때 가족은 함께 살기 위해 제주 이주를 마음 먹는다. 그렇게 소박하고 아기자기한 시골 마을 상모리에 둥지를 틀게 된다. 함께 살며 농가주택 일부를 개조해 게스트하우스도 만들었다.

처음엔 서툴렀지만 이제 단골여행자들도 생겼을 만큼 많이 바뀌고 단단해졌다. 육지의 삶보다 작은 제주 시골 마을의 생활은 불편한 것도 꽤 많다고 했다. 하지만 불편하다는 그녀의 표정이 왠지 행복해 보였다. 그녀는 말했다. 힘든 건 견뎌야 하지만 불편한 건 참으면 그만이라고. 그래서 불편하다는 그녀의 표정이 그리 행복해 보이는 모양이다.

 남서_대평리

곰씨비씨 게스트하우스

친한 언니네처럼
편안한 마력의 집

곰씨비씨

★ Writer's Comments

큰대에 평평할 평이라는 뜻을 가진 대평리 마을에 제일 처음 생긴 게스트하우스! 곰씨비씨 게스트하우스는 배낭여행사에 근무하던 곰대리와 비과장의 합작품이다. 유쾌통쾌한 그녀들의 집에선 웃음소리가 끊이질 않는다. 곰 언니의 애정을 듬뿍 받고 있는 멍멍이 하루, 종일, 무쌍이가 입구에서 반갑게 인사한다. 마당 오른쪽 카페 문 앞 나무에서 바라보는 바다 풍경이 근사하다. 카페의 음식들은 자유롭게 먹고 한쪽에 마련된 저금통에 금액을 집어넣는 무인시스템으로 운영된다. 조식으로 따뜻한 엄마표 가정식(4천원)이 제공된다. 친한 언니네 놀러온 것 같은 스스럼없이 편안하고 인간미 넘치는 공간!

곰 두 마리가 운영하는 게스트하우스

처음 곰씨비씨를 알게 된 건 《거침없이 제주이민》이라는 책에서였다. 제주 이민자 15인의 이야기를 담은 책인데, 그 중 하나가 곰씨비씨 게스트하우스를 운영하는 곰 언니와 비 언니의 이야기였다. 배낭여행사에서 함께 일하던 곰대리와 비과장은 제주도여행 상품을 개발하기 위해 제주에 왔다가 이곳에 눌러앉게 되었다. 2010년 4월에 서귀포 월드컵경기장이 있는 법환동에서 간판을 달았다가 이곳 대평리로 옮겨온 지는 2년이 다 되어간다. 곰씨비씨가 자리한 대평리는 이제 더 이상 게스트하우스가 자리 잡을 곳이 없어 보일만큼 게스트하우스가 유난히 많은 곳이다. 물론 굳이 갯수로 따진다면 협재나 한림, 제주, 서귀포시에 더 많은 게스트하우스가 있지만, 제주 시골의 그것도 걸어서 한두 시간이면 동네 한바퀴 다 구경하는 이 작은 마을에 스무 개에 달하는 게스트하우스가 있으니 면적에 비해 정말 많은 게스트하우스를 가진 곳이다. 그래서 마을을 구경하다 보면 코너 하나를 돌 때마다 게스트하우스가 나타나는데 곰씨비씨는 이곳에 가장 먼저 생긴 게스트하우스다.

딱히 교통편도 좋지 않은 이곳에 여행자들이 많이 올까? 아니면 주인장들은 왜 이 작은 마을에 열광하는 걸까? 궁금증을 안고 중문에서 대평리로 향하는 마을버스로 갈아탔다. 마을버스는 대체 버스가 지나갈 수 있을까 싶은 좁고 굽은 길들을 묘기 하듯 빠져나와 대평리 종점에 멈췄다. 대평리에 내리자, 궁금증이 단박에 풀렸다. 나지막한 지대에 평평한 마을 분위기는 평온 그 자체였다. 무거우면서도 신선한 공기가 한숨에 들어왔고, 병풍처럼 마을을 에워싼 절벽 박수기정은 저 멀리 산수화를 그렸다.

마을 안쪽으로 길을 따라 들어가니 여러 게하에서 큼지막한 돌멩이와 나무 토막에 간판을 그려 무심하게 돌담 아래 세워두었는데, 이 수제 돌 간판이 대평리 마을의 유행인가보다. 그 돌 간판 덕분에 지도를 기억해낼 필요도 없었다. 그저 돌들이 알려주는 방향으로 가니 금방 곰씨비씨에 도착했다. 곰씨비씨에 도착했을 땐, 남자인지 여자인지 알 수 없는 한 명이 호스를 들고 물을 뿌리고 있고 그 뒤로 책에서 이미 얼굴을 확인했던 비 언니가 다가와 인사를 건넸다.

자갈이 깔린 각 잡힌 마당엔 세 채의 개집과 세 마리의 개 그리고 세 개의 건물이 ㄱ자로 자리해 있었다. 마당을 지키는 개 중 두 마리는 백구, 한 마리는 흑구였는데, 흑구 '하루'가 아빠, 백구 '종일'이가 엄마, '무쌍'이가 둘 사이에서 태어난 강아지다.

세 개의 건물은 정면이 게스트하우스, 오른쪽이 휴게 공간 겸 주방인 카페, 그 사

1 골목으로 들어서면 보이는 곰씨비씨 마당과 건물.
2 곰씨비씨가 자리한 대평리를 감싸고 있는 박수기정.
3 곰씨비씨의 모든 룸은 단층침대 혹은 온돌방으로 구성되어 있다.
4 비 언니가 차려주는 엄마표 조식.
5 분리되어 있는 화장실과 샤워실.
6 곰씨비씨 카페.

GUESTHOUSE INFO

add _ 서귀포시 안덕면 창천리(대평리) 817-1
price _ 도미토리 2만원
in & out time _ 4시 · 11시
meal _ 엄마표 가정식 (4천원)
tel _ 070-8900-8907
web _ www.gcbc.co.kr

Location

제주공항 5번 게이트에서 600번 리무진을 타고 '중문여미지식물원'에서 내린 후 픽업 요청을 하면 주인 언니가 마중을 나온다. 서귀포 시내에서 올 경우 100번이나 120번 버스의 종점이 곰씨비씨가 있는 대평리다. 종점 대평리에서는 삼거리 슈퍼 방향으로 들어가면 그때부터 길가에 세워진 수제 간판이 길을 안내한다.

1 박수기정 정상에서 바라본 대평리 마을의 아담한 모습.
2 햇살 잘 드는 곰씨비씨 카페엔 책들이 많다.

이 틈으로 들어가면 나오는 공간이 곰씨비씨 언니들의 개인 공간이다. 하얀 지붕을 가진 모서리가 둥근 게스트하우스 건물엔 나무로 만든 투박한 곰씨비씨 간판이 달려있고, 노란 햇살을 닮은 노란 벽에 초록 지붕을 한 장난감 같은 카페가 있다. 카페는 열댓 명이 둘러앉으면 훈훈해지는 아담한 사이즈였다.

아름답고 평온한 대평포구

카페 문 앞으론 나무 하나가 딸랑거리는 종을 하나 달고 서 있는데, 그 아래에서 보는 대평포구의 모습은 눈부실 정도로 아름답다. 낮게 깔린 밭이 펼쳐지고 그 뒤를 이어 바다 위 야자수가 송송 박혀 있다. 바다에서부터 어디 하나 걸러지지 않은 바람이 밭을 지나 나무에 매달린 종을 딸랑거린다. 곰씨비씨에서 내가 제일 좋아하는 곳도 바로 이곳이다.

비 언니를 따라 마당으로 들어서 건물 벽면에 줄지어 있는 의자에 앉았다. 이곳은 마당에 의자가 참 많다. 들어오는 입구엔 '잠시 쉬어가도 돼'라고 적힌 의자도 놓여 있었다. 비 언니는 입구에서 호스로 물을 주고 있는 남자인지 여자인지 헷갈리던 사람이 곰 언니라고 했다. 그리고 보니 진짜 곰 같다. 묵직한 인상과 체격 좋은 곰 언니는 수도를 잠그고 내 옆으로 다가와 앉았다.

곰 언니는 부산 사투리로 대뜸 말했다.

"오늘 자라~"

사실, 곰씨비씨에는 내일 머무르려고 했다. 오늘은 이미 잡아둔 숙소가 있었고, 잠시 중문 구경을 왔다가 대평리로 가는 마을버스를 발견해 동네를 구경하러 온 것뿐이었다. 하지만, 언니의 그 포스 넘치는 말 한마디에 오늘 갈 숙소에 예약 변경 전화를 했다. 곰 언니가 내일이 추석이라 친구들과 지리산에 가기 때문에 내일은 비 언니 혼자뿐이니 오늘 자고 가라는 것이었다. 맞다. 잊고 있었는데, 내일이 추석이다. 그렇게 앉아 곰비 언니들과 이야기를 해보니 곰 언니 말씨만 위엄있는 부산사투리지 엄청 유쾌하고 재밌고 비 언니는 상냥하고 친근한 엄마 같다. 곰 언니의 말은 처음 들으면 무뚝뚝한데 시처럼 함축되어 있다고 보면 된다. '밥 뭇나?' 라는 짧은 말에는 밥은 먹고 다니는지, 밥 좀 잘 챙겨먹어라 등의 함축된 말이 있고, '야'라는 짧은 말에도 '잘 보고 다녀라', '앞에 조심해라'라는 걱정과 애정이 담겨있다. 그 외에 '야, 이놈무시끼', '너 임마' 등등이 언니의 단골 멘트다.

1,3 입구를 들어서면 거실을 따라 도미토리 온돌방과 2인실이 돌아가며 있다.
2 2인실에는 퀸사이즈의 침대와 탁자가 있다.
4 곰비언니들이 보던 책들이 한가득.
5 거실에서 화장실로 이어지는 복도에 여행자들이 남긴 사진과 메모.

마당에 있는데 한 할머니가 마당으로 불쑥 들어와 묻는다.

"어디서 왔쑤?"

내 대답에 할머니는 '멀리서 왔구먼……' 하더니 다시 고개를 올리며 말했다.

"어디서 왔쑤?"

내가 세 번째 같은 대답을 하려 할 때, 그때도 곰 언니는 '야'라는 외마디로 나를 제지시켰다. 알고 보니 할머니는 치매환자였다. 가끔 마당으로 불쑥 들어와 어디서 왔냐는 말만 계속 묻고는 나간다고 했다. 할머니와 진지한 대화를 나누는 내가 웃겼는지 언니는 내게 '똘베'라는 별명을 지어주었다. 이곳 곰씨비씨에 머물렀던 여행자들은 모두 별명을 하나씩 가지고 있다. 언니들이 지어주는 별명은 곰씨비씨 홈페이지에서도 사용된다.

"그런데, 곰 언니는 그렇다 치고 비 언니는 무슨 뜻이에요?"

비 언니의 별명이 궁금해 묻자, 비는 곰(Bear)의 약자란다. 결국 곰 두 마리인 셈이다. 게스트하우스로 들어와 문을 열자 거실을 중심으로 서너 명이 생활할 수 있는 방 다섯 개로 이뤄져 있고, 거실은 편안한 가정집 분위기다. 거실의 왼쪽으로 뻗은 짤막한 복도를 지나면 화장실과 샤워실이 있고, 복도엔 여행자들이 다녀간 흔적이 줄을 따라 매달려 있다. 방은 게하에서 흔히 볼 수 있는 이층침대가 아닌 온돌이었다. 실내는 예전 시골집에서 볼법한 미닫이문이 그대로 남아있었다.

저녁 7시, 그날 이곳에 머무르는 여행자는 여섯 명이 더 있었다. 불건전한 사이처럼 깍지를 끼고 곰씨비씨에 들어온 깍지 부부와 한라산 등반이 목적이라는 능구렁이 삼촌 그리고 영화 '광해'의 도부장을 닮은 남자여행자, 우리 방을 함께 쓸 언니 두 명이 있었다. 우리방 언니들은 흑돼지를 먹으러 가고, 능구렁이 삼촌이 사온 광어회를 두고 나머지 멤버들이 동그랗게 카페에 모였다.

카페는 주방과 담소를 나눌 수 있는 공간으로 나눠지는데, 한쪽 벽 책장엔 책들이 책장에 가득차고도 넘쳐 앞 테이블 위에 쌓여 있다. 광어를 어디서 사왔는지 물으니 능구렁이 삼촌이 특유의 능구렁이 같은 어투로 대답했다.

"이거? 그냥 쪼기서~ 말 잘하니깐 그냥 주더라고." 말이 끝나기가 무섭게 곰 언니가 특유의 무뚝뚝한 목소리로 받아쳤다. "참나, 저건 광주 교과서에 나오나봐. 광주 사람들 다 저 소리야." 언니의 그 말이 아니었음 정말로 그냥 얻어온 건 줄 알았을 거다. 능구렁이 삼촌은 광주에서 왔고, 같은 산악회 친구가 곰씨비씨를 추천해서 왔다고 했다. 추석이라 와이프는 친정에 보내고 한라산에 등반하러 왔단다. 도부장 오빠는 일을 그만두고 알아보는 중이었고, 깍지 부부는 나이가 좀 있는 신혼부부였는데, 명절마다 제주도 올레길을 걸으러 온다고 했다. 좋은 시간을 보내고 잠자리에 들었다. 오랜만에 따뜻한 방바닥에 누워보니 집 떠나 괜찮은 명절을 보내는 것 같았다.

추석맞이 바비큐 파티

다음날은 추석, 동네 구경에 나섰다. 박수기정은 심심할법한 대평리를 제법 위엄있게 감싸고 있는 절벽인데, 어제 곰비 언니들이 대평리에 왔으면 박수기정에 꼭 가봐야 한다고 이야기했다. 박수기정은 올레 9코스로 30~40분 정도 올라가면 정상이다. 정상에 올라 내려다보면 앙증맞으면서도 단아한 대평리가 한눈에 내려다보인다. 벤치도 놓여있어 편안히 앉아 바다를 감상할 수 있다. 정상에서 조금 쉬다 다시 마을로 내려왔다.

명절이라 다들 문을 닫았는데 마을 한 편에 자리한 '물고기 카페'가 문을 열었나보다. 물고기 카페는 장선우 영화감독이 운영하는 곳으로 파스타가 맛있기로 소문난 곳이다. 이곳에서 점심을 해결하고 동네를 방황하다 오후가 되어 숙소로 돌아오니 지리산에 간다던 곰 언니와 오늘 육지로 돌아간다던 도부장 오빠는 이미 가고 없었다. 깍지 부부는 유일하게 문을 연 이마트에서 추석 기념으로 피자를 한판 사 가지고 들어왔고, 능구렁이 삼촌은 한라산에 다녀와서 피곤했는지 벌써 골아 떨어졌다.

그날 밤 우린 추석 맞이 바비큐 파티를 벌였다. 이곳의 바비큐 파티는 사람들끼리 마음이 맞을 때 가끔 벌어지곤 한다. 추석이고 곰 언니도 없고 비 언니 혼자 있어 심심할 것 같아 이곳에서 하루 더 머물기로 했다. 마당에 둘러 앉아 불을 지피고 깍지 부부의 러브스토리와 능구렁이 삼촌의 연상 와이프 이야기로 또 수다가 펼쳐졌다.

다음날, 체크아웃을 하려고 마당에 나와 앉아 있는데, 깍지 부부와 어젯밤 완도에서 온 삼촌, 능구렁이 삼촌이 배낚시를 간다며 물고기를 잡아올 테니 내게 떠나지 말고 기다리라고 했다. 여행자들은 모두 친척집 같은 곰씨비씨의 평안함에 빠져든 듯 했다. 깍지 부부는 오늘 과연 다른 곳으로 떠나긴 할까? 나는 오늘 이곳을 떠날 수 있을까? 문제는 엊그제 예약한 곳에 배낭을 두고 잠시 구경 왔다가 묵은 것이라 입고 온 옷이 전부라는 거다. 벌써 이틀째 단벌로 버티고 있다.

비 언니가 웃으며 말했다. "내 옷 빌려 줄까?" 아, 난 이 곳을 떠날 수 있을까? 그냥 곰 세 마리가 되어 이곳에 눌러앉는 게 빠를 수도 있겠다.

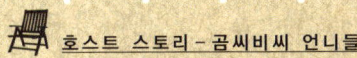 호스트 스토리 - 곰씨비씨 언니들

여행사에서 일하다 게스트하우스 주인이 됐어요

이야기는 배낭여행사의 곰대리와 비과장의 이야기에서부터 시작한다. 둘은 곰같이 비슷한 것 같으면서도 완전 다른 성격인데, 곰 언니가 무뚝뚝하고 위엄있는 스타일이라면, 비 언니는 상냥하고 푸근하다. 그렇다고 해서 곰 언니가 다가가기 어려운 존재는 아니다. 몇 마디 해보면 무진장 인간미 넘치는 언니다. 말투로 보나 단어 선택으로 보나 절대 듣기 좋은 말은 아닌데, 기분 나쁘지 않은? 아니 오히려 욕을 먹으면서도 기분 좋아진다는 표현이 맞겠다. 엄마같은 비 언니는 초등학생 아들을 둔 엄마다. 조식으로 비 언니가 만들어주는 엄마표 가정식에선 정말 엄마 맛이 난다. 비 언니의 남편은 일 때문에 육지에 있고, 아들 동현이는 제주에서 초등학교를 다닌다. 밥 시간만 되면 나타나는 안경 쓴 똘똘한 아이가 비 언니의 아들 동현이다. 한 달에 자신의 키만큼 책을 읽는 동현이가 '하루'를 하루만 키우겠다고 데려오면서 세 마리가 되었단다. 하루, 종일, 무쌍이 세 마리 개 이름도 직접 지었다. 곰비 언니들은 정말이지 환상의 커플처럼 이상하게 잘 어울리며 이곳만의 편안한 분위기를 만들어낸다. 곰 언니가 지리산으로 떠나고 비 언니와 마당 의자에 앉아 이야기를 나눴다. 비 언니는 말했다.

"곰이 말이야. 겉보기엔 저래두 맘이 여려~."
엇, 어제 비 언니가 잠시 밥하러 들어간 사이 이 자리에서 곰 언니가 그랬다.
"비가 말이야. 맘이 여려~."
곰 언니가 떠나기 전 카페 옆에 빈 벽을 가리키며 말했다.
"똘베 너 임마~. 다음에 벽화 그리러 온나~." 잠시 생각하다 내가 입을 열었다.
"곰 언니, 잘 그리든 못 그리든 왠지 언니한테 욕만 먹을 것 같은데요?"
언니는 벌써 자기를 파악했냐며 유쾌하게 웃었다. 마당에 우리의 웃음소리가 퍼졌다.

 게스트 스토리

혼자 한라산 오르기

연상의 와이프를 친정으로 보내고 홀로 한라산을 등반하러 왔다. 곰씨비씨에는 산악회 동료의 추천으로 처음 왔지만 단골처럼 자연스럽다. 한라산에 등반할 때 빈 배낭을 멨는데 일명 배낭에 '배낭 뽕'을 넣어 다니는 산악인이다. 튼실한 종아리를 보면 그가 산을 얼마나 사랑하는지 알 것 같다. 한라산에 자주 온다는 그는 이제 한라산에 올 때마다 이곳을 찾을 것 같단다.

Other Guesthouse

 남서_상모리

사이 게스트하우스

산과 산 사이, 바다와 바다 사이, 사람과 사람 사이

제주 게스트하우스 중에서 가장 아름다운 이름을 지닌 곳이다. 산방산과 송악산 사이에 있는 '사이'는 건물 앞으로 떠서 뒤로 지는 해를 볼 수 있다. 일출과 일몰을 모두 볼 수 있는 곳은 제주 전체를 두고 보아도 그리 많지 않다. 하지만, 내가 이곳에 간 이유는 2층에 있는 북 카페 때문이었다. 살굿빛 3층 건물은 1층이 도미토리 공간, 2층이 여행자를 위한 북 카페이고 3층은 2인실로 쓰인다. 2층에 들어서자 정면으로 산방산과 송악산 그리고 사계항을 담은 해안이 한 눈에 들어온다. 몇 년 전까지만 해도 '스테이 위드 커피' 라는 제주에서 손꼽히는 커피집이 이곳에 함께 자리했으나, 지금은 근처 해안가로 이사 가고 카페 '사이'가 자리를 채우고 있다. 커피 맛에 대해서는 약간의 아쉬움이 있지만 책들과 함께 끝없이 펼쳐지는 바다는 사람과 사람 사이를 녹이기 충분했다.

　1층엔 도미토리와 스쿠버다이빙 사무실이 있는데, 게스트들은 스쿠버다이빙을 30퍼센트 할인 금액에 체험할 수 있다. 그래서인지 내가 머물렀던 날, 같은 방 언니들은 매년 여름 스쿠버다이빙을 하기 위해 이곳을 찾는단다. 도미토리의 입구는 복도 입구와 구분되어 있어 분주하지 않고, 넓은 거실이 여유롭다. 무엇보다, 사이 게스트하우스는 예술 공간이다. 도미토리 벽에 로또복권으로 만들어진 16명의 인물화가 걸려있고, 건물의 오른쪽에서 왼쪽 벽면에 그려진 역동적인 페인트화, 2층 카페로 올라가는 계단으론 제주의 예술가들의 전시가 줄을 잇는다. 또 북카페에서는 매달 작은 공연도 열린다.

Location

제주공항 2번 게이트에서 모슬포행 버스를 탄다. '모슬포 하모체육공원'종점에서 내리면 되니, 편안하게 잠을 청해도 좋다. 종점에 내려서 사이 게스트하우스로 연락하면 스태프가 픽업을 하러 온다.

GUESTHOUSE INFO

add _ 서귀포시 대정읍 상모리 8-1
price _ 도미토리 2만원, 2인실 6만원
in & out time _ 2시 · 10시
meal _ 가정식 백반
tel _ 064-792-0042, 010-4751-0042
web _ cafe.naver.com/jejusai

1 사이에선 산방산과 송악산이 한눈에 보인다.
2 계단에 전시를 하기도 하고 카페에서 작은 공연을 하는 문화 공간 '사이'.
3 여행자들이 자유롭게 이용할 수 있는 북 카페 '사이'
4 삼층 구조의 직선미를 자랑하는 사이 외관.

Other Guesthouse

 남서_사계리

산방산온천 게스트하우스

산방산과 온천을 즐길 수 있는 곳

산방산 탄산온천을 아는가? 6일 일정의 여행 중에 5일을 이 탄산온천에서 보낸 여행자를 본 적이 있다. 산방산 근처에 있는 탄산온천은 국내 온천 중 유리 탄산, 나트륨 성분 등이 최대수치로 인정받는 곳으로 고혈압과 류머티스, 피로회복과 미용에도 탁월하다고 한다. 이런 효능을 모르면 몰랐지 알면 결코 피해갈 수 없는 매력적인 여행지 탄산온천 뒤엔 한 번에 백 명의 인원을 수용할 수 있는 대형 게스트하우스가 자리 잡고 있다. 산방산온천 게스트하우스에서는 체크인을 하면 탄산온천 2회 무료이용권을 준다! 마치 김밥 집에서 주는 단무지처럼 말이다. 아니, 성인 온천 비용이 1회에 1만 1천원이니 굳이 따지면 단무지를 사면 김밥을 주는 셈이다.

오픈 3년이 된 산방산온천 게하는 학교 느낌의 단층 건물이다. 입구에 들어서니 복도를 따라 오른쪽이 식당 겸 휴게 공간, 왼쪽에 게스트 룸이 있다. 오른쪽 휴게 공간에서 체크인을 하고 온천 무료쿠폰을 손에 쥐고 게스트룸으로 들어왔다. 남자 44명, 여자 66명을 수용할 수 있는 두 개의 도미토리로 이루어져 있다. 이 커다란 하나의 공간을 나무 발들이 병풍처럼 쪼개 다시 작은 방들을 만든다. 내가 갔을 때 비수기라 고요했지만, 아무래도 소음에 민감한 여행자에겐 쉽게 권하긴 어려울 듯하다. 그럼에도, 추천하고 싶은 이유는 잘 갖춰진 픽업서비스와 신비한 탄산온천의 효능이다.

올레 10코스 인근에 위치한 이곳은 9코스가 시작되는 대평포구, 10코스의 시작점 화순해수욕장, 11코스 대정읍, 그 외에도 근거리 산방산과 송악산 최남단 섬 마라도에 갈수 있는 선착장으로 픽업차량을 운영하고 있다. 거기에 산방산온천의 매력이 더해진다. 온천엔 이미 효능을 듣고 온 여행자들과 이곳의 단골 도민으로 보이는 아주머니들이 있었다. 사실 첫인상은 시설 좋은 목욕탕 같은 느낌인데, 물속에 몸을 담그면 사이다 속에 들어간 것처럼 작은 기포들이 방울방울 맺히며 찌릿찌릿하다. 온천탕엔 소문을 듣고 찾아온 일본관광객들도 있었다. 온천의 분위기를 즐기고 싶은 여행자라면 수영복을 준비해 야외 노천탕을 이용하자! 한 폭의 그림 같은 한라산과 산방산을 눈에 담을 수 있고, 늦은 저녁엔 은은한 조명들이 물에 비치며 로맨틱한 분위기를 연출한다.

난 저녁까지 온천탕에서 나오지 않았고, 떠나는 다음날도 짐을 맡기고 오후 늦도록 온천욕을 즐겼다. 특히 도보여행자들과 페달을 밟느라 지친 자전거 여행자들에게 추천하고 싶다.

> GUESTHOUSE INFO
>
> **add** _ 서귀포시 안덕면 사계리 981번지
> **price** _ 도미토리 1인 2만원
>   (탄산온천 2회 무료쿠폰)
> **in & out time** _ 3시 · 10시
> **meal** _ 1식 4찬과 국 (4천원)
> **tel** _ 064-792-2756
> **web** _ www.sanbangsan.co.kr

1 유리로 덮인 낮은 단층 건물의 산방산온천 게스트하우스.
2,3 커다란 공간을 나무발과 커튼으로 나누어놓은 도미토리.
4 주방과 컴퓨터 공간, 텔레비전이 있는 휴게공간.
5 산방산온천 게하에서 만난 여행자와 다음날 함께 드라이브를 즐겼다.

Location

제주공항에서 100번 버스를 타고 제주시외버스터미널로 향하자. 시외버스터미널에서 평화로로 달리는 모슬포행 버스를 타고 '탄산온천' 또는 '덕수초등학교'에서 내리면 된다. 픽업을 원한다면 게스트하우스로 미리 연락을 취하자.

Other Guesthouse

 남서_사계리

레이지박스 게스트하우스

레이지박스

제주에서 홍대 카페를 만나다

　　제주엔 유독 홍대 길거리와 어울릴 감각적인 게스트하우스가 많다. 산방산 근처 사계리의 레이지박스는 홍대 카페 분위기의 게스트하우스를 제주에 전파시킨 원조다. 오픈 3년째를 맞이하는 레이지박스는 게스트는 물론이고 제주 게스트하우스 주인장들에게 더 인정받는 곳이기도 하다. 산방산이 보이는 길목에 자리한 레이지박스는 정원 10명의 작은 규모지만, 여유 있는 마당과 게스트 전용 카페까지 갖춘 곳이다.

　　큰길에서 집까지 이어지는 올레길을 따라 들어선 마당은 돌과 잔디가 작은 네모박스를 그리는 체스판 같다. 잔디 마당 위엔 밖거리, 안거리, 창고로 이루어진 옛 제주집의 형태를 갖춘 세 개의 건물이 ㄷ자 형태로 자리해 있다. 정면에 보이는 건물이 게스트룸, 왼쪽이 게스트 전용 카페, 오른쪽이 스태프의 공간이다. 절제미를 잘 살린 하얀 벽에 빨간 지붕은 깔끔하다 못해 청아하다. 거실을 중심으로 양 옆에 도미토리와 주방이 있고 게스트 전용 카페는 홍대거리의 핫한 카페에 뒤지지 않을 감각적인 인테리어를 선보인다.

　　레이지박스는 산방산 아래에서도 카페를 운영한다. 그래서 가끔 레이지박스 이름만 보고 카페인줄 알고 찾아오는 손님도 있단다. 카페 레이지박스는 산방산 근처 맛있는 카페로 소문이 났다. 게스트하우스에서 걸어서 20분 남짓이면 갈 수 있고 갤러리카페인만큼 매달 전시를 통해 여행자들뿐 아니라 주민들에게도 볼거리를 제공한다. 산방산을 바라보며 근처 용머리해안을 걸어보는 것도 좋겠다. 구경을 마치고 허기진 배를 카페 레이지박스에서 달래보자. 직접 구운 당근 케이크와 브라우니가 맛있다.

Location

제주공항에서 100번 버스를 타고 제주시외버스터미널로 향하자. 터미널에서 평화로로 가는 서일주버스를 타고 1시간 30분 정도 지나 '사계리사무소'정류장에서 내리면 5분 거리에 레이지박스가 있다. '사계리사무소'정류장에서 '안덕농협' 건너편 미향식당에서 조금 못 가 좌회전해서 골목식당이 있는 골목으로 들어가 오른쪽 세번째 집이 레이지박스다.

GUESTHOUSE INFO

add _ 서귀포시 안덕면 사계리 2501-1
price _ 도미토리 1인 2만원
in & out time _ 16시~21시 · 11시
meal _ 카야토스트 커피 또는 감귤주스
(별도판매 2천원)
tel _ 070-8900-1254
web _ www.lazybox.co.kr

1 홍대 카페 분위기의 레이지박스 입구.
2 레이지박스 문을 열면 나오는 군더더기 없는 깔끔한 거실.
3 바둑판 잔디 마당의 세련된 외관.
4 산방산 아래 있는 카페 '레이지박스'.

 남서_대평리

티벳풍경 게스트하우스

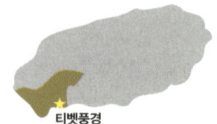

제주 안에서 만나는 티벳

2008년에 문을 연 티벳 풍경은 티벳 여행에서 만난 주인 부부가 운영하는 곳이다. 티벳에서 게스트하우스와 카페를 운영했던 그들이 이곳 제주에 티벳을 고스란히 담아 놓았다. 고즈넉한 돌담길 너머 티벳에서 공수한 바람에 빗발치는 형형색색의 천들이 티벳의 바람까지도 옮겨 놓았다. 주인장이 여행을 하며 모은 손때 묻은 소품들로 장식한 티벳풍 독특한 인테리어는 여행 안의 또 다른 여행을 만들어 준다. 길게 뻗은 마당을 따라 긴 마루가 있는데 방 안엔 그물 안에 갇힌 시계부터 출처를 알 수 없는 새장, 그리고 원래 이집에 살던 할머니가 사용했다는 현란한 꽃무늬 담요가 천장을 장식하고 있다.

    지그재그로 아무렇게나 하지만 안정감있게 올려진 침대에서 대평리의 심장, 박수기정도 보인다. 오른쪽 쪽문으로 이어지는 작은 베란다에서 차를 한 잔 마시거나 마당 옥상에서 박수기정을 마음껏 눈에 담아보는 것도 좋겠다. 티벳풍경을 찾는 여행자들이 꼽은 명당은 마당을 따라 길게 자리한 마루다. 처음 찾았을 때도 긴 마루에 늘어진 표정의 여행자들이 여기저기 자리 잡고 앉거나 누워있었다. 그들은 특별히 무언가 하지 않았다.

    축 늘어진 뜨개 모자와 염색한 옷을 입은 그녀는 '사리'라 불리는 주인 언니였다. 여행을 사랑하는 그녀의 남편 '지걸'님은 어디론가 여행을 떠나고 없었다. 들어보니 몇 달은 걸리는 여행인 듯 했다. 놀라는 나에게 그가 돌아오면 자신의 차례라며 웃었다. 마루에 누워있는 여행자들 중에선 배낭에 책만 몇십 권 들고 온 여행자도 있었다. 그저 제주 이 작은 대평리 마을에서 그 책을 다 읽고 가는 것이 자신의 여행의 전부라고 했다. 색색의 조각 천들이 바람에 흔들렸다.

Location
제주공항에서 5번 게이트로 나와 600번 리무진버스를 타고 중문관광단지 '여미지식물원 입구'정류장에서 하차. 중문관광단지 입구 쪽으로 약간 걸어 나와 sk주유소 앞 정류장에서 100번, 120번 버스를 타면 종점이 티벳풍경이 있는 '대평리'다. 종점에서부터는 티벳풍으로 색칠한 수제 돌 간판을 따라가면 된다.

1,2 티벳에서 공수한 색색의 천들이 휘날리는 티벳 풍경의 마당.
3 티벳 풍경의 편안한 주인장 '사리'
4 특별한 일이 없다면 대부분의 여행자들은 마루에서 하루를 보낸다.
5 티벳풍으로 독특하게 꾸며진 도미토리엔 여행자들이 잠시 두고 나간 배낭이 가득하다.

GUESTHOUSE INFO

add _ 서귀포시 안덕면 대평리 789-1
price _ 도미토리 2만원, 2인실 4-5만원
in & out time _ 3시 · 11시
meal _ 식빵, 계란, 커피, 기타 음료
tel _ 070-4234-5836
web _ cafe.naver.com/tibetscenry

Other Guesthouse

 남서_대평리

치엘로 게스트하우스

거대한 레고 속에서 잠들기

"더 이상 못 가겠어. 그냥 여기로 하자." 올레길을 걷던 주인 언니는 도저히 못 가겠다며 남편을 붙잡았다. 동갑내기 젊은 부부는 제주에 내려와 살 동네를 알아보던 중이었다. 그렇게 대평리에 자리를 잡고 연고 하나 없는 제주에서 하나하나 두 부부의 색깔을 입혀나갔다.

치엘로는 이태리어로 '하늘'이라는 뜻이다. 알고 보니 주인 언니의 이름이 하늘이다. 하늘, 빨강, 주황의 세 건물로 이루어진 치엘로는 하늘색 집은 하늘 언니네 부부, 오른쪽 주황빛 건물은 오손도손 담소를 나누는 카페 공간이다. 알고 보니 강렬한 에너지를 내뿜는 빨간 집이 여행자들의 공간이다. 원색의 건물들은 마치 거대한 레고 장난감 속에 들어온 느낌을 준다. 만화책으로 가득 찬 거실을 중심으로 오른쪽 왼쪽으로 자리한 남녀 도미토리는 군더더기 없이 깔끔하다. 카페 건물 뒤엔 단독 건물로 이뤄진 2인실과 4인실 가족 룸도 있다. 조식으로 제공되는 시나몬 가루가 올라간 토스트는 이곳의 또 다른 자랑. 11월~12월엔 무농약 제주 감귤을 맛볼 수 있다.

내가 도착했을 때 하늘 언니는 갓난아이를 안고 있었다. 얼마 전 태어난 부부의 사랑스런 아이였다. 어깨까지 기른 곱슬머리에 비니를 눌러쓴 주인 오빠는 장난기 가득한 얼굴이다. 주인 오빠는 말한다. 소중한 것을 깨닫는 장소는 언제나 컴퓨터 앞이 아니라 새파란 하늘 아래라고.

Location
제주공항에서 5번 게이트로 나와 600번 리무진버스를 타고 중문관광단지 '여미지식물원 입구' 정류장에서 하차 후 연락을 하면 픽업을 한다. 버스여행을 좀 더 즐기고 싶은 여행자라면 중문관광단지 입구 쪽으로 약간 걸어 나와 SK 주유소 앞 정류장에서 100번, 120번 버스를 타면 종점이 치엘로가 자리한 '대평리'다.

GUESTHOUSE INFO

add _ 서귀포시 안덕면 창천리 856-2
　　　(대평로 12)
price _ 도미토리 2만 2천원,
　　　2인실 6만원, 4인실 10만원
　　　(성수기는 요금 변동될 수 있음)
in & out time _ 4시 · 11시
meal _ 토스트, 시리얼, 커피, 주스, 우유
tel _ 010-6399-2764, 070-8147-0951
web _ www.jejucielo.com

1,2 책장 벽으로 이뤄진 거실을 지나 양쪽으로 방이 있다.
3 구석구석에 놓인 귀여운 소품들.
4 강렬한 원색의 하늘, 빨강, 주황색의 치엘로 게스트하우스.

Other Guesthouse

 남서_대평리

이응 게스트하우스

제주를 사랑하는 예쁜 마음씨의 주인장이 사는 곳

그녀를 만난 건 대평리의 다른 게스트하우스였다. 자신의 게하도 문을 연 지 얼마 되지 않아 신경 쓸 일이 많을 텐데, 다른 집에 마실 다니는 모습이 편안해보였다. 차분한 단발머리에 착한 미소의 그녀는 출판일을 했었다. 처음엔 울릉도에 게스트하우스를 오픈하려고 생각했다. 대학 시절부터 계획하던 일이었고, 일 년간 매물을 찾아 헤맨 끝에 울릉도의 땅을 계약하기로 했다. 회사도 그만 두고 계약과 동시에 이사를 가려고 모든 준비를 마친 상태였다. 그런데 글쎄, 집주인이 집을 팔지 않겠다고 했다. 너무나도 허탈한 마음에 머리를 식히러 온 곳이 바로 제주였다. 제주는 그녀가 꿈꿔오던 울릉도를 잊게 만들만큼 아름다웠다. 그렇게 그녀는 이곳 대평리에 이응게스트하우스를 오픈했다.

나무로 덮인 이응 게하는 도미토리와 갤러리카페 공간으로 나누어져 있다. 밖에서 보기엔 두부 썬 듯 반듯한 나무 벽 건물이지만 내부로 들어가면서 반전을 거듭한다. 오래된 옛 돌집의 외관까지 살리는 건 쉽지 않았지만, 내부의 옛 돌벽을 최대한 살리려 공을 들였다. 거실을 따라 이어지는 복도와 갤러리 카페 한쪽 벽면엔 검은 돌들이 뒤죽박죽 향연을 이루고 있다.

그녀는 해녀학교 5기 입학생이다. 해녀의 명맥을 잇는 취지가 좋아서 시작했단다. 해녀학교를 설명하는 그녀의 표정에서 진심어린 제주 사랑이 느껴졌다. 제주 게하들이 점차 무료서비스를 늘려가는 이때 이응 게하는 1~2천원의 소액 유료서비스(세탁, 픽업 등)를 고집한다. 발전이라는 이름 아래 파괴되는 제주가 마음 아프다는 그녀는 미미한 돈이지만 많은 이들과 함께 제주를 아끼고 싶은 마음에 유료서비스를 시작했다. 모인 돈은 환경단체와 제주올레에 후원할 계획이다. 그녀는 단지 제주에 살고 있는 사람이 아니라 제주와 함께 살고 싶어 하는 사람이다.

Location
제주공항에서 600번 리무진버스를 탄 후 '중문여미지식물원 입구'에서 내린다. 중문문화단지입구 쪽으로 걸어 나와 SK주유소 앞에서 120번이나 100번 버스를 타면 종점이 이응 게하가 있는 '대평리' 정류장이다. 버스에서 내려 삼거리슈퍼를 등지고 서면 바로 보인다.

GUESTHOUSE INFO

add _ 서귀포시 안덕면 창천리 810번지
price _ 도미토리 2만원, 1인실 2만 5천원,
2인실 5만원(1인 이용시 4만원)
옥탑방 (1인 4만원, 2인 5만원,
3인 6만원)
in & out time _ 4시~10시 · 10시 30분
meal _ 간단한 차와 토스트
(보말죽은 별도 5천원)
tel _ 010-6337-2166
web _ blog.naver.com/teafight

1,2 여유로운 공간의 도미토리와 책이 있는 이응 거실.
3 검은 프레임 유리창이 매력적이다.
4,6 돌벽으로 이루어진 이응 휴게 공간에서는 제주관광상품을 판매하고 작은 전시도 열린다.
5 나무건물과 자갈로 덮인 마당이 색다른 느낌이다.

Other Guesthouse

 남서_대평리

올레풍차 게스트하우스

여유로운 공간, 맛있는 조식 즐기기

빨강 파랑 하얀색의 풍차의 날개가 바쁘게 돌아가고, 그 앞에는 작은 나무들이 풍차를 바라보고 있다. 건물을 빙 둘러가며 서 있는 야자수들이 이국적인 느낌을 만들어 내는 이곳은 풍차의 나라 네덜란드도 놀이동산도 아닌 올레풍차 게스트하우스다.

　　대평리 종점에서 해안가 반대 방향으로 길을 조금 걷다보면 한가로이 서있는 풍차 세 개가 더없이 평화로운 느낌을 준다. 펜션과 함께 운영하는 올레풍차 게스트하우스는 풍차 앞 3층 건물. 2, 3층은 펜션으로 쓰이는 커플룸과 패밀리룸이고, 1층이 남녀 도미토리와 휴게공간으로 쓰인다. 남녀 도미토리에는 작은 다락방도 있다. 침대마다 4구의 전기 콘센트가 설치되어 편리하게 쓸 수 있다.

　　30여 평쯤 되는 깔끔한 휴게 공간엔 주방과 PC공간이 있고 여자화장실 옆으론 넓은 파우더룸도 갖추고 있다. 오름 투어, 대나무 낚시 체험 등 여러 프로그램들을 아무지게 진행하는 곳이다. 특히 뷔페식으로 차려지는 조식이 푸짐해서 인기를 모은다. 자전거를 무료로 대여해주니 고즈넉한 대평리 동네를 돌며 박수기정이 보이는 대평 포구와 올레 8코스 종착점에서 해병대길까지 가보는 것도 좋겠다.

Location

제주공항에서 600번 리무진 버스를 탄 후 '중문여미지식물원 입구'에서 내린다. 중문문화단지 입구 쪽으로 걸어 나와 SK주유소 앞에서 120번이나 100번 버스를 타면 종점이 올레풍차 게하가 있는 '대평리' 정류장이다. 버스에서 내려 바다 반대 방향 왼쪽 길을 따라 걷다보면 풍차가 있는 올레풍차 게스트하우스가 나온다.

GUESTHOUSE INFO

add _ 서귀포시 안덕면 창천리 890-4
price _ 1인 2만원,
　　　　커플룸(2인~4인) 5~12만원,
　　　　패밀리룸(4~6인) 7~14만원
　　　　단체룸(6~10인) 12~18만원,
　　　　풍차 독채(20평) 13만원~25만원
in & out time _ 4시 · 10시 30분
meal _ 뷔페스타일 한식
tel _ 064-738-6313
web _ cafe.naver.com/ollewindmill

1 야자수가 빙 둘러가며 있는 이국적인 올레풍차.
2 깔끔한 도미토리엔 다락방도 있다.
3 여성 전용 화장실에 딸린 파우더룸.
4 올레풍차 계하의 마스코트, 풍차.

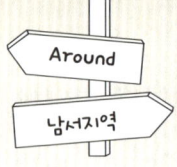

박수기정

올레 9코스에 포함되는 박수기정은 대평리 마을을 병풍처럼 감싸고 있는 해안가 절벽이다. 박수기정은 이곳에 늘 샘물이 솟아 물을 떠 바가지로 마신다 하여 샘물의 '박수'와 절벽의 '기정'이 합쳐진 말이다. 주상절리가 잘 발달된 박수기정은 빼어난 일몰을 자랑한다. 박수기정 아래 대평포구에서 박수기정 정상까지 올라가는 데는 40여분 정도 걸린다. 정상에서 바라보는 아담한 대평리 마을 풍경도 놓치지 말자.

add _ 서귀포시 안덕면 대평리

산방산

사냥꾼이 잘못 쏜 화살에 엉덩이를 맞은 옥황상제가 홧김에 한라산 정상을 뽑아 던졌고, 그 봉우리가 떨어져 산방산이 되었다는 전설이 전해진다. 제주의 다른 화산들과 달리 정상이 분화구로 이뤄지지 않고 돔 형태를 지닌 것이 특징이다. 약 1,200미터의 지름으로 해안의 식물들과 암벽에 사는 식물들이 모두 자라고 있다. 이러한 학술적 가치를 인정받아 1993년에 천연기념물 제376호로 지정됐다.

add _ 서귀포시 안덕면 사계리 산16 | **tel** _ 064-794-2940

용머리 해안

바닷속으로 들어가는 용머리를 닮았다고 해서 붙여진 이름이다. 산방산 해안가에 자리해 있으며, 우뚝 솟은 산방산과 더불어 자연이 만든 절경이다. 위에서 볼 땐 평범해 보이지만 좁은 통로를 따라 바닷가로 내려가면 수천 년 동안 층층이 쌓인 암벽의 모습에 감탄사가 나온다. 해안 절벽을 때리는 파도가 공들여 만든 암벽은 자연의 신비로움을 다시 한 번 일깨워 준다. 해안 입구 쪽엔 1653년 풍랑을 만나 제주에 도착한 네덜란드 하멜의 기념비와 전시관이 있다.

add _ 서귀포시 안덕면 사계리 181-1 | **tel** _ 064-794-2940

형제섬

사계리 남쪽 바다 가운데 바위처럼 보이는 크고 작은 섬 2개가 형과 아우처럼 마주 보고 있다하여 붙여진 이름이다. 썰물 때가 되면 바위섬에 붙은 갯바위들이 바다에 잠겨있어 보는 방향에 따라 3~8개인 섬의 개수와 모양이 달리 보인다. 봄에 난류의 영향을 가장 먼저 받는 섬으로 낚시꾼에게 인기가 좋고, 평균 수심이 20미터를 넘지 않으며 깨끗한 바닷물과 각양각색의 수중 생명이 살고 있어 스킨스쿠버를 즐기는 다이버들에게도 사랑받는 곳이다.

add _ 서귀포시 안덕면 사계리 | tel _ 064-7600-4351

송악산

산이라고 하기엔 평평한 초원지대를 가진 산이다. 해안가 쪽으로는 절벽을 이루고 반대편으로는 몇 개의 언덕이 솟아나 있다. 절벽에 부딪치는 물소리가 범상치 않아 동네 사람들 사이에선 절울이 오름이라고 불리기도 한다. 이 절울이 오름 정상에 오르면 바다와 함께 마라도, 가파도까지 한눈에 내려다 보인다. 산 아래 해안가 쪽으로 내려가면 절벽으로 동굴들의 모습을 볼 수 있는데, 제2차 세계대전 당시 일본군이 군사용으로 뚫어 놓은 동굴이다.

add _ 서귀포시 대정읍 상모리 131

스테이 위드 커피

제주에서 가장 맛있는 커피집 중 하나로 알려져 있다. 형제섬이 보이는 도로변에 있으며 카페에서 직접 로스팅 하고 원두도 판매한다. 핸드드립 커피를 주문하면 전문가의 손길로 커피를 내려주고, 주문한 원두의 맛과 특징도 덧붙여 설명해준다. 맛 좋은 커피와 더불어 사이드 메뉴인 제주 감귤 쿠키와 백년초 쿠키도 인기다.

add _ 서귀포시 안덕면 사계리 2147-1 | tel _ 070-4400-5730

마라도

우리나라 최남단의 섬이다. 전체적으로 평탄한 지형으로 나무 한 그루 없는 넓은 초원을 연상케 한다. 섬의 가장 높은 곳엔 등대가 있으며 섬 전체를 둘러보는 데 한두 시간이면 충분하다. 바닷바람을 맞으며 산책하기 좋은 곳으로 섬 내의 아담한 마라도분교와 대한민국 최남단을 알리는 비가 세워져 있다. 예능프로그램 '1박 2일'에서 마라도에서 짜장면을 먹는 장면이 나오면서 짜장면을 먹으러 마라도에 가는 여행자가 생겼다. 짜장면집 말고는 아무것도 없는 섬이지만 오히려 아무것도 없어서 여유를 부리기에 좋다.

add _ 서귀포시 대정읍 마라도

오소록

송악산 근처 창고를 개조해서 만든 카페 겸 레스토랑이다. 오소록은 제주 방언으로 '숨겨진 은밀한 곳'이라는 뜻으로, 런던에서 '허운데기'라는 카페와 헤어 살롱을 운영하는 제주 출신 헤어디자이너이자 바리스타 이기철 씨가 운영하는 곳이다. 빈티지한 인테리어가 고풍스러운 느낌을 풍긴다. 기본 투샷으로 내려주는 진한 커피도 일품이지만, 브런치와 파스타 피자가 인기 메뉴다. 매주 수요일은 문을 닫는다.

add _ 서귀포시 대정읍 상모리 143 | tel _ 064-792-0247

레드브라운

대평포구에 있는 핸드드립 카페다. 붉은 외관과 달리 내부는 산뜻한 느낌으로 아기자기하게 꾸며져 있다. 포구를 향한 창으로 빨간 등대와 박수기정이 만들어 내는 비경을 보며 따뜻한 차를 마실 수 있는 명소다. 메뉴는 핸드드립 커피와 프랑스 홍차, 세트 메뉴 등이 있으며, 영업시간은 오전 11시부터 오후 9시까지다.

add _ 서귀포시 안덕면 대평리 844-196 | tel _ 064-738-8288

물고기카페

올레 8코스 끝자락 대평리 마을에 있는 카페다. 낡은 집을 리모델링해 정겨운 이곳은 영화감독 장선우가 운영하는 곳이다. 창과 마당으로는 대평 앞바다가 평화롭게 펼쳐지며 텃밭에서 기른 신선한 재료의 브런치와 대평 귤로 만든 감귤주스도 맛있다. 음료 외에도 끼니를 해결할 수 있는 단 하나의 파스타도 일품이다. 정오 12시에 문을 열어 9시에 문을 닫고, 월요일은 휴무다.

add _ 서귀포시 안덕면 창천리 804 | tel _ 070-8147-0804

미향식당

산방산 근처 사계리에 있는 식당이다. 오래되어 빛바랜 낡은 간판이 왠지 더 믿음이 가는 곳이다. 푸짐한 정식을 비롯해 갈치조림과 돼지고기도 유명하다. 주변에 사는 주민들이 저녁이면 자리를 채우는 곳으로 도민들에게도 인정받는 푸짐함과 맛을 자랑한다. 1인분이 주문이 가능한, 소박하지만 부족함 없는 식당이다.

add _ 서귀포시 안덕면 사계리 2819-1 | tel _ 064-794-5558

 서부_협재리

밥 게스트하우스

협재 바다가 넘실거리는
보헤미안 감성의 공간

★ Writer's Comments

밥 게스트하우스는 손만 뻗으면 협재 바다를 만질 수 있을 정도로 바다 가까이에 있다. 밥으로 향하는 골목엔 화살표가 그려져 있어 쉽게 찾을 수 있다. 밥 딜런, 밥 말리를 떠올리게 하는 이름처럼 자유분방한 히피 요소가 가미된 독특한 인테리어가 보헤미안 감성을 자극한다. 도미토리와 혼자 틀어박힐 수 있는 1인실 골방, 싱크대, 냉장고, 화장실이 딸린 옥탑밸리(4인실)도 있다. 가끔 랜덤으로 벌어지는 '가마솥데이'에는 삼계탕, 피자 등 가마솥으로 만든 이색음식을 맛볼 수 있다. 마룻바닥 사이의 족욕탕, 거실의 작은 도서관, 주방이 있는 카페 공간, 사색할 수 있는 뒷마당의 그네 의자까지 겸비한 알찬 공간이다.

협재에서 주목받는 게스트하우스

우리 할머니는 이른 아침이든 그림자가 길어지는 점심이든 자정이 넘은 시간에도 심지어 일 때문에 늦은 새벽일지라도 늘 내게 이런 말을 건네신다. "밥 문나?" "지금 시간이 몇 신데 그러세요?" 해도 할머니의 대답은 그래도 밥 먹어라, 였다. 할머니를 모시고 산 지 몇 년이 지난 지금까지도 할머니의 인사는 밥에서 밥으로 끝난다. 그만큼, 밥은 중요하다.

밥이라는 글자 하나만 보고 난 무작정 그곳으로 향하고 있었다. 오늘 지나온 길을 내일 돌아보면 무언가 또 하나 생겼을 정도로 협재 바다 근처에는 게스트하우스가 속속 들어서는 중이다. 그곳에 밥 게스트하우스는 2012년 4월에 문을 열었다. 이제 8개월 남짓 되었지만 고전적 스타일의 보헤미안 느낌으로 이미 협재에서 주목받는 게스트하우스가 됐다.

협재 바다가 제일 잘 보이는 위치에 '커피콩'이라는 카페 하나 있는데, 그 건너편 작은 골목에 밥 게하가 있다. 골목에서부터는 길바닥의 화살표가 길을 앞장선다. 화살표를 따라 가니 초록의 새마을기가 휘날리는 밥 게스트하우스가 나왔다. 낮은 마루, 검은 지붕 그리고 그사이 감각적인 색들이 마구잡이로 칠해진 히피풍의 벽면이 보헤미안 감성을 살며시 건드렸다. 마당 한가운데에는 긴 테이블이 있고, 오른쪽 카페 건물 뒷자락으로는 자라등껍데기만한 정겨운 가마솥 두 개가 있다. 앞 건물과 카페 건물이 만들어내는 작은 터널엔 포크음악의 거장, 밥 딜런의 모습도 보였다.

낮은 마루가 있는 왼쪽 집 테이블 위로 '탄탄'이라고 적힌 커다란 천 조각을 목에 건 귀여운 강아지가 보였다. 여행자들의 사랑을 독차지하고 있는 '탄탄이'와 친구 '대로'도 있다. 이 둘을 합쳐 '탄탄대로'라 부른단다. 탄탄대로 사이로 그녀가 나왔다. 탄탄이 목걸이를 만들고 남은 천 조각들을 오려붙인 것 같은 조각천 원피스에 곱게 땋은 머리 위로 인디언처럼 얇은 줄을 이마에 두른 보헤미안 느낌 팍팍 나는 주인 언니였다. 그녀는 육지에서도 보기 힘든 곱상한 미모의 소유자였다. 주인 언니는 날 도미토리로 안내했다. 남녀 각 6인실의 도미토리는 모두 왼쪽 집에 있었다. 그리고 2층 높이 건물과 카페 뒤 공간에 만들어진 방엔 틀어박히기 좋은 1인실 골방과, 냉장고, 싱크대, 화장실이 딸린 4인실도 있다.

집안은 온통 나무로 덮여 있었다. 오래된 나무 바닥, 칠이 벗겨진 앤티크한 나무들이 가로세로로 뒤엉켜 있는 벽, 정면 베란다 기둥으론 동글동글한 색색의 나무들이 붙

1 밥 게스트하우스의 외관.
2 주인 언니가 실로 만든 공예품들이 구석구석에 장식되어 있다.
3 보헤미안 스타일의 색감으로 칠한 도미토리 건물.
4 서로 다른 타일들이 바닥을 메우고 있는 화장실.
5 가로 세로가 섞인 신기한 모양의 도미토리 침대.

Guesthouse info

add _ 제주시 한림읍 협재리 1752-1번지
price _ 도미토리 2만원 / 2인실 5만원
 (1인 추가시 1만원) / 1인실 3만원 /
 4인실 7만원
in & out time _ 4시 · 11시
meal _ 토스트, 커피, 국화차
tel _ 070-8848-6949, 010-6856-1010
web _ cafe.naver.com/bobgh

Location

제주공항에서 100번 버스 혹은 택시를 타고 시외버스터미널로 가서 한림 방향 일주버스를 타고 협재해수욕장에서 내리면 '커피콩'이라는 카페가 있다. 그 건너편 골목으로 들어서서 200미터쯤 가면 된다. 골목에서부터는 바닥에 그려진 화살표를 따라가면 되는데 초록색 새마을 국기가 휘날리는 곳이 밥 게스트하우스다.

1 푸른 잔디가 있는 넓은 뒷마당에는 벤치와 그네도 있다.
2 항상 우수에 차 있는 예사롭지 않은 눈빛의 소유자, 밥 게하의 마스코스 탄탄이.
3 가족룸인 옥상밸리에서 내려오는 계단에도 히피풍의 벽화가 장식되어 있다.
4 랜덤으로 열리는 '가마솥데이'에 사용되는 묵직한 가마솥.

어 있는 정면 베란다 기둥까지 모두 나무다. 그녀는 들어가자마자 나오는 오른쪽 미닫이문을 드르륵 밀었다. 방문을 열자 가장 먼저 눈에 들어오는 건 침대 구조였다. 6인실 도미토리는 평범한 이층침대가 아니라 지그재그로 직접 짠 것같아 보이는 특이한 구조였다. 예사롭지 않은 침대의 모습도 근사하지만 내가 반한 건 바로 침대 매트리스다. 내가 머문 곳 중 가장 최고의 매트리스라 할 수 있다. 누우면 폭 파묻히는 포근한 매트리스는 일어나기 싫을 정도다.

이곳은 딱 보기에도 예술적이지만 베란다 뒤의 벽화 그리고 마룻바닥에 숨어있는 족욕탕, 같은 타일이라곤 찾아보기 힘든 알록달록한 화장실 바닥, 구석구석 예상치 못한 곳까지 세세하게 꾸며 놓았다. 특히 '나 막히면 너만 고생한다. 막혀봐…….' 라고 적힌 화장실 휴지에 걸린 문구가 웃음을 자아냈다. 구경을 마치고 마당으로 나와 마루에 놓인 흔들의자에 기대앉았다.

여행 중인 함피디와 다시 만나다

그 때 마당으로 배낭을 멘 한 남자가 쑥 들어왔다. 그런데 그의 얼굴이 낯이 익다. 아, 함피디님이다! 그는 이곳 서쪽의 정반대인 동쪽 평대리에 있는 '함피디네 돌집' 게스트하우스를 운영하는 주인장이다. 반가워하며 여기까지 웬일인지 물으니 여기 남자 스태프와 아는 사이라 놀러왔다고 한다. 그는 사모님에게 양해를 구하고 제주 여행 중이라고 했다. 제주도에 사는 그가, 그것도 게스트하우스를 하는 그가, 다른 게스트하우스를 돌며 제주 여행을 하는 게 신선했다.

그런데 그도 그럴 것이 제주는 생각보다 크다. 간혹 제주가 섬이라 만만하게 보고 오는 여행자들이 있는데, 제주도는 서울의 세배나 되는 큰 섬이다! 차만 있으면 동서쪽 모두 편하게 갈 수 있을 거라 생각하고 숙소를 동쪽에만 혹은 서쪽에 한 군데만 잡고 와서 후회하는 여행자를 많이 만났다. 서귀포시와 제주시는 그나마 516 도로가 있어 한 시간 남짓이면 닿을 수 있지만 동쪽 끝에서 서쪽 끝까지는 차로도 세 시간은 족히 걸린다. 동쪽 숙소에 있으면서 서쪽 끝을 여행하고 다시 숙소가 있는 동쪽으로 가는 건 생각만 해도 힘 빠진다. 그러니 동서 여행을 모두 계획하는 여행자라면 숙소를 효율적으로 잡아야 한다.

"여기에 온 지 오래되셨나 봐요?"

그의 눈에도 내가 편안해 보였는지 그가 물었다. 여기 오늘 왔는데, 아니 온 지 한

1 밥 게스트하우스의 도미토리 베란다로 나가면 나오는 쉼터.
2 은은한 조명과 벽면의 나무들이 아늑하다.
3 나무로 덮인 밥 게하 거실엔 아기자기한 소품들이 진열되어 있다.

시간도 안 됐는데……. 사람의 적응력이란 무섭다. 그와 이야기를 하고 있는데 여행자들이 돌아왔다. 예전 회사 선후배인데 옷을 갈아입고 나오는 그녀들의 바지가 하나같이 가랑이가 넓은 고쟁이바지다. 두 언니 중 앞머리에 귀엽게 핀을 꽂은 언니가 내 트레이닝 바지를 보고 갸우뚱하며 방문 앞 고쟁이가 가득 담긴 바구니 앞으로 나를 데려갔다. 밥 게하에선 입어도 입은 것 같지 않은 가랑이 넓은 고쟁이를 모두에게 빌려준다. 그중에 가장 스타일 좋은 검은 무늬가 있는 고쟁이로 갈아 입고 나왔다.

고쟁이 입고 미산가 팔찌 만들기

주인 언니까지 세 여자가 마룻바닥에 둥글게 머리를 모으고 앉아있었다. 그녀들은 모두 중간에 놓인 동그라미 의자에 실을 하나씩 당기고 있었다. 밥 게하의 자랑, 소원 팔찌 일명 '미산가' 만들기를 배우고 있었다. 난 그녀들 사이를 비집고 들어가 앉았다. 원하는 색 실을 고르고 끝을 묶어 동그란 의자 위에 압정으로 꼽았다. 그리고 실을 잡아당기며 신나게 돌리면 완성되는 팔찌였다. 주인 언니의 인디언 머리끈도 모두 직접 만든 거라고 했다. 소원 팔찌의 효력은 자신이 하는 것보다 남에게 선물하는 게 좋다며 언니는 달인의 실력으로 뚝딱 만들어낸 팔찌를 하나씩 팔목에 묶어주었다. 이 미산가 팔찌는 닳아서 끊어지거나 저절로 풀리면 소원이 이루어진다. 여행길에서 만날 고마운 누군가에게 주어야지 생각하며 만든 팔찌를 가방 깊숙이 넣어두었다.

이곳의 저녁 식사는 식비를 모아 근처에서 음식을 사 와서 함께 해결한다. 오늘은 싱싱한 회로 낙찰됐다. 주인 언니가 장을 보러간 사이에 우리는 고쟁이 패션 그대로 협재 일몰을 보러 갔다. 문 앞에서 만난 모자 쓴 남자여행자까지 네 명은 협재 일몰이 잘 보이는 곳에 자리 잡고 앉았다. 그는 열대어 사업을 하는 오빠였다. 내 주변에도 열대어에 빠진 사람이 있어서 난 그 세계를 조금 안다. 그리고 오늘 열대어 오빠에게 들으니 그 세계는 정말이지 끝이 없었다.

협재는 제주의 대표 바다인 만큼 빼어난 일몰을 만들어냈다. 그리고 우린 그녀의 러브스토리에 젖고 있었다. 두 언니 중 방송인 조정린을 닮은 언니가 여행에서 만난 지금의 연하 남자 친구 이야기를 쏟아냈다. 일몰과 잘 어울리는 낭만적인 이야기였다. 이야기를 듣고 보니 우리 방 여자들은 나까지 모두 공통점이 있었다. 앞머리 핀을 꽂은 언니는 케이블 방송 작가, 조정린 닮은 언니는 SBS '순간포착 세상에 이런 일이'의 작가라고 했다. 우린 모두 글을 쓰는 일을 하고 있었다. 그녀는 매일 최고로 별난 사람들과 통화를 한다며 또 다시 코믹한 표정으로 말을 이어갔다.

일몰을 보고 게스트하우스로 돌아오니 꽤 많은 여행자들이 마당에 둘러앉아 있었다. 카페 주방엔 처음 보는 미모의 아주머니와 두 남자가 분주하게 움직이고 있었다. 그녀는 주인 언니의 어머니고 두 남자는 가족처럼 지내는 여행자와 스태프였다. 마당에 도란도란 둘러앉은 사람들이 저녁 식사를 기다리고 있었다. 그런데 알고 보니 모두 여기에 묵는 여행자가 아니다! 아까 만난 함피디님도 평소 가보고 싶었던 이 근처 게하에 예약해 두었단다. 그리고 또 다른 세 명의 남자는 내 또래 친구들인데, 방학이라 양배추 농장에 아르바이트를 하러 제주에 왔다고 한다. 숙소가 근처라 동네에서 우연히 길을 가다 주인장을 만난 인연으로 밤마다 이곳에 출근 도장을 찍고 있었다. 전부 밥은 여기서 먹고 잠은 딴 데 가서 자는 셈이다.

우리는 회와 닭도리탕으로 배를 채우고도 채워지지 않는 마음으로 카페에서 소등 시간까지 이야기를 나눴다. 그리고 방에 돌아가서도 컴컴한 방 안에서 언니들과 새벽까지 이야기를 나눴다. 다음날, 시내 수리점에 맡겨둔 카메라를 찾아 돌아오니 언니들은 벌써 떠나고 없었다.

할머니가 말했다. 밥은 힘이라고. 사람은 밥 힘으로 산다고. 이렇듯 밥은 별 것 아닌 것 같지만 삶의 에너지이고 원동력인 것은 분명하다. 그리고 나는 여행에서의 에너지를 여행 중 머물렀던 게스트하우스에서 충전하곤 한다. 그 에너지는 게하에서 만난 사람들에게서 혹은 게하의 휴식에서 얻기도 한다. 여행에서의 밥은 게스트하우스다.

호스트 스토리 - 송정화

재주 많은 그녀, 편안함을 만들어내다

그녀는 너무 예뻤다. 초특급 미녀인 그녀는 처음부터 이곳 밥과 함께한 것은 아니었다. 그녀의 엄마와 친척 오빠가 운영하던 곳을 그녀가 맡은지 겨우 3개월째다. 그녀는 자신도 제주에 적응하는 중이라고 했다. 제주에 살고 싶다는 생각은 늘 했지만 생각보다 너무 제주 이민 생활이 앞당겨진 건 사실이다. 그래도 제주에 사는 요즘 하루하루가 참 즐겁다고 했다. 그녀는 대학에서 검도를 전공했단다. 가녀린 그녀의 입에서 검도라는 말을 듣고 눈이 휘둥그레졌는데, 넓은 마당 옆 작은 공간에 자신의 목공작업실도 만들 예정이라고 했다. 검도에 목공 그리고 여행자들에게 해주는 무료 팔찌 강좌까지 손재주가 보통이 아니다. 그녀는 미모와 달리 털털한 성격으로 때론 누나 같고 언니 같은 그리고 때론 동생 같은 느낌으로 편안한 분위기를 만들어냈다. 제주에서 오래 머문 사람처럼 조각 천 원피스에 직접 만든 인디언 느낌 머리끈까지 이곳 보헤미안 감성과 잘 어울리는 코디가 돋보인다. 그녀는 다음날도 히피 느낌의 멋진 옷을 뽐냈다. 제주에 발을 들인지 고작 몇 개월이 전부지만, 제주를 사랑하는 그녀는 '밥'의 이야기를 새로 쓰는 중이다.

게스트 스토리

다시 만난 수용이

수용이는 아프리카 게스트하우스에서 만났다. 다음날 밥 계하에서 또 만나 얼마나 반가웠는지. 그는 친척동생 세 명과 제주에 왔다. 외모를 중요하게 생각하는 동생들은 아프리카 게스트하우스에서도 한 시간 남짓 머리를 매만졌다. 수용이는 그런 동생들을 데리고 비오는 날만 볼 수 있는 엉또폭포로 향했단다. 그런데 우비를 입으면 머리가 눌린다며 동생들은 차에서 내리지 않았고, 결국 수용인 홀로 엉또폭포의 웅장함을 감상했다는 슬픈 사연을 전해왔다.

★ 게스트 추천평

나는 주인 누나랑 지금도 가끔 연락을 해. 그만큼 친누나처럼 편하게 대해 주셨고, 이국적인 히피 느낌의 인테리어랑 카페 주방에 길린 사진들이 기억나. 밥으로 향하는 화살표들도 재밌지. 아, 바다랑 완전 가깝다는 것도 이곳의 매력이야!

 서부_금능리

마레 게스트하우스

제주 박사가 이끄는
근사한 일몰 투어가 있는 곳

★ Writer's Comments

마레 게스트하우스는 금능리에 자리 잡은 지 3년이 넘어간다. 일주도로 바로 옆에 있어 오토바이와 자전거를 이용하는 여행자나 도보 여행을 하는 여행자들에게 인기가 많다. 산토리니를 연상케 하는 희고 푸른 시원한 색감의 건물이 왠지 상쾌한 하룻밤을 만들어줄 것만 같다. '제주 박사' 매니저가 앞장서는 일몰투어는 이곳만의 자랑. 넉넉한 주차장과 정원, 여성여행자를 위한 파우더 룸까지 여유 있는 시설을 갖추고 있다. 바비큐 파티는 미리 신청하면 참여할 수 있고, 조식으로 제공되는 식빵을 자유롭게 싸가도 좋다고 허락하는 인심 좋은 곳이다.

한가로운 금능해변과 가까운 게스트하우스

　　선인장 씨앗이 멋대로 날아들어 마을 전체가 천연기념물로 지정된 선인장 마을 가보기. 훅훅 지나가는 세 개의 날개를 품은 풍력발전기 바로 아래에 서 있어 보기, 해변 근처 용천수를 가둬둔 노천탕에서 목욕하는 어르신 몰래 훔쳐보기, 12코스 용수 포구에서 수월봉까지 과속해보기. 물고기 모양의 차귀도 뒤로 떨어지는 빨빨한 해 구경하기.

　　한번쯤 해보고 싶은 일들이지만 그럴 만큼 부지런한 여행자는 아니라고 생각하던 즈음, 마레 게스트하우스에 갔다. 금능리 버스 정류장에서 서일주버스가 지나가는 방향으로 조금 더 올라가면 가로수처럼 도로 모퉁이에 딱 붙어 서 있는 마레 게스트하우스가 보인다. 산토리니처럼 하얗고 파란 시원한 색감의 게스트하우스는 낮은 울타리에 둘러싸여 있었다. 3층 건물의 파란 지붕은 하늘과 맞닿아 있고, 클래식한 빨간 아치형 창문이 도로를 향해 있다. 정원에 들어서니, 바비큐 파티를 하는 잔디 정원 위엔 여러 개의 하얀 벤치가 있고 돌계단 여섯 칸을 올라가니 체크인을 하는 데스크와 휴게 공간이 나온다. 휴게 공간의 한쪽에는 평상이 있고 한쪽엔 대형 벽걸이 텔레비전과 소파 또 한쪽에는 주방이 갖춰져 있다.

　　아직 체크인 시간이 아니라 아무도 없었다. 들어오는 입구 왼쪽으로 뻗은 계단으로 햇살이 가득 들어왔다. 햇살을 따라 올라가니 이층 긴 복도엔 여행자를 위한 슬리퍼가 줄지어 있고, 앙증맞은 과일 모형이 붙여진 방문이 대여섯 개 보인다. 그중 세 개의 방은 8~10명이 사용할 수 있는 도미토리고 파우더 룸도 있었다. 3층엔 2인실과 4인실도 있다. 청소를 마친 듯 열려 있는 방문 안을 들여다보니 외벽과 마찬가지로 시원한 색감의 파란 벽에 소품들로 꾸며져 있는 경쾌한 공간이다.

　　낮 11시 반의 게스트하우스엔 웬일인지 아무도 없다. "저기요!" 하는 힘없는 내 목소리만 되돌아왔다. 일층으로 내려와 펜을 들었다. 오늘 머무를 누구인데 짐을 먼저 맡겨둔다는 간단한 쪽지를 배낭에 잘 보이게 붙였다. 그러곤 배낭을 휴게실 한쪽 구석에 세워놓고 가벼워진 몸으로 게하를 빠져나왔다. 대부분의 게스트하우스에선 체크인 전, 도착하는 여행자들의 배낭을 맡아주고 있으니 이점을 활용하면 편하게 여행할 수 있다. 그리고 제주 게하만의 신개념서비스 '옮김이'가 있다. 배낭을 게하에서 또 다른 게하로 옮겨주는 서비스다. 도저히 배낭을 메고 싶지 않은 날, '옮김이 서비스를 이용해보자. 게하마다 비치된 노란 옮김이 봉투에 이름, 연락처, 출발하는 곳과 도착하

GUESTHOUSE INFO

add _ 제주시 한림읍 금능리 1296-3
price _ 도미토리 2-3만원 / 2인실 6만원 / 4인실 10만원 (인원 추가시 1만원)
in & out time _ 2시 · 0시
meal _ 토스트, 음료, 잼, 샐러드
tel _ 064-796-6116, 010-9652-5342
web _ cafe.naver.com/o0happy0o

1 아치형 창문으로 들어오는 햇살이 복도 바닥에 그려진다.
2 해안도로 옆에 바로 붙어있는 산토리니를 떠올리게 하는 마레 게스트하우스.
3 시원한 색감은 방안으로도 이어진다.
4 다녀간 여행자들이 그려준 마레 로고.
5 이층엔 여성전용 파우더룸이 갖춰져 있다.
6 계단을 따라 올라가면 실내화들이 복도를 따라 줄지어 있다.

Location

제주공항에서 34km 떨어져 있는 마레 게스트하우스는 버스터미널에서 일주 버스를 타면 한 시간 정도 걸린다. 버스정류장 '금능리'와 '금능석물원' 중간지점에 있어 둘 중 아무 곳에나 내려도 상관없지만 마레 게하 홈페이지에는 '금능석물원'에서 내리라고 안내하고 있다. 버스에서 내린 후 버스가 지나온 방향으로 100m 정도 되돌아가면 시원한 색감의 건물이 보인다. 마레 게하의 매니저님 말에 의하면 여자여행자의 경우, 버스기사님께 마레 게스트하우스 간다고 말하면 대문 앞까지 태워주기도 한다니 참고하자! 그리고 나도 몇 번 해봤는데, 진짜 태워주셨다.

1 일층 입구로 들어서면 체크인을 할 수 있는 리셉션이 있다.
2 마레 벽면에 붙어있는 여행자들의 쪽지는 대부분이 일몰투어 찬양쪽지다.

는 게하 이름과 요금을 넣어 배낭에 달아두고, 봉투에 적힌 번호로 연락해 접수만 하면 된다. 그렇게 배낭 없이 가볍게 여행을 하다 게하에 도착하면 배낭이 공간 이동이라도 한 것처럼 먼저 와서 반기고 있을 게다.

마레에서 금능해변까지는 천천히 걸어 오 분도 걸리지 않았다. 금능해변은 누워있는 알파벳 B모양으로 생긴 비양도를 바라보고 협재해변과 나란히 붙어있다. 협재와 금능은 야자수 산책길로도 이어져 있다. 나란히 붙어있는 이 둘은 닮은 점이 많지만 다른 점도 많다. 협재는 금능보다는 시야가 넓고, 모래와 검은 돌들이 적절히 섞여있다면 금능은 찰랑거리는 얕은 물의 모래로만 이루어진 해변이다. 그중에서도 가장 다른 점은 넘실대는 파도처럼 많은 인파가 몰리는 협재와 달리 이렇게 가까이에 있음에도 금능엔 오가는 사람이 드물다는 점이다. 내가 금능을 좋아하는 이유도 그 때문이다. 오늘도 금능 바다는 여전히 한산했다. 바다에 우두커니 앉아있다 발길 닿는 곳으로 이 골목 저 골목을 누볐다.

단 한 명이라도 무조건 떠나는 마레의 일몰투어

오후 다섯 시가 조금 넘은 시간에 마레로 돌아온 건 순전히 일몰투어 때문이었다. 마레는 일몰투어가 유명하다. 일층으로 들어가니 데스크엔 지방이라곤 없어 보이는 이쑤시개 같은 한 남자가 서 있었다. 긴 곱슬머리를 넘기며 친절하게 웃는 그는 이곳의 매니저였다. 그는 일몰투어에 참여할 것인지를 묻더니 여섯 시까지 내려오라고 일러주었다. 오늘 일몰투어 참가자는 나를 포함해서 단 두 명. 두 명인데도 가능하냐고 물으니 한 명이어도 간단다.

짐을 들고 배정받은 이층 복도 끝 방으로 향했다. 복도엔 여행자들이 다녀간 쪽지들이 붙어있는데, 대부분이 일몰투어 찬양이다. 말끔한 이층복도를 걸어 제일 끝 방문을 열었다. 방엔 긴 생머리의 짧은 핫팬츠를 입은 여행자 한 명이 편안하게 누워있었다. 그녀가 바로 일몰투어를 신청한 또 다른 한 명이었다. 재취업을 준비하면서 여행 중이라 지금은 실업자라며 장난스럽게 자신을 소개했다.

이쑤시개 매니저님은 이곳의 장기투숙객이었다가 매니저가 되지 않았을까 하는 느낌이 들었다. 회색 봉고에 올라타고 버스로 가기 힘든 올레 12코스, 용수 포구부터 13코스 시작점까지 천천히 드라이브를 하듯 일몰투어가 시작됐다. 딱 일몰만 구경하는 게 아니라 일몰투어의 목적지로 가는 길 중간 중간에 속도를 늦추며 주변을 살피기도

1 8인실, 10인실의 도미토리가 있으며 방마다 화장실이 있다.
2 이층에 여성들을 위한 파우더룸이 있으며, 드라이기도 갖춰져 있다.
3 과일 모형으로 장식한 방문.
4 꼭대기 층엔 2인실이 있고 옥상에선 금능해변이 보인다.
5 흰색과 파랑색이 적절히 섞인 상쾌한 느낌의 방.

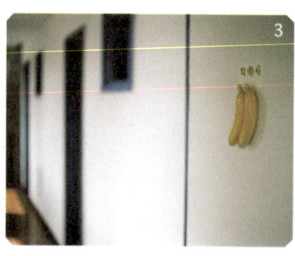

하고 내려 구경을 하기도 했다. 매니저님은 제주에 대한 정보와 가이드의 내공이 엄청났다. 선인장 씨앗이 제멋대로 날아와 천연기념물로 등록된 선인장 마을이 천연기념물로 등록된 정확한 시기, 이 마을에 살고 있는 가구 수 그리고 밤에 데이트하기 좋은 선인장 마을의 뒷길까지 꼼꼼하게 알려주었다. 다음으로 우리를 데려간 곳은 풍력발전기가 가득한 해변이었다. 멀리서 봤을 땐 몰랐는데 가까이 가보니 풍력발전기는 눈을 떼지 못할 만큼 웅장했다. 훅훅하고 돌아가는 세 개의 날개가 서로 맞닿을 것처럼 돌아가고, 여러 발전기 뒤로 하늘은 조금씩 일몰 채비를 하고 있었다.

그는 또다시 이야기를 시작했다. 풍력발전기의 날개는 멀리서 봤을 땐 잘 모르지만 날개 하나의 길이가 80미터에 이를 정도로 거대하다는 이야기와 발전기 바로 아래서 날개를 올려다보면 얼마나 아찔한지를 설명했다. 그리고는 우리를 한 명씩 발전기 아래로 밀어 넣었다. 훅훅 바람소리를 내며 날개를 돌리고 있는 발전기 아래에서 매니저님의 구령에 맞춰 고개를 들어 보니 발전기의 거대한 날개가 나에게 돌진하며 땅으로 곤두박질쳤다. 눈 안으로 쏟아지는 발전기 날개를 보니 순간 머리가 얼얼해지고 다리가 후들거렸다. 지금 생각해도 짜릿한 경험이었다. 제주에서 발전기를 본다면 그냥 지나치지 말고 꼭 경험해보라고 추천하고 싶다.

발전기들이 자리한 바다를 빠져나오는데 용천수를 가둬 만든 노천탕이 보였다. 노천탕은 여느 탕들처럼 여탕과 남탕으로 구분되어 있는데, 제주도민은 목욕탕보다 이곳을 즐겨 찾는다. 때마침, 물소리가 나기에 우리는 살짝 안을 들여다봤다. 한 어르신의 뒤통수가 보였다. 매니저님이 그러다 엄청난 제주 욕설을 들을지도 모른다고 했다. 그런데 남자들이야 그렇다쳐도 아무 보안시설 없는 이곳에 여자들도 훌러덩 벗고 씻는다니 기분이 묘했다. 용천수가 피부엔 엄청 좋다는데 훌러덩 벗을 자신 없는 우린 손만 살며시 담가보고 다시 차에 올랐다.

매니저님은 여기저기 차를 세우며 욕심을 내더니 결국 일몰의 최고봉이라는 수월봉으로 향하는 달리는 차 안에서 일몰을 보게 만들었다. 매니저님은 조금이라도 해가 남아있을 때 도착하려고 엄청난 속도로 도로를 달렸고, 그녀와 난 괜찮다며 손잡이를 부여잡았다. 우리가 수월봉에 오름과 동시에 해는 바다 속으로 쏙 숨어들었다. 하늘은 기막힐 정도로 아름다웠고 그는 또다시 보이는 섬들마다 전해지는 전설과 모양, 요즘 무슨 고기가 잡히는지까지 설명을 해주었다. 일몰투어는 다섯 개 정도 되는 코스를 그날그날 매니저의 취향대로 정한다고 하니, 정말 제주 박사급 정보망이 아닐 수 없다.

매니저님의 열정적인 일몰투어를 마치고 돌아오니 8시가 다 되어갔다. 숙소엔 그

1 마레 일몰투어에서 겪은 짜릿한 기분. 풍력발전기 바로 아래서 올려다보기.
2 풍력발전기가 바다 위로 우뚝우뚝 솟아올라 서정적인 풍경을 만들어낸다.
3 마레에서 오늘 일몰투어를 떠난 인원은 두 명. 단 한명이라도 일몰투어가 진행된다.
4 일몰투어의 하이라이트 수월봉에서의 일몰 풍경. 수월봉에서는 물고기 모양의 차귀도와 누워있는 사람 모양의 와도도 보인다.
5 제주박사급 마레 매니저가 이끄는 일몰 투어.

날 열 명 정도의 여행자가 있었지만, 마레를 찾는 사람들은 대부분 올레길을 걷거나 자전거나 오토바이로 일주하는 여행자라서 피곤에 지쳐 일찍 잠드는 것 같았다. 씻고 내려오니 정원엔 남자여행자 세 명과 한 여자여행자가 있었다.

남자여행자들은 모두 삼십대로 한명은 오토바이, 두 명은 자전거 여행자였다. 남자여행자들은 모두 각자 여행 중이었는데, 자전거 여행 중인 두 명 가운데 한 명은 영어강사, 한 명은 마케팅부서에서 일한다고 했다. 그리고 신기하게도 한 명은 자전거 여행을 시작한 날, 한 명은 자전거 여행이 끝나는 날이라고 했다. 딱히 정해진 것은 아니지만 도보여행자들은 동쪽에서 서쪽으로, 자전거 여행자들은 서쪽에서 동쪽으로 돌기 때문에 항상 비슷한 경로를 거치기 마련인데 마케팅 오빠의 역주행으로 끝나가는 사람과 시작하는 사람의 만남을 보게 되었다. 시작한 사람은 궁금증이, 끝나가는 사람은 할 말이 많은 법. 마케팅 오빠는 영어강사 오빠에게 한마디로 자전거 여행을 요약해주었다.

"내가 자전거 여행에서 얻은 건 딱 두 개야. 하나는 오르막길도 있고 내리막길도 있다는 점이고, 또 하나는 그렇게 페달을 밟다보면 끝이 있다는 거지."

마치 말년병장이 후임에게 하는 말처럼 들린다. 그들의 대화를 들으며 옆에서 가만 웃고 있는 여행자는 서울스포츠신문에서 편집 일을 하고 있는 오토바이 여행자였다. 그의 표정에서 페달을 밟지 않는 자의 여유로운 미소가 번졌다. 우린 그렇게 오토바이 여행과 자전거 여행 그리고 나의 대중교통 여행을 비교하며 끝없는 여행 이야기로 마레에서의 하루를 마감했다.

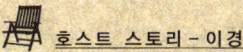 **호스트 스토리 – 이경민 매니저**

걸어다니는 '제주 사전'

이쑤시개 같은 몸매, 손질을 안해 하늘로 뻗친 머리의 소유자. 그는 강원도에서 게스트하우스를 운영하는 사장님을 대신해 이곳을 담당하고 있는 매니저다. 장기투숙을 하다가 매니저가 되었는데 제주 어느 곳을 물어봐도 막힘없이 대답하는, 걸어 다니는 제주 사전 같다. 아니다. 사전에 나오지 않는 제주사람들의 사는 이야기도 해주니 사전보다 낫다.

그와 함께한 일몰투어는 정말이지 좋았다. 일몰투어로 향하던 12코스에서 13코스 시작점으로 이어지는 풍력발전기가 줄지어 있던 해안도로, 선인장 마을, 그리고 한 번 파마하면 몇 년이 가도 빠글빠글한 탄력을 유지하는 한경면 신창리 미용마을의 미장원들을 소개했다. 여긴 언제 열었고 어느 가게가 제일 오래가는 파마를 고수하는지 이야기해 주었다. 그의 이야기를 듣고 있으니 왠지 나도 다음에 그곳에서 머리를 꼭 해보고 싶은 마음이 들었다. 아는 이야기를 다해주려고 의지를 불태우던 그는 결국 수월봉에서 보여주겠다던 일몰을 수월봉으로 가는 도로 위에서 맞이하게 해주었다. 하지만 오랫동안 기억날 것 같은 알찬 투어였다.

 게스트 스토리

여행은 달콤쌉싸름해요

스포츠서울 신문사 편집부에서 일하는 그는 오토바이 여행 중이었다. 여행은 생판 모르는 사람이 건네는 귤과 같다고 했다. 달지 실지도 모르지만 결국 먹다보면 배는 부르니까. 그런 그에게 이번 여행의 맛은 어떤지 물었고 그가 대답했다. 음, 달콤쌉싸름?

★ **게스트 추천평**
일몰투어와 예쁜 하얀 건물이 마레의 자랑이죠. 마레의 최대 장점은 첫날밤 숙소로 안성맞춤인 적정거리에 있다는 거예요. 공항에서 내려 오토바이나 자전거로 첫날 여유있게 여행하며 찾아오기에 마레만한 곳이 없어요.

 서부_곽지리

정글 게스트하우스

정글을 떠나서 보내는
정글에서의 하룻밤

★ **Writer's Comments**

2009년 말에 문을 연 정글 게스트하우스는 파수꾼이라는 닉네임을 가진 주인장이 운영하는 곳이다. 1층에는 '분홍씨' 카페와 사무실 겸 휴게 공간이 있고, 2층이 여행자 공간이다. 건물을 품에 안은 거대한 나무 모양의 외관이 이색적이다. 5분만 걸어 나가면 곽지해변의 에메랄드빛 바다를 만날 수 있고, 반대편 길로는 '한담산책길'을 만날 수 있다. 1132 일주도로를 따라 '곽지모물' 버스정류장 옆에 자리하고 있어 도보, 자전거, 스쿠터 여행자들이 주로 찾는다. 제주도 게하의 문화인 바비큐 파티나 투어 프로그램이 없어 오히려 더 편안히 머물다 갈 수 있는 곳이다.

정글 느낌 물씬 풍기는 소박한 공간

"정글을 떠나 정글에서 쉬다 다시 정글로 돌아갑니다."
　　3년 동안 여덟 권이 된 정글 게스트하우스 방명록에 적혀있는 인상적인 글이다. 1132 일주도로를 타고 한림 방향으로 향하다 보면 나무 모양의 이색적인 건물이 눈에 띈다. 벌써 오픈 3년이 다 되어가는 정글 게스트하우스다. 버스정류장에 내리자마자 눈앞으로 밭들이 펼쳐지고 저 멀리 바다가 보인다. 그 위에 살포시 앉아있는 정글 게스트하우스. 입구에서 제일 먼저 인사하는 건 지붕 위에 앉은 페리카나와 앵무새다.
　　페리카나와 앵무새의 환영을 받으며 안으로 들어간 마당엔 주먹만한 제주의 돌이 초코칩처럼 박혀있고, 마당 안쪽엔 거대한 문어 모양의 둥근 아치가 있어 비가 오는 날도 마당에서 차를 마실 수 있다.
　　체크인을 하기 위해 사무실로 들어가니 바다로 향한 큰 창과 마루가 있고, 그 앞으론 소파 두 개가, 오른쪽으론 아담한 싱크대와 주방이 보인다. 짧은 머리를 한 여자가 컴퓨터를 하고 있다가 인사를 한다. 그녀는 이곳의 스태프였다. 대부분의 게하는 이불을 미리 깔아놓아 체크인할 때 주는 거라곤 베개 커버 정도가 다인데, 그녀는 잘 말린 이불과 뽀송한 베개, 수건을 내게 안겼다. 매일 삶는다는 이곳의 침구류를 안고 2층으로 향했다. 정글 게하의 잠을 자는 공간은 모두 2층에 있다. 사무실에서 나와 건물 중앙에 위치한 나선형 계단을 올라가면, 긴 복도가 나온다. 두 사람이 나란히 걸으면 딱 맞는 폭의 복도 앞으론 다섯 개의 문이 보이고, 그 뒤론 창문이 길게 뚫려있어 정글의 마당과 곽지 풍경, 일층 지붕 위로 나무 뿌리들이 스물스물 기어가는 것도 보인다. 갑자기 놀이동산에 온 것처럼 설렌다.
　　제일 왼쪽 문이 여자 도미토리라고 알려준 스태프의 말대로 왼쪽 끝 방문을 열었다. 8명이 머물 수 있는 공간으로 침대는 사장님이 직접 만든 것이라고 한다. 침대 양쪽으론 커튼이 있고 각 침대마다 개인선풍기와 전기장판도 갖춰져 있어 침대라기보다 개인 공간이란 표현이 더 어울린다. 이 여자 도미토리 옆으론 2인실, 3인실, 4인실이 이어져 있고, 반대편 가장 끝 방이 남자 도미토리다. 빈둥거리다 일층 사무실 겸 휴게공간으로 들어와 큰 창이 난 마루 위에 신발을 벗고 앉았다.
　　신발까지 벗으니 갑자기 나른해졌다. 얇은 담요부터 폭신한 쿠션을 가져다 놓은걸 보니 잠깐 눈을 붙일 수 있는 공간인가보다. 스태프에게 말을 걸어볼까 했지만 감기로 인해 갈라지는 그녀의 목소리에 더 이상 말 붙일 용기가 나지 않았다. 조용히 테이블

GUESTHOUSE INFO

add _ 제주시 애월읍 곽지리 1622번지
price _ 도미토리 2만원,
　　　　1인실 5만원, 2인실 6~7만원,
　　　　3인실 8만원, 4인실 9만원
　　　　(준성수기와 성수기에는 변동 있음)
in & out time _ 3시 · 10시
meal _ 샌드위치+음료
　　　　(2천원 수익금은 기부함)
tel _ 010-4335-6648
web _ www.ghj.co.kr

1 일층에는 커다란 창이 있고 쿠션이 가득한 평상이 마련되어 있다.
2 전날 미리 신청하면 파인애플이 들어간 샌드위치 조식을 먹을 수 있다.
3 방마다 베란다가 딸려 있다. 베란다에 놓인 테이블과 의자가 앙증맞다.
4 분홍씨 카페의 사랑스러운 테이블은 모두 파수꾼님이 만든 작품이다.
5 방마다 화장실을 갖춰져 있어 편리하다.

Location

제주공항에서 100번을 타고 시외버스정류장으로 향한다. 시외버스정류장에서 한림방향 서일주버스에 몸을 싣고 '곽지모물' 정류장에 내리면 바로 나무에 덮인 건물이 보인다. 택시를 타면 30분 정도 걸리고 애월읍 콜택시를 이용하면 1만 5천 원 정도. 애월읍 콜택시 (064-799-5003)

1 정글 게하의 2인실 내부는 포근한 느낌을 준다.
2 분홍씨 카페 한쪽에 놓여있는 텔레비전에서는 주인장 부부가 여행하면서 찍은 사진들이 영상으로 나온다.

위에 올려진 8권의 방명록을 가지고 왔다. 마치 방학 맞은 초등학생처럼 이불을 덮고 최대한 쿠션에 몸을 파묻고, 만화책 보듯 방명록을 한장 한장 넘겼다. 게하의 방명록엔 갖가지 이야기와 정보가 많아 웬만한 만화보다 더 재밌다.

방명록을 통해 오늘 일이 있어 저녁에나 온다는 주인장 파수꾼의 이야기를 미리 알 수 있었다. 파수꾼님은 작년에 결혼한 신혼부부로 그의 아내가 1층 카페 '분홍씨'를 운영 중이라는 내용과 그 분홍씨 언니 덕분에 이곳이 좀 화사해졌다는 내용의 글도 발견할 수 있었다. 삼 년 전 처음 문을 열었을 때만 해도 군대 모포가 이곳의 이불이었는데, 뽀송뽀송한 화사한 이불로 바뀐 것도 언니의 영향인 듯했다.

조각가 파수꾼과 심리치료사 분홍씨를 만나다

저녁이 되자 오목조목 귀여운 인상의 아담한 체구의 파수꾼님과 반대로 길쭉길쭉하고 시원시원하게 생긴 그런데도 이상하게 그와 닮은 분홍씨 언니가 들어왔다. 카페에 앉아 이것저것 이야기를 나눴다. 문을 이제 막 열었는데도, 여러 명이 앉아 있는 걸 보니 마을 사람들 중 단골손님이 꽤 있는 모양이었다. 카페는 분홍씨라는 화사한 이름처럼 작고 귀여운 소품들로 꾸며진, 테이블 네다섯 개가 놓인 아담한 공간이다. 파수꾼님은 이곳만의 자랑인 융커피를 내려주었는데, 종이 필터가 아닌 융이라는 천으로 만든 필터로 내린 커피다. 융은 종이필터에서 걸러지지 않거나 흡착되는 성분을 통과시켜 묵직한 바디감과 풍부한 맛이 매력적인 커피다. 카페 벽에는 책들이 빼곡히 자리 잡고 있는데 심리학에 관한 책들이 눈에 띈다. 물어보니 분홍씨 언니는 심리치료사란다. 그래서 분홍씨 카페엔 타로카드라는 특별한 메뉴도 볼 수 있다.

다음날 파수꾼님이 강력 추천하는 한담산책길로 향했다. 버스정류장에서부터 이곳까지 이어진 길을 따라 더 안쪽으로 들어가면 양 갈래로 나뉘지는 길이 나온다. 거기서 오른쪽으로 가면 한담산책길, 왼쪽으로 가면 곽지 해변이다. 한담산책길은 바다를 따라 이어진 산책길인데, 가는데 20분, 돌아오는데 20분이 걸린다. 파도가 치면 바닷물이 튈 정도로 바다에 딱 붙은 길인데, 이제 숨은 여행지가 없다시피한 제주에 그나마 아직까지 사람들의 발길이 잘 닿지 않는 여행지 중 하나다. 산책길엔 발을 담그며 쉬어갈 수 있는 작은 해수욕장도 있고, 해안가를 따라 고양이, 악어, 호랑이 등을 닮은 돌들도 중간중간 있어 보는 재미를 더한다. 정말 제주도에 사는 사람들이 눈물나게 부러울 정도로 운치가 그만인 산책로다.

1 아기자기한 소품으로 가득한 분홍씨 카페.
2 분홍씨 카페 입구의 책들.
3 철제프레임의 침대로 이루어진 도미토리 각각의 자리에는 전기장판과 선풍기가 비치되어 있다.
4 분홍씨 카페 창에서는 낮은 밭과 저 멀리 바다의 모습도 보인다.
5 정글 게하에 들어오면 제일 먼저 인사하는 앵무새와 페리카나.

오후가 되어 휴게실로 돌아오니, 만화캐릭터 같은 **빡빡머리** 남자가 불쑥 들어 왔다. 주방장 옷을 입은 그는 곽지해변 맛집 '맛참세' 라는 문어 칼국수집 주방장으로 파수꾼님과 엄청 돈독한 사이처럼 보였다. 그렇지 않아도 저녁메뉴를 고민하고 있었는데, 오늘 저녁은 문어 칼국수다. 진하고 얼큰한 국물에 문어 다리가 턱하고 올라간 문어 칼국수는 일품이었다. 따뜻한 문어 칼국수를 먹고 터벅터벅 곽지해변의 일몰을 보며 정글 게스트하우스로 향했다. 대낮엔 땀이 날 정도로 덥더니 해가 저물자 금세 찬바람이 분다. 초가을 저녁 날씨가 쌀쌀해 일몰 구경은 접고 돌아왔다. 방에는 귀여운 짧은 머리에 통통 튀는 그녀가 몇 년 알고 지낸 사람처럼 살갑게 날 맞이했다. 나도 어디 가서 친한 척으로 빠지는 사람이 아닌데, 그녀는 한수 위였다.

그녀는 나보다 세 살 많은 물리치료사였다. 우린 누가 먼저라 할 것 없이 이야기 보따리를 풀었다. 언니는 내년에 결혼할 남자 친구와 함께 여행 중이라고 했다. 남자친구는 어디 있는지 물으니 남자 도미토리에 있단다. 알고 보니 남자친구는 나와 동갑. 내년에 결혼하고 어학연수를 함께 떠난다고 했다. 왠지 언니한테 꽉 잡혀 살 것 같은, 무척 잘 어울리는 커플이었다.

언니는 잠깐 산책을 하러 나가고 난 씻고 나와 누웠다가 우연히 창을 보고 깜짝 놀라 벌떡 일어났다. 창문을 열자 별들이 쏟아질듯 하늘에 대롱대롱 달려 있었다. 상쾌한 찬 공기와 함께 별빛이 반짝였다. 정글다웠다. 나무가 먹어 삼킬 듯 자리한 건물도 정글답고, '곽지리'라는 동네 이름도 정글스럽다. 파수꾼과 분홍씨도 왠지 정글과 잘 어울린다. 그리고 그날 밤 반짝이던 별들도 참으로 정글다웠다. 여기는 정글 게스트하우스다.

호스트 스토리 - 유기형

타잔과 제인의 게스트하우스

이런 게스트하우스 건물은 처음 본다. 거대한 나무 한 그루가 건물을 삼켜 버릴 것처럼 감싸고 있는 이곳! 여기 정글 계하의 건물은 모두 주인장 파수꾼님이 직접 조각한 거다.

건물을 감싼 조각들에 관심을 보이자, 파수꾼은 가끔 여행자들이 진짜 나무인줄 알고 대체 이런 큰 나무는 어디에서 구했는지 물어보기도 한단다. 그는 시멘트 조각가였다. 처음 이곳에 들어설 때 놀이동산에 온 것처럼 기분이 살짝 업됐던 이유도 그 때문이었다. 그는 놀이동산에서 함께 조각하던 동료들을 다 집합시켜 몇 달 만에 이곳을 뚝딱 만들어냈다. 허름한 이층 건물이 지금의 동화 속 정글의 모습을 갖추게 된 것이다.

제주에 살려고 내려와 이곳저곳의 집들을 알아보고 있던 중에 이 건물을 발견했는데 그 땐 평범하다 못해 허름한 이층 건물이었다. 한담산책길이 마음에 들었지만 너무나 볼품없는 건물을 보고 다시 뒤돌아 나간 게 벌써 두 번. 하지만 왠지 모를 끌림에 결국 이집의 주인장이 됐다.

정글의 야생적인 느낌과 함께 아기자기한 소품들과 귀여운 인형들이 놓여 있는 일층의 분홍씨 카페는 이곳에서 만나 1년 전 안주인이 된 참한 분홍씨 언니가 운영한다. 예쁜 말씨를 가진 언니는 누가 봐도 참한 스타일의 심리치료사다. 그래서 분홍씨 카페엔 타로카드라는 특별한 메뉴도 발견할 수 있다. 신혼답게 파수꾼님의 얼굴은 항상 싱글벙글이고, 두 부부는 눈만 마주쳐도 기분 좋은 미소를 짓는다. 두 부부는 정글의 타잔과 제인 같다.

 게스트 스토리

친구와 함께하는 첫 여행

혜민이와 민정이는 특별한 여행을 원했다. 그녀들은 밤이 되서야 정글에 도착했는데, 한 번도 타본 적 없다는 스쿠터를 각각 한 대씩 빌려 스쿠터 일주 여행을 하고 있었다. 오늘 밤에 도착한 이유도 자전거보다 느린 그녀들의 스쿠터 운전 실력 덕분이었다.

못 타는 스쿠터는 왜 빌렸는지 물으니, 젊어서 고생은 사서한다던 그녀들! 그러던 그녀들은 여행 중 우연히 렌트카를 타고 온 학교 선배를 만나게 되었고, 스쿠터 핸들을 놓은 채 선배 차를 얻어 탔다. 스쿠터를 몰다 차를 타니 너무 편하고 좋았지만 다음날 또다시 스쿠터에 올라탔다.

★ 게스트 추천평

정글 게하는 한 번쯤 살아보고 싶다고 생각해본 적 있는 동화 같은 곳이었어요! 우리 맘에 쏙 들었어요. 이곳은 너무 왁자지껄하지도 않고, 너무 조용하지도 않아서 좋아요. 카페에서 수다도 떨고 커피 한 잔 마실 수 있는 여유도 좋고, 특히 방명록이 기억에 남아요. 수많은 기록을 보며 함께 여행하는 느낌이 들었거든요! 저희도 오늘 글을 남겼는데, 다음에 와서 보면 묘한 기분이 들것 같아요. 창에 마커로 그려놓은 세심한 한담산책길 지도에서 주인장의 애정이 느껴졌어요.

커플의 게스트하우스 여행

통통 튀는 말투에 살가운 성격의 언니. 우린 얼굴을 본 지 1초도 안 되서 서로 같은 과라는 사실을 알아차렸다. 오지랖 넓은 귀찮은 성격도 같았고, 살짝 센 기를 가진 것도 같았다. 우린 순간적으로 끌려 이야기 보따리를 풀었다. 언니는 3년동안 사귄 남자 친구와 여행 중이라고 했다. 내년엔 결혼하고 함께 어학연수를 간다고 했다. 언니가 남자 친구 이야기를 많이 해서 그런지 저녁 늦게까지 이야기를 한 언니 이름은 생각도 안 나고, 남자 친구 이름만 생각난다. 언니, 미안해요. 행복해요 두 사람!

★ 게스트 추천평

처음 인터넷으로 검색하다가 파수꾼님과 분홍씨 언니가 이곳 정글 게스트하우스에서 만났다는 러브스토리가 흥미로워서 오게 됐어. 정글은 아주 만족스러워. 바비큐 파티가 없어서 조용히 쉴 수도 있고, 이야기를 나눌 수 있는 휴게공간과 카페 그 외에도 마당이나 근처 한담산책로까지 여유 있는 공간이 많아서 맘에 들어.

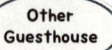

 서부_금능리

릴리스토리 게스트하우스

이씨 부부의 상큼발랄 제주 이야기

    제주 햇살만큼이나 앙증맞은 노란 건물에서 남자가 걸어 나왔다. 커다란 몸집을 더 부각시키는 빠글머리에 말 한 마디만 해도 성격이 훤히 드러나는 유쾌한 그는 이곳의 주인장이었다. 그 뒤를 따라나오는 그의 딱 절반만한 귀여운 그녀가 바로 이곳의 안주인이다. 금능해변가에 자리한 릴리스토리는 젊은 잉꼬 부부가 운영한다. '릴리스토리(leeleestory)'라는 이름도 동성동본인 두 부부의 성 '이'를 따서 부부가 함께 만들어 가는 이야기라는 사랑스런 뜻을 가지고 있다.

    부부는 서울에서 바삐 지내던 삶을 던지고 여유를 찾기 위해 제주로 왔다. 그래서 릴리스토리는 예약하지 않고 무작정 갔다가 '휴가'라고 써 붙인 안내문을 보고 돌아서게 될지도 모른다. 치열함만을 추구하지 않겠다는 부부는 열심히 일한 자신들에게 선물로 휴가를 주곤 한다. 게스트 입장에선 안타까운 일이지만 자신들의 쉼을 잘 챙겨야 남의 쉼도 챙길 수 있다는 주인장의 마인드가 맘에 든다.

    제주에 오기 전 제빵을 하던 부인이 솜씨를 살려 건물 일층에 아담한 컵케이크집도 함께 운영한다. 알콩달콩하게 꾸며진 공간들이 컵케이크만큼이나 달달하다. 릴리스토리의 공간은 하나하나 공을 많이 들인 느낌이 난다. 이층 천장만 해도 그렇다. 그냥 덮어버리면 수월할 일을 볼록 나온 나무 장식을 살리겠다고 구석구석 칠해 색을 입혔다. 그 때문인지 곳곳에선 자연스러운 빈티지 느낌이 난다. 침대마다 갖춘 전기콘센트도 반갑다. 카메라, 핸드폰, 노트북, 아이패드 등 여행자들의 전자제품 수가 많아지면서 콘센트 수를 늘렸다. 미리 신청하면 대중교통으로 닿지 않는 제주 현대 미술관과 저지 예술인 마을까지 가는 무료 차량도 오전 9시에 운행하고 있어 대중교통 여행자들에겐 무척 반가운 일이다.

Location
제주공항에서 100번 버스를 타고 제주시외버스터미널로 간다. 서일주버스를 탄 후 '금능리' 정류장에서 내리자. 정류장에서 바다 방향으로 나와 협재 바다 반대 방향으로 조금 내려가면 노란 이층건물 릴리스토리가 보인다.

GUESTHOUSE INFO

add _ 제주시 한림읍 금능리 1433
price _ 도미토리 2만원
in & out time _ 4시 · 10시 30분
meal _ 식빵, 음료, 계란, 시리얼 등
tel _ 070-8900-1278
　　　(오전 9시~오후 10시)
web _ www.leeleestory.com

1 따뜻한 컬러의 릴리스토리 건물.
2 도미토리는 캔디처럼 달달한 색감으로 꾸며져 있다.
3 간단한 주방 시설이 있는 일층 휴게공간.
4 자리마다 배치된 넉넉한 콘센트와 개인 사물함.

> Other Guesthouse

 서부_협재리

쫄깃센타 게스트하우스

만화가 메가쑈킹의 쫄깃한 공간

쫄깃한 인생을 원하는가? 이번 여행에 행선지 따위는 던져버리고, 그저 여행을 마친 후 쫄깃한 여행이었노라 말하고 싶다면 답은 쫄깃센타가 되겠다. 협재의 수많은 사람들을 헤치고 마을로 들어서면 개구쟁이 미소를 한가득 뿜내고 있는 고래 한마리가 그려진 하얀집이 쫄깃센타다. 이곳은 '애욕전선이상없다', '탐구생활'을 그린 인기만화가 메가쑈킹과 7명의 쫄깃패밀리, 일명 쫄패가 함께 일궈낸 게스트하우스다.

　쫄깃센타 1, 2층엔 아늑한 컬러감을 가진 6인실 3개, 8인실 1개, 2인실 1개 총 다섯 개의 방이 있다. 깔끔한 방도 방이지만 이곳 쫄깃센타 인테리어의 완성은 거실에서 보이는 매혹적인 비양도의 자태다. 낮엔 푸른 하늘 아래 눈부신 비양도의 매혹적인 자태가, 고기잡이 어선의 등이 하나 둘 켜지는 밤이면 비양도의 우아한 곡선이 차분하게 드러난다. 쫄깃센타를 방문하는 여행자 대부분은 제주여행의 행선지가 이곳인 경우가 많다. 꼭 어딘가 가야겠다거나 무엇을 하겠다가 아니라, 그저 쫄깃에 와서 거실에 앉아 맘에 드는 책을 고르고 하루 종일 창가로 들어오는 비양도를 감상하는 것. 쫄깃만의 특별한 여행이다.

　내가 이곳에 머물렀을 땐, 메가쑈킹이 볼일이 있어 육지로 가고 쫄깃센타를 비운 상태였다. 메가쑈킹이 없는 쫄깃은 왠지 앙금 없는 팥빵 같지 않을까 싶어 내심 걱정했다. 하지만 예상과 달리 쫄깃센타는 그 자체가 쫄깃센타였다. 꼭 누가 있어야 하고, 없어야 하는 분위기가 아니라 그 공간 자체에서 편안함이 배어나오는 곳. 이곳을 함께 일궈낸 쫄패도 누구 하나 호스트의 얼굴이 아닌 여행자의 얼굴을 하고 있다. 조식은 메가쑈킹과 쫄패가 새벽부터 정성껏 끓인 오뚜기 수프가 나온다. 게스트들 사이에선 메가쑈킹이 끓였다 하여 메뚜기 수프로 불린다. 제주산 감자와 양파를 도가 지나칠 정도로 듬뿍 넣었다는 메뚜기 수프가 여행자의 아침을 든든하게 한다.

Location
제주시외버스터미널에서 협재방향으로 가는 서일주버스를 타고 '협재해수욕장' 또는 '협재우체국'에서 내리면 된다. 협재해수욕장에서 내릴 경우, 해변을 왼쪽에 두고 걸어가다 상록가든 민박에서 왼쪽으로 돌아 골목으로 들어가서 100미터쯤 가면 쫄깃센타가 있다. 협재우체국에서 내릴 경우 하얀 민박집 간판이 보일 때까지 간 후 하얀 민박집 골목 끝에서 오른쪽으로 꺾어 들어가면 된다.

> **GUESTHOUSE INFO**
>
> **add** _ 제주시 한림읍 협재리 1689-1
> **price** _ 도미토리 2만원, 2인실 5만원
> **in & out time** _ 3시 · 11시
> **meal** _ 식빵, 우유, 시리얼, 계란, 메뚜기 수프 등
> **tel** _ 010-3230-1689 (오전9시~오후 8시까지)
> **web** _ www.jjolkit.com

1 쫄깃센타 앞마당 나무 한 그루에 걸린 간판.
2 요리사인 게스트가 솜씨를 발휘한 요리 하나로 여행자들이 자유롭게 모였다.
3 온통 책으로 메워진 벽면 안으로 도미토리가 있고, 거실에선 비양도가 보인다.
4 개구쟁이 표정을 하고 있는 고래가 그려진 쫄깃센타 건물.

Other Guesthouse

 서부_고내리

하쿠나마타타 게스트하우스

고 내 포 구 를 즐 길 수 있 는 포 근 한 곳

"하쿠나마타타~ 정말 멋진 말이지~
하쿠나마타타~ 끝내주는 말~씀
근심과 걱정 모두 떨쳐버려. 욕심 버리면 즐거워져 하쿠나마타타~"
'라이온 킹'의 티몬과 품바 OST다. 티몬은 아버지를 잃고 힘들어하는 심바에게 이렇게 말한다. 하쿠나마타타, 이 여섯 글자만 있으면 모두 해결된다고. 애월읍 고내리에 이처럼 근심걱정을 잠시나마 내려둘 수 있는 게스트하우스가 있다. 아프리카 공용어 스와힐리어로 '걱정 거리 없다'라는 뜻의 하쿠나마타타는 오늘 하루 근심 걱정 없이 편안히 쉬어갈 수 있는 여행자 공간을 만들고 싶은 주인장이 운영하는 곳이다.

고내리 마을을 돌다보면 동물과 풀잎들이 그려진 하쿠나마타타의 담벼락을 만날 수 있다. 짙은 밤색 건물을 둘러싼 담벼락을 지나 건물 오른쪽 마당을 지나면 게스트하우스가 있다. 뒷마당의 넓은 잔디밭에 곱게 뻗은 계단으로 한 칸 한 칸 올라가면 등 뒤로 바다가 한폭 한폭 넓어진다. 그렇게 마지막 계단을 밟는 순간 고내 포구의 시원한 바다가 펼쳐진다. 게스트하우스 입구 앞에 딸린 넓은 테라스는 어느 전망대 부럽지 않다.

게스트하우스 문을 열자 아가 방처럼 귀여운 소품들이 앙증맞게 자리해 있다. 깔끔한 벽에 파란 포인트가 들어간 인테리어가 지친 마음을 포근하게 안아준다. 최대 인원 12명을 수용하는 네 개의 방과 넓은 거실이 여유롭다. 휴게공간은 1층에 따로 마련되어 조용히 쉬다가는 여행자들에게 안성맞춤이다. 깔끔하고 다양한 조식도 이곳의 자랑이다.

Location

제주공항에서 100번 버스를 타고 제주시외버스터미널로 향한다. 터미널에서 서일주버스를 타고 '고내리' 정류장에 내려서 오른쪽 골목 고내리 7길로 마을 따라 들어오다 보면 고내포구가 보인다. 고내포구에서 팔각정을 보고 오른쪽 해안도로로 걸어오면 16코스를 알리는 '16'이라고 쓰여 있는 글씨가 보인다. 글씨를 지나 조금 더 올라 오른쪽 골목으로 들어오면 빨간색 작은 표지판이 알려주는 곳으로 가다보면 벽화가 그려진 하쿠나마타타를 만날 수 있다.

> **GUESTHOUSE INFO**
>
> **add** _ 제주시 애월읍 고내리 570-5번지
> **price** _ 도미토리 2만원 (조식 포함)
> **in & out time** _ 3시 · 11시
> **meal** _ 한식(해물된장찌개 혹은 제주산 돼지고기를 넣은 김치찌개) 또는 양식(오믈렛, 커피, 주스, 토스트, 과일 등)
> **tel** _ 010-4760-6675, 070-7514-8882
> **web** _ cafe.daum.net/hakunajeju

1 뒷마당에서 바라본 평화로운 하쿠나마타타.
2 아가방처럼 편안한 느낌의 도미토리.
3 테라스에서 바라본 바다가 보이는 전망.
4 주방 한 쪽에 자리한 차 마시기 좋은 공간.
5 건물 벽면에 그려진 동물들과 간판.

> Other Guesthouse

 서부_고산리

제푸 게스트하우스

푸른 바다 바로 앞에 놓인 조용한 게스트하우스

'제푸'는 제주도 푸른 바다의 줄임말이다. 이름에서 느껴지듯 제주도에 널리고 널린 바다 중 최고의 빛깔을 황홀하게 뽐내는 곳이다. 서일주버스를 타고 협재에서 10분 정도 더 내려가다 보면 해안가 일주도로를 따라 외로이 우뚝 서 있는 건물이 바로 제푸 게하다. 해수욕장에서 모래사장을 따라 펼쳐지는 에메랄드빛 바다도 멋지지만, 제푸에서 바라보는 바다는 좀 다르다. 모래사장 없이 길에서 바로 떨어지는 깊이 있는 바다는 푸른 바다 바로 앞에 서 있는 기분이 든다. 제푸 바로 앞 바다로 뻗은 짤막한 길 끝자락에 서면, 마치 바다 한복판에 혼자 힘으로 서 있는 것 같다. 이 푸른 바다는 제푸 방안으로도 이어진다. 2층 구조의 건물은 일층이 남자방 이층이 여자방으로 구분되고, 휴게공간은 일층에 갖추고 있다. 좁은 계단을 따라 이어진 이층 도미토리 공간은 한 층으로 이루어진 공간인데, 세 자리지만 다락방 자리도 있다. 전체 통유리로 되어 있어 침대 어느 자리에 누워도 푸른 바다를 눈에 담을 수 있다.

바로 옆 건물이 판포리 해녀쉼터로 한참 물질이 있을 땐 해녀들의 작업 모습을 볼 수 있는 것도 이곳만의 장점이다. 신청자가 다섯 명 이상이 되면 바비큐 파티(1만원)도 진행한다. 일몰이 아름다운 수월봉이 가까워 매일 일몰투어도 하고 있으니 놓치지 말자. 일몰투어엔 대중교통으로 가기 힘든 인기드라마 '시크릿가든'의 촬영지 용수해안 풍차도로도 포함되어 있다.

Location
제주시외버스터미널에서 서일주버스를 타고 판포리 스위스 콘도에서 내려 100미터 정도 걸으면 제푸를 만날 수 있다. 버스에서 내리면 해안도로를 따라 '게스트하우스'라는 큰 글씨가 적힌 외로이 있는 건물이 보인다.

1 근방에 아무 건물도 없어 한적한 제푸.
2 이층 도미토리 벽은 통유리로 되어 있어 바다가 한 눈에 보인다.
3 복층으로 된 도미토리 위층엔 세 개의 일층 침대가 있다.
4 제주도 푸른 바다 '제푸' 앞바다.
5 이층으로 올라가는 계단엔 제주 풍경 사진들이 걸려 있다.

GUESTHOUSE INFO

add _ 제주도 한경면 판포리 1703-9
price _ 도미토리 1만 8천원
in & out time _ 12시 · 10시
meal _ 토스트, 원두커피(별도 3천원)
tel _ 064-772-3003-4, 010-7922-7079
web _ cafe.naver.com/jefuguesthouse

Other Guesthouse

 서부_용달리

드림 게스트하우스

탁 트인 풍차해변을 볼 수 있는 저렴한 숙소

올레길 12코스 종점이자 13코스의 시작점 용수포구에서 해안을 따라 30분 정도 걷다 보면, 거대한 풍력발전기가 보인다. 커다란 풍력발전기들이 여기저기 하늘을 향해 팔을 뻗고 있는 모습은 참 서정적인 풍경이다. 이런 낭만적인 풍경을 바라보고 있는 드림 게스트하우스는 중년의 아저씨가 운영하는 저렴한 숙박비를 자랑하는 게스트하우스다. 드림이라는 이름처럼 한해한해 지나며 잊혀져 가는 자신의 꿈을 다시 한 번 생각해보고 효(孝)를 기리는 취지로 이곳을 오픈했다. 그래서 부모님과 함께 여행 온 여행자에게 특별 할인을 해주는가 하면, 자신의 꿈을 그려 드림하우스에 있는 '마인드뱅크' 안에 꿈을 보관하면 행운의 2달러를 주는 이벤트도 진행한다. 아침에 눈을 뜸과 동시에 바다를 볼 수 있는 것도 이곳의 장점이다.

건물의 1층은 휴게 공간, 2층이 도미토리 공간인데, 2층은 나무벌로 나누어져 있는 도미토리와 캠핑 느낌을 한껏 낼 수 있는 혼자만의 공간인 텐트도 있다. 한쪽엔 여성여행자나 가족여행자들이 머무는 공간도 따로 갖추고 있다. 그중에서도 가장 눈에 띄는 건 건물 왼쪽에 위치한 색색의 캡슐룸이다. 2인까지 사용가능한 캡슐룸은 동그란 원통 모양으로 내부가 나무로 둘러진 작지만 아늑한 곳이다. 주인장은 믿기 어렵겠지만 13코스 인근에 '제주모모'라는 무료 숙소도 운영 중이다. 네 개의 캡슐룸으로 이루어진 제주모모는 어머니 모(母)자 2개를 써서 붙여진 이름으로 제주에서 자연의 경이로움을 배우고 소중한 사람에게 편지를 쓰는 등 효를 일깨워주는 '명상의 집'인 셈이다. 네 개의 원통캡슐룸 이름 또한 '애기궁별'로 어머니의 자궁을 의미한다고. 우리가 살면서 가장 편안했던 공간. '애기궁별'은 카페로만 예약 가능하다.

Location
제주시외버스터미널에서 서일주버스를 타고 '신흥동'에서 내려 바다 방향으로 걸어나가면 풍력발전기가 보이는 해안도로로 드림 게스트하우스가 보인다. 풍력발전기 9번 바로 앞이다. 미리 요청하면 용수포구에서 픽업이 가능하다.

▶ 제주모모 **web** _ cafe.daum.net/jejumomo 예약은 카페로만 가능

GUESTHOUSE INFO

add _ 제주시 한경면 용당리 3891번지
price _ 도미토리 1만 5천원, 캡슐룸
　　　　(2인실/1인금액) 1만 5천원
in & out time _ 없음
meal _ 토스트 커피 우유 등
tel _ 010-9838-7841, 070-7799-7841
web _ yongdangjeju.blog.me

1 자전거 여행자에게 물을 무료로 제공한다.
2 건물 왼쪽에는 귀여운 원통 캡슐방 세 개가 있다.
3 풍력발전기단지 용담신창 해안도로에 위치한 드림 게스트하우스.

곽지과물 해변

제주시에서 약 10킬로미터 떨어져 있는 애월읍 곽지리에 있는 해수욕장이다. 넓은 백사장과 맑고 푸른 물이 특징이며, 물이 빠지면 해수욕장에서 차가운 용천수가 솟아난다. 해수욕장 한 구석에 용천수 노천탕이 있는데, 이 샘물은 몸을 씻는 것은 물론 식수로 이용될 정도로 맑다. 또한 선사시대의 패총이 발견되기도 한 곳으로 지금도 대합과 조개류가 많이 서식하고 있어 물놀이와 함께 조개도 잡을 수 있다. 해수욕장과 함께 인근의 월명사를 돌아보거나 한담해안산책로까지 걸어보길 추천한다.

add_ 제주시 애월읍 곽지리 | **tel_** 064-728-8884

한담해안산책로

제주의 수많은 도로 중 오로지 두 발에게만 허락된 곳이다. 스쿠터나 자전거마저도 허락되지 않는 이 길은 애월마을에서 곽지해변까지 해안을 따라 조성된 1.2킬로미터의 해안산책로다. 도민과 여행자들에게 제주의 훌륭한 자연을 친숙하게 느끼게 한다는 목적으로 2001년 조성됐다. 구불구불 바다 바로 옆으로 이어지는 산책로는 걷는 이조차 풍경으로 만들어 버린다. 산책길 주변으론 특이한 모양의 해안기암과 작은 모래사장이 있어 쉬어가기 좋다. 여행자들의 발걸음이 늘고 있지만, 아직까지 제주의 숨은 여행지로 통한다. 2009년엔 제주시가 선정한 '제주시 숨은 비경 31'에도 뽑혔다.

add_ 제주시 애월읍 곽지리

제주현대미술관

저지 문화예술인마을을 활성화하기 위해 2007년 9월에 개관한 미술관이다. 김흥수 화백작품 20점과 박광진 화백 작품 149점이 기증되어 있다. 본관과 분관으로 이루어져 있으며, 동시에 천 명이 관람할 수 있는 야외 공연장과 어린이 야외조각공원도 있다. 대중교통으로 찾아가기 불편하지만, 중산간 마을 저지리에 위치해 있어 뛰어난 자연환경과 질 높은 문화예술을 동시에 즐길 수 있다. 관람시간은 오전 9시부터 오후 6시까지며, 관람료는 어른 1천원, 청소년 5백원이다.

add _ 제주시 한경면 저지리 2114-63 | tel _ 064-710-7801 | web _ www.jejumuseum.go.kr

저지 예술인마을

1999년 IMF 당시 지역경제 활성화 및 특색 개발 시책으로 조성되기 시작했다. 현재 서양화, 조각, 서예 등 예술가 48인에게 분양이 완료되었으며, 20여 동의 예술인 건축물을 갖추고 있다. 마을을 걸으면 만나는 예술가의 집엔 작품을 전시하거나 만들기 체험할 수 있는 곳, 작업하는 모습을 공개하는 곳도 있어 마을을 거닐다 보면 예술가의 작업실을 엿보는 이색적인 느낌이 든다. 지형과 자연특성을 그대로 살려 만든 돌담과 마을의 제주 돌송이로 만든 도로가 어우러져 문화적 향취가 남다르다.

add _ 제주시 한경면 저지리 1863-1 | tel _ 070-7098-4111

금능으뜸원 해변

협재 해변과 나란히 붙어 야자수길로 이어져 있으며 걸어서 10분이면 갈 수 있다. 금능으뜸원 해변은 투명한 에메랄드빛 바다와 우아한 자태로 떠있는 비양도 그리고 비양도까지 걸어가도 닿을 것처럼 얕은 수심과 백사장이 아름답다. 협재 해변과 비교하면 조금 초라하게 느껴질 수도 있으나, 협재와 또 다른 우직한 느낌이다. 많은 인파가 몰리는 협재 해변에 비해 찾는 사람이 적어 사색하기 좋다.

add _ 제주시 한림읍 금능리 | tel _ 064-728-7672

연화지

하가리에 위치한 숨은 비경으로 도민들에게도 아직 잘 알려지지 않은 곳이다. 1976년 혹한으로 연꽃이 모두 동사해 없어졌으나 2년 뒤부터 종자로 발아된 연꽃들이 조금씩 번식해가면서 지금의 모습에 이르렀다고 한다. 연못 한가운데 육각 정자를 중심으로 관람로가 이어져 있으며, 산책하듯 연꽃을 관람할 수 있다. 연꽃이 활짝 핀 개화기 7~8월에도 더없이 근사하나, 그 외 계절에도 운치 있는 풍경을 관람할 수 있는 곳이다. 정자에서 바라보는 연화지의 풍경은 '아름답다'라는 말로는 부족하다.

add _ 제주시 애월읍 하가리 1569-2번지

협재 해변

제주 바다 중 가장 많은 여행객이 몰리는 곳으로 꼽힌다. 환상적인 낙조를 볼 수 있고 해변 주변으로 송림과 잔디가 있어 캠핑하기 적당하다. 수심이 얕아 어린이를 동반한 가족 혹은 수영초보자에게 인기가 좋고, 해양수산부가 주최한 우수해수욕장에도 선정될 정도로 탈의실, 주차장, 휴게소 등 시설이 잘 갖춰져 있다. 오후엔 낭만적인 일몰을 보러오는 여행객들로 겨울에도 조용할 틈이 없다.

add _ 제주시 한림읍 협재리 2497-1 | **tel** _ 064-796-2404

더럭분교

폐교 위기에 있던 제주 하가리의 조그만 애월초등학교의 분교다. 삼성전자 CF의 '컬러프로젝트' 촬영지로 유명세를 타며 이젠 하가리의 새로운 명로로 떠오르고 있다. 세계적인 컬러리스트 장 필립 랑크로와 '아이들의 꿈과 희망의 색'이라는 주제로 학교 건물을 다채로운 색으로 입혔던 프로젝트는 무지개 빛깔의 앙증맞고 사랑스러운 건물을 만들어냈다. 새로운 색이 입혀진 학교는 폐교의 위기에서 벗어나며 실제 20명 정도였던 학생 수도 두 배 이상 늘었다고 한다. 이제 하가리를 대표하는 여행지로 당당히 자리 잡고 있다.

add _ 제주시 애월읍 하가리 1580-1 | **tel** _ 064-799-0515

비양도

죽순이 많이 난다하며 마을 사람들 사이에서 죽도라 불리기도 하는 기생화산이다. 협재리에서 3킬로미터 떨어진 곳에 있는 작고 아담한 섬으로 때 묻지 않은 자연을 감상할 수 있다. 비양도에서만 서식한다는 비양나무와 애기를 업은 모양을 하고 있다고 하여 부아석이라 불리는 기암괴석도 하나의 볼거리다. 섬 정상인 비양봉에 올라가서 바라보는 반대편 제주의 모습을 감상하는 것도 좋다. 비양도에 들어가는 선박 요금은 성인 1천5백원이며 나오는 것, 들어가는 것 하루에 각각 단 두 번 운행한다. 천천히 다 돌아봐도 협재로 다시 나오는 배 시간까지는 여유가 있고, 아무것도 하고 싶지 않은 여행자들에게 추천할 만하다.

add _ 제주시 한림읍 한림리 1328 | tel _ 064-796-3001

수월봉

일몰광경이 빼어난 곳으로 '녹고물오름' 혹은 '노꼬물'이란 이름도 가지고 있다. 수월봉 꼭대기에선 물고기를 닮은 섬 차귀도와 송악산, 단산까지 한눈에 볼 수 있으며, 가파른 해안 절벽을 따라 용천수가 솟아나는데 이를 '노꼬물'이라 부른다. 전설에 의하면 수월이와 녹고 남매가 병든 어머니의 약초를 캐러 왔다가 동생 수월이가 절벽으로 떨어져버리고, 오빠인 녹고가 17일 동안 슬피 울었다고 해서 그 노꼬물을 녹고의 눈물이라고도 한다.

add _ 제주시 한경면 고산리

풍차 해안도로(신창~용수)

인기드라마 '시크릿가든'의 촬영지로 풍차 6기가 해안을 따라 세워져 신비로운 풍경을 만들어 낸다. 제주도 서부 끝 신창리에 있는 해안으로, 유난히 바람이 많이 부는 지역의 조건을 활용해 조성된 풍력발전단지다. 드넓은 바다 위로 높이 솟아난 풍차들은 하얀 날개를 하염없이 돌리며 낭만적인 풍경을 이룬다. 대중교통이 닿지 않는 곳이지만 꼭 가볼만한 근사한 풍경을 가진 곳이다. 풍차 아래서 날개를 위로 정확히 바라보는 짜릿한 체험도 잊지 말자.

add _ 제주시 한경면 신창리 | tel _ 064-728-7973

선인장 마을

천연기념물 제429호로 월령리 마을에서 해안을 따라 형성된 선인장 군락이 기이한 경관을 이룬다. 일부러 누군가 심고 가꾼 마을이 아니라 멕시코가 원산지인 선인장이 난류를 타고 밀려와 자연적으로 뿌리내린 군락이다. 주민들은 선인장의 형태가 손바닥과 같다하여 '손바닥선인장'이라고 부른다. 옛날 마을 주민들이 쥐나 뱀을 막기 위해 마을 돌담에 옮겨 심으면서 월령리 마을 전체에 퍼졌다고 한다. 국내 유일의 야생군락으로 분포상 학술적 가치가 있는 곳이다.

add _ 제주시 한림읍 월령리 416 | tel _ 064-796-6128

최마담네 빵다방

제주 협재해변 인근에 위치한 빵다방은 육지에서 온 최씨 여사장님이 운영하는 곳이다. 오래된 제주 돌집을 리모델링해 고즈넉하고 아늑한 분위기를 자랑한다. 메뉴는 그때그때 재료에 따라 조금씩 변경되며, 커피는 핸드드립만을 고집한다. 이곳에서만 맛볼 수 있는 후추 쿠키는 후추 알이 쏙쏙 박힌 고소하면서도 매콤한 이색적인 맛이다. 협재 해변에서 마을로 조금 들어와야 하는 곳이지만 입소문이 나며 협재의 아지트로 자리잡고 있다. 매주 목요일은 쉰다.

add _ 제주시 한림읍 협재리 1494-1 | tel _ 064-796-6872

맛있는 참 세상 (맛참세)

곽지과물해변에 자리한 문어 칼국수집이다. 문어 칼국수와 문어 해물탕이 대표메뉴인 맛참세는 도민들에게도 인정받는 국물 맛. 내부엔 유명 인사들의 싸인이 벽을 따라 붙어있다. 두꺼운 문어 다리와 진한 국물맛이 일품이다. 문어 머리 헤어스타일 주방장이 문어를 구하기 위해 제주도 전역을 누비고 다닌다는 소문이 있다. 문어 칼국수는 1만원, 문어 해물탕(2인)은 2만 8천원 그 외 전복뚝배기와 찌개류도 판매한다.

add _ 제주시 애월읍 곽지리 1581-14 | tel _ 064-799-0490

무인카페 산책

고내포구 인근에 자리한 무인카페다. 무인카페라 방문한 손님이 직접 차를 준비하고 정리까지 하고 와야 한다. 바다가 지척이라 따뜻한 커피와 함께 넓은 창으로 들어오는 바다의 모습을 즐길 수 있다. 내부엔 다녀간 손님들이 남긴 포스트잇이 물결치고 가지런히 놓인 나무테이블과 의자가 따뜻한 분위기를 연출한다. 중앙 선반에 있는 커피를 직접 준비하고 나갈 때 머니박스에 찻값을 넣으면 된다. 주차 공간이 넉넉해 렌트카 여행자들도 주차 걱정을 할 필요가 없다. 대부분의 메뉴는 1~2천원이다. 영업시간은 오전 9시부터 오후 10시까지다.

add _ 제주시 애월읍 고내리 1155 | tel _ 010-7625-7711 | web _ cafe.naver.com/jejusomang

진시황

유수암리에 위치한 중국 퓨전요리집이다. 중국에서 사업을 하던 사장님이 운영하는 곳으로 음식에 대한 자부심이 대단하다. 넓은 마당의 진시황 동상과 고풍스러운 중화풍 인테리어가 돋보인다. 저렴한 금액에 즐기는 점심 뷔페가 유명하며 도민들도 즐겨 찾는 맛집이다. 여유 있는 홀과 깔끔한 음식 친절한 직원들로 만족스러운 한 끼를 해결할 수 있다. 꼭 뷔페가 아니더라도 자장면과 탕수육도 전통 방식의 자랑할 만한 맛이다. 점심 뷔페는 오후 1시 반까지 제공하며 9천원에 열두 가지 음식을 맛볼 수 있다.

add _ 제주시 애월읍 유수암리 1083번지 | tel _ 064-799-8870

 제주시_도두2동

미라클 게스트하우스

시원한 바다와 공항의 풍경을
한눈에 담다

★ Writer's Comments

제주 시내와 공항 풍경, 바다를 한꺼번에 즐길 수 있는 미라클 게스트하우스는 도두항으로 가는 용담해안도로에 있다. 산책하기 좋은 용담해안도로를 따라 도두항까지 천천히 걷는 코스도 좋다. 오픈 3년째인 미라클 게스트하우스는 오후 4시부터 9시까지 공항으로는 정각마다, 터미널로는 1시간 간격으로 매시간 10분 픽업 차량을 무료 운영한다. 근처엔 유명한 무인카페 '노을 언덕'이 있고 조금 더 나가면 용머리를 닮은 해안 기암 용두암에 갈 수 있다. 자전거와 낚싯대도 무료로 빌려준다.

제주공항과 가까운 대형 게스트하우스

공항에서 가까운 한담해안도로를 지나다 보면 케이크 같은 원통 모양의 금색 줄과 프리즘을 내뿜는 통유리가 번갈아가며 한 층씩 쌓인 4층 건물이 나온다. 'MIRACLE'라는 붉은 글씨가 건물의 끝선을 따라 매달려 있는 이곳이 미라클 게스트하우스다. 건물 2층에 닿을 정도로 높게 만들어진 쇠 솟대들은 우뚝 솟아 키 자랑을 하고, 길 주변의 야자수 사이로 커다란 개들이 고개를 내민다. 바로 앞 해안도로를 따라 바다가 지나가고 뒤로는 곧게 뻗은 활주로를 향해 비행기가 뜨고 내리기를 몇 번이나 반복한다. 미라클은 제주행 비행기가 착륙할 때 왼쪽 창문으로 원통 모양의 건물을 볼 수 있을 만큼 가까운데, 활주로에서 280미터밖에 떨어져 있지 않아 비행기가 뜨고 내리는 광경을 리얼하게 관찰할 수 있는 곳이다.

마당으로 이어지는 건물 일층은 데스크와 휴게 공간으로 이루어져 있다. 작은 매점과 PC 공간이 있는 휴게 공간에는 큰 창이 있고 그 창으로 바다가 보인다. 창을 따라 빙 둘러가며 주황색 소파가 놓여있고, 한쪽엔 간단한 보드게임과 책도 준비되어 있다. 입구 데스크에 앉아있는 여자 스태프에게 이름과 연락처를 알려주고 바싹 마른 수건과 베개 커버를 건네받았다. 그녀는 공항과 터미널로 나가는 셔틀 버스 시간을 일러주었다.

입구 옆으로 빙그르르 건물의 중심을 따라 도는 계단으로 올라가니 2층엔 두 개의 방이 있다. 각각 남녀 16인실의 도미토리였다. 3층엔 6인실 도미토리와 2인실, 복층으로 이뤄진 4인실의 가족 룸도 갖추고 있는, 한 번에 50여 명 정도는 충분히 수용할 것 같은 큰 규모였다.

2층 오른쪽에 붙어있는 여자 도미토리의 문을 열었다. 방에는 침대에 기대고 있는 두세 명의 여행자가 보였지만 먼저 인사를 건네는 사람은 없었다. 등산을 할 때 내려가는 사람과 올라가는 사람의 눈이 마주치면 서로의 안전을 기원하며 인사하는 것처럼 게스트하우스에서도 이름 모를 여행자와 눈이 마주치면 서로 인사를 한다. 여행자라는 이유만으로 오늘 이곳에 묵는 것만으로 인사할 이유가 생기는 것이다.

하지만 예외도 있는 법이다. 제주시 그것도 제주공항 근처의 게스트하우스들은 좀 달랐다. 대부분 여행의 첫날 혹은 마지막 날이어서인지 여행에 흠뻑 빠져있는 편안함은 없어보였다. 처음의 불안함, 혹은 에너지를 모두 탕진해 피곤했거나 하여튼 모두 불안해 보였다. 그건 오늘 제주공항에 도착한 나 역시 마찬가지였다. 문을 열고 들어가

> GUESTHOUSE INFO
>
> **add** _ 제주시 도두2동 719-1번지
> **price** _ 도미토리 2만원 / 2인실 7만원 / 가족실 9만원
> **in & out time** _ 4시 · 10시
> **meal** _ 토스트, 음료, 잼
> **tel** _ 064-743-8953~4
> **web** _ www.ollefriends.com/miracle_club.php

1 해안도로에서 보이는 원형 모양의 미라클 게스트하우스.
2 심드렁한 표정으로 미라클 계하의 마당을 차지하고 있는 개들.
3 체크인을 하는 리셉션과 작은 매점이 있는 일층 휴게 공간.
4 둥근 건물을 따라 이층 침대가 놓여있는 여자 도미토리.
5 미라클엔 화장실과 샤워실이 분리되어 있다.
6 조식을 직접 만들어 먹는 일층 공간.
7 마당에 줄지어 널려있는 수건들.

Location

제주공항 근처에 있지만 아쉽게도 공항이나 터미널에서 바로 오는 버스는 없다. 대신 픽업서비스가 있으니 이점을 활용하자! 오후 4시 이후부터 오후 9시까지 공항엔 정각에, 터미널엔 매 시간 10분에 픽업 차량이 운영된다. 그 외 시간엔 공항에서 택시를 타면 10분 정도 걸린다. 제주 시내에서 오는 여행자라면 시청에서 7번 버스를 탄 후 '해안대로' 정류장 또는 무인 카페 '노을언덕'을 지나서 내려달라고 하면 된다.

1 벽면이 통유리로 되어 있어 늘 햇살이 가득한 여자 도미토리.
2 마당에 우뚝 솟은 색색의 쇠솟대.
3 미라클 일층엔 여행자를 위한 책과 자전거가 갖춰져 있다.
4 잔디 마당에 있는 유쾌한 조각상들.

반갑게 안녕하세요, 라고 할 용기가 선뜻 나지 않았고, 타이밍을 놓치고 말았다. 신발을 벗고 침대로 걸어가면서도 혹시라도 눈이 마주치면 그때라도 인사하려 했으나 역시 날 보는 사람은 아무도 없었다. 나중에 여행이 끝나갈 무렵 제주시의 다른 게하에도 머물렀지만, 역시 분위기가 비슷한 걸 보니 제주시 게스트하우스만의 특징인 듯하다. 몸이 덜 풀린 여행자들이 만들어 내는 특유의 어색한 분위기가 제주시에 존재하는 셈이다.

아무튼 둥근 벽을 타고 둥글게 줄을 선 침대 일층에 짐을 풀고 밖으로 나왔다. 카메라를 들고 게하 앞으로 이어진 한담해안도로를 따라 바다를 보며 걸었다. 제주 하늘은 푸르렀다. 육지와 같은 하늘일텐데 마치 누군가 볼록렌즈를 한 겹 감춰둔 것처럼 제주 하늘은 유난히 넓었다. 끝모를 바다와 푸르른 하늘을 보니 그제서야 내가 제주에 왔구나 싶다. 그대로 도두항까지 걸어갔다 오후 일몰을 보며 다시 돌아왔다.

처음 만난 옥희와 용두암에 가다

돌아온 나를 반기는 사람은 여전히 아무도 없었다. 단 한 명 빼고는. 바로 내 옆에 자리 잡고 있는 뱅스타일 앞머리를 한 밝은 표정의 그녀는 침대로 가는 내게 먼저 밝게 인사했다. 모두 할 일을 하느라 바쁜 조용한 방에서 난 그녀와 나지막한 목소리로 이야기를 나눴다. 그녀는 렌트카를 빌려 여행을 하고 있는데 나이는 스물 셋이고 오전에 스킨스쿠버를 하고 이제 들어왔다고 했다. 그녀는 조금 있다가 근처 용두암에 갈 거라며 함께 가자고 했다. 난 고민할 것도 없이 그녀를 따라 나섰다.

그녀는 신기한 운전 실력의 소유자였다. 몇 번이나 내비게이션에서 일러주는 반대 방향으로 핸들을 돌렸다. 내비게이션은 계속해서 새로운 경로를 찾는다고 소리쳤고, 몇 번을 맴돌다 겨우 도착한 용두암 주차장에 차를 세웠다. 내려서도 표지판도 안 보고 아는 길처럼 자연스럽게 반대 방향으로 가려고 해서 몇 번이나 잡아 끌어야 했다.

늦은 저녁 시간인데, 용두암은 중국인지 한국인지 모를 정도로 많은 중국인들로 가득 했다. 용두암은 이름그대로 용머리를 닮은 해안가의 위치한 바위인데, 자연적으로 만들어진 용머리 모양으로 유명하다. 나중에 안 사실이지만 생긴 모양새보다 용암이 뿜어 올라가면서 만들어진, 지질학적으로도 가치가 있는 소중한 돌이라고 한다. 용두암 뒤편으로 조금 걸어 올라가면 용이 놀던 계곡 용연과 하천을 가로지르는 용연다리가 있다.

우린 각자의 가이드북에서 용연다리를 찾았다.

"언니, 용연다리가 제주시에서 손꼽히는 야경을 자랑하는 곳이래요!"

그녀가 상기된 목소리로 말했다. 조금 뒤 도착한 용연다리 앞에서 웃음이 절로 새어나왔다. 여의도의 높은 빌딩들과 한강다리가 만들어내는 서울의 웅장한 야경에 비하면 소박하기 짝이 없는 모습이다. 그럼에도 흔들다리 아래위로 방울방울 달린 오색의 은은한 조명들은 낭만적인 분위기를 자아냈다. 뒤편으로 용연계곡을 따라 산책길도 조성되어 있는데, 다리에서 보았던 은은한 조명들이 땅 아래 박혀 커플들에게 꼭 추천하고 싶은 예쁜 길이었다.

우린 길을 걸으면서 이야기를 나눴다. 참 그러고 보니 이름도 안 물어 봤다. 이름이 뭐냐고 물었더니, 모기소리만큼 작은 소리로 말했다.

"오…키… 옥희요."

옥희는 안산에서 조명 led를 만든다고 했다. 돌아오는 길에도 바다 위의 한치 배들의 조명을 보면서 어떤 조명이 비싼 조명이고 열 발생률이 적은지 전문가처럼 설명해주었다. 기숙사 생활을 하고 있어 게스트하우스의 이층침대가 그리 낯설지 않다고 했다. 여름 휴가에 집에 갔는데 엄마랑 말다툼을 하게 됐고 속상한 마음에 기숙사로 다시 돌아와 텔레비전 채널만 돌리는데, 마침 스킨스쿠버 장면이 나왔다. 그 스킨스쿠버 모습에 무작정 다음날 제주행 비행기 티켓과 렌트카, 스킨스쿠버 그리고 미라클 게하를 예약했다. 그렇게 그녀는 제주도에 와있었다.

용연다리 산책길을 한 바퀴 돌고 나오니 허기지다. 생각해보니 오늘 아무것도 못 먹었다. 옥희도 아무것도 못 먹었다고 했다. 9시가 넘어가는 시간, 주변에 마땅한 음식점도 보이지 않아 앞에 보이는 편의점으로 불쑥 들어갔다. 우린 제주도민처럼 핫바를 하나씩 사들고 편의점 앞 벤치에 앉았다.

'그래서 말이야~.' 우린 끝 모를 이야기를 펼쳐놓고 있었다. 다음날, 옥희가 가고 또 다시 혼자가 되었다. 사실 처음부터 혼자였는데, 옥희가 가고 나니 괜히 외로워졌다. 빈 침대를 물끄러미 바라보다 고개를 돌리니 침대 옆에 나처럼 외롭게 놓인 배낭이 보였다. 난 또, 여행자가 되었다.

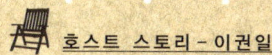 호스트 스토리 - 이권일

젊은 주인장, 젊은 게스트하우스

그를 만난 건 다음날 일층 휴게공간에서였다. 따뜻한 미소를 가진 그는 이십대 주인장이었다. 건축가인 그의 아버지가 삼년 전 이 건물을 지었고 게스트하우스로 운영 중이다. 그의 가족은 모두 제주 토박이다. 그래서 가끔 일손이 부족하면 여동생과 친구들이 와서 일을 도와주기도 한단다. 어제 내가 체크인을 할 때 만났던 여자스태프가 바로 그의 여동생이었다. 그는 미라클이 다른 게스트하우스처럼 아기자기하고 안락한 분위기는 아니지만, 공항에서 차를 타고 오 분도 안 걸리는 좋은 위치에 있는 만큼 가장 신경 쓰는 건 픽업 서비스와 냉난방이라고 말하며 웃었다.

그러고 보니 공식적인 픽업 시간을 정해놓고 차량 운행을 하는 곳은 미라클이 유일한 듯했다. 냉난방에 가장 신경을 쓴다는 그의 말대로 이곳에 머무르는 늦여름 2박 3일 동안 더운 줄 모르고 제주 여행을 시작했다.

게스트 스토리

혼자 떠난 스킨스쿠버 여행

그녀는 홀로 하는 여행을 항상 꿈꿔왔다고 했다. 안산에서 led조명을 만드는 일을 하는 그녀는 기숙사 생활을 하고 있어 게스트하우스의 이층침대가 낯설지 않았다. 휴가차 기쁜 마음에 집으로 향했는데, 본의 아니게 엄마와 싸우게 됐다. 속상한 마음에 기숙사로 돌아와 애꿎은 리모컨만 돌리는데, 텔레비전에 평화로이 헤엄치는 스킨스쿠버 장면을 보고 다음날 제주도로 왔다. 평소 성격 같았으면 절대 처음 보는 사람한테 먼저 다가가는 스타일이 아닌데 그날은 자신도 모르게 내게 같이 용두암 보러 가자고 해버렸단다. 옥희라는 정겹고 예쁜 이름처럼 예쁜 마음씨를 가진 그녀. 홀로 떠난 이번 여행에서 예쁜 추억들만 만들었기를 빈다.

★ 게스트 추천평

일단 도미토리의 여유있는 공간이 좋았어요. 게스트하우스 중에 침대와 침대 간격이 너무 좁아서 불편한 곳이 있는데, 그렇지 않아서 좋았어요. 바다도 바로 앞에 있고 특히 해가 질 때 참 예쁘더라고요. 동물도 좋아해서 강아지가 있는 것도 마음에 들어요.

> Other Guesthouse

 제주시_삼도2동

그린데이 게스트하우스

여행자 인기투표 1위 제주시 게스트하우스

게스트하우스에서 만난 여행자들의 주된 관심사는 당연히 게스트하우스다. 다녀온 게스트하우스를 추천하고, 앞으로 갈 게스트하우스를 추천받느라 바쁘다. 이번 여행을 다니면서 만난 여행자들에게 최다 득표를 받은 '제주시에 있는 게스트하우스'가 그린데이였다. 공항과 시외버스터미널에서 차로 10분이면 갈 수 있고, 제주시에서 가장 큰 재래시장인 '동문시장'까지도 걸어서 10분이면 갈 수 있다.

　프로방스 느낌으로 꾸민 인테리어는 외관부터 통통 튄다. 22살 때부터 8년 동안 게스트하우스를 생각해 왔던 주인장은 여행 중 가 본 세계 곳곳의 게스트하우스를 표본으로 그린데이를 만들었다고 한다. 게스트하우스의 내공이 두둑한 주인장이 만든 곳이라 편안한 하룻밤을 제공한다. 삐걱거리는 철제 침대가 거슬릴 수도 있지만, 목욕탕에서나 볼법한 커다란 사물함과, 침대마다 커튼과 전등이 있고 개인별로 전기 장판과 선풍기를 제공하고 간단한 국내전화와 무료 세탁 시설이 마련되어 있어 만족스럽다.

　그네의자가 놓여있는 귀여운 마당은 시내에서는 보기 힘든 돌담이 둘러있고, 마당 한 편엔 앤티크한 피아노가 있어 운이 좋으면 어느 여행자의 연주를 들을 수도 있다. 일층 거실에선 매일 저녁 7시에서 11시까지 냉장고의 음료를 한 가지씩 꺼내 먹을 수 있는 그린타임도 열린다. 그린타임은 여행자들을 한데 모으는 이곳 최대의 이벤트다. 거실 한쪽에 늘 심드렁한 표정으로 누워있는 그린데이의 마스코트 '락심'이도 고양이를 좋아하는 여행자들의 발길을 끈다.

Location

제주공항 2번 게이트 앞 버스정류장에서에서 100번이나 제주대학교로 향하는 500번 버스를 탄 후 '시민회관' 정류장에서 하차. 내리막길로 남문사거리까지 200미터 내려가서 사거리 왼쪽 제주소방공사 쪽으로 20미터 정도 걸어오면 금성철거 간판 왼쪽 골목에 그린데이가 있다.　공항에서 택시를 타면 4천원 정도 나온다.

1 대로변에 설치된 그린데이 표지판.
2 아늑한 느낌의 그린데이 이층 복도. 복도를 따라 도미토리와 2인실이 있다.
3 대문에서 바라본 프로방스 스타일의 그린데이 건물.

Guesthouse Info

add _ 제주시 삼도2동 202-11
price _ 도미토리 1만 8천원~2만원 , 2인실
　　　　4만 5천원
in & out time _ 3시 · 11시
meal _ 달걀, 김치, 빵, 시리얼, 샐러드, 음료,
　　　　잼, 밥, 국 등
tel _ 070-7840-2533
web _ blog.naver.com/cooper82

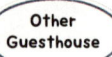

 제주시_삼도1동

예하 게스트하우스

6년의 역사를 자랑하는 제주 여행자의 메카

제주시외버스터미널 바로 뒷골목에 자리한 예하 게스트하우스는 2007년 7월 문을 연, 역사가 오래된 곳이다. 문화체육관광부와 한국관광공사에서 우수숙박업체를 선정하는 '굿 스테이'에 등록된 곳이기도 하다. 3층으로 이루어진 건물은 최대 50명 정도를 수용할 수 있는 큰 규모다. 복도 계단으로 여행자의 모습이 담긴 수천 장의 사진부터 달콤한 색상으로 꾸며진 카페와 복도까지 대형규모임에도 아늑함이 있다. 예하 게스트하우스는 영어, 중국어, 일본어에 능통한 똑똑한 스태프들이 자리를 지키고 있고 이곳을 찾는 여행자 역시 세계 각국에서 온다. 카페 한쪽 벽면엔 각 나라에서 온 여행자들이 붙여 놓은 화폐 칠판도 있다.

큰 창이 있는 카페는 취사가 가능한 주방과 외국여행자들을 위해 전화기도 마련되어 있다. 국제전화는 언제든 25개국으로 무료 통화가 가능하며, 머무는 여행자들에게 제주 버스 여행 '데이투어' 특별 할인과 난타공연 잠수함 할인서비스를 제공한다. 몸이 불편한 장애인들을 위해 봉사 활동을 하고 매달 두세 명의 아이들에게 정기적으로 후원하는 등 나눔을 실천하는 보기 좋은 게스트하우스다. 2012년 광복절엔 제주시청점을 오픈했다. 자전거를 무료로 대여해주니 자전거로 다녀올 수 있는 용두암, 제주민속자연사박물관, 제주 시내를 돌아보는 것도 좋겠다.

특히, 저녁 7시부터 9시 30분까지 해피타임으로 지정해서 일층카페로 모이면 투숙객 모두에게 주스나 맥주 등 음료 한 병을 무료로 제공하니, 해피타임엔 방에 있지 말고 카페에서 각 나라의 여행자들과 어울려보자!

Location

제주공항에서 100번 버스를 타고 시외버스터미널 다음정류장 '한국병원'에서 내린다. 왼쪽 금호약국 골목으로 들어와 오른쪽으로 돌면 바로 보인다. '한국병원'정류장에서 걸어서 1분 거리다.

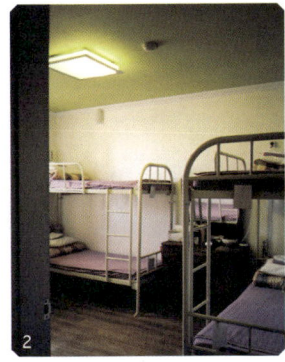

1 제주시외버스터미널 뒷골목에 위치한 예하 게스트하우스 입구.
2 방마다 화장실을 갖추고 있는 도미토리.
3 25개국으로 무료 통화가 가능하다.
4 복도 계단을 따라 물결치는 여행자들의 흔적들.
5 대형 게스트하우스임을 잊게 만드는 안락한 일층 휴게 공간.

GUESTHOUSE INFO

add _ 제주시 삼도1동 561-17번지 예하 게스트하우스 본점
price _ 도미토리 1만 9천원~2만 2천원, 1인실 5만원, 2인실 6~7만원, 3인실 8만원
in & out time _ 2시 · 11시
meal _ 빵, 달걀, 치즈, 커피, 주스 제공
tel _ 070-4012-0083
web _ www.yehaguesthouse.com

> Other Guesthouse

 제주시_용담1동

숨(SUM) 게스트하우스

제주시외버스정류장 근처의 깔끔한 공간

숨(SUM)은 부산의 세 친구가 각자 이름에서 이니셜을 하나씩 가져와 만든 이름이다. 부산에 2곳, 제주에 1곳 총 세 개의 게스트하우스를 S, U, M의 친구들이 하나씩 운영하는 재미있는 곳이다. 제주시외버스터미널 바로 맞은편에 있는 숨 게스트하우스는 3층 건물로 최대 50명의 인원을 수용할 수 있는 규모로 11개의 방을 가지고 있다.

일층 카페 공간엔 책과 PC 그리고 간단한 매점을 갖추고 있으며, 부산에서 게스트하우스를 운영해본 만큼 짜임새있게 운영되고 있다. 자리마다 마련된 작은 등과 물건을 올려둘 수 있는 선반이 센스 있고 여성여행자들을 위한 파우더 룸도 따로 갖추고 있어 나처럼 게으른 여행자들은 먼저 나가는 여행자들의 머리 말리는 소리를 듣지 않아도 돼서 좋다. 도미토리는 2인실부터 8인실까지 있고 2인실의 커플룸과 4인의 가족룸도 갖추고 있다.

문 앞에 서기만 해도 어디 가는지, 근처 맛집은 어딘지까지 알아서 추천해 주는 주인장 부부의 친절이 반갑다. 조식은 8~10시까지 일층에서 알아서 챙겨 먹을 수 있고, 간단한 토스트나 컵라면이 제공된다. 옥상 계단에 있는 게스트 전용 세탁기를 무료로 이용할 수 있다. 조용히 방에서 쉴 수도 있고 일층 카페에서 다른 여행자들과 어울릴 수도 있으니 그 날의 기분에 따라 여행스타일을 정해 보자.

Location

제주공항에서 100번 버스를 타고 시외버스터미널로 향한다. 시외버스터미널 맞은편 제주은행 오른쪽 골목으로 들어가서 식당 '금복촌'이 있는 왼쪽 골목을 바라보면 바로 숨 간판이 보인다. 제주시외버스터미널에서 걸어서 2분 거리다. 공항에서 택시를 탈 경우 3천 원 정도 나온다.

> **GUESTHOUSE INFO**
>
> **add** _ 제주시 용담1동 2829-1
> **price** _ 도미토리 2만원~3만원,
>   2인실 5만원~6만원,
>   4인실 9만원~11만원
> **in & out time** _ 3시 · 11시
> **meal** _ 빵, 달걀, 커피, 오렌지 주스,
>   컵라면 제공
> **tel** _ 010-6275-1206, 070-8810-0106
> **web** _ jeju.sumhostel.com

1 제주시외버스터미널 맞은 편 골목에 들어서면 바로 보인다.
2 달콤한 색감으로 꾸며진 도미토리 내부.
3 화장실이 넉넉히 배치되어 있어 편리하다.
4 숨 일층 카페 공간엔 매점과 PC시설이 갖춰져 있다.
5 이층 여성전용 파우더 룸. 헤어에센스부터 드라이기, 고데기까지 준비되어 있다.

Other Guesthouse

제주시_이도2동

이레하우스

포근한 잠자리에 제주 최고의 커피까지

'이레하우스'는 제주시에 있는 게스트하우스로 오픈 4년이 되어가는 역사가 깊은 곳이다. 제주시의 평범한 마을을 지나 안으로 들어가다 보면 감각적인 스페인풍 건물이 눈을 크게 뜨게 만든다. 게스트하우스가 자리한 ㅁ자 형태로 사방이 벽으로 이뤄진 건물 안으론 네모난 정원이 있고, 건물 난간 어디에서나 이 네모난 정원이 눈에 들어온다.

건물 입구로 들어와 오른쪽 계단으로 내려가면 베이커리, 왼쪽이 이레하우스다. 이곳의 도미토리는 여성 전용이며 2인실과 4인실은 남자여행자도 사용할 수 있는 공용이다. 도미토리는 2층 침대 하나가 놓인 2인용 3개와 6인용 1개로 이루어져 있어, 조용한 여행을 추구하는 여행자들에게 적합하다. 취사시설이 가능한 공용주방과 넉넉한 화장실도 이곳의 장점이다.

같은 건물 안에 '제주에서 최고'라는 수식어가 붙는 핸드드립 카페 '커피하우스'와 베이커리 '이레블랑'이 자리해 있어, 굳이 맛집을 찾아 멀리 나가지 않아도 제주 최고의 맛을 즐길 수 있다. 미국에서 직수입하는 신선한 원두만을 이용하는 카페 '커피하우스'는 서귀포에서 제주시까지 커피를 마시러 오는 손님이 있을 정도로 명성이 자자한 곳이다. 커피하우스에서 커피를 마시며 여유를 만끽하고 있는 데, 뒤 테이블 손님들의 주문이 특이하다. 분명 리필해 달라는 이야기였다. 핸드드립 커피를 리필해준다고? 알고 보니 이레하우스는 주문한 원산지를 제외한 다른 원산지의 원두로 핸드드립 커피를 리필해 준단다. 테라스에 앉아 스페인 정원을 바라보며 커피를 마시고 있노라면 제주인지 스페인의 어느 노천 카페인지 헷갈릴 정도다. 제주시의 이색 숙소 이레하우스에서 따뜻한 커피와 함께 하룻밤 쉬어가자.

Location
제주공항에서 신제주 로터리 가는 버스를 탄다. '신제주 로터리'에 내려 맞은편에서 92번 버스로 갈아탄 후 '신설동' 정류장에 내린다. 정류장에 내려서 하이트 맥주 지점이 있는 골목으로 들어가면 5분 거리에 이레하우스가 있다.

GUESTHOUSE INFO

add _ 제주시 이도2동 52번지
price _ 도미토리 1만 8천원(도미토리는 여성전용), 2인실 5만원, 4인실 9만원
in & out time _ 2시 · 11시
meal _ 별도의 조식을 제공하지 않는다. 점심 이후에는 커피하우스에서 해결할 수 있다.
tel _ 064-723-5150
web _ www.irehouse.co.kr

1 이레하우스의 고풍스런 아치형 입구.
2 건물 입구로 들어서서 게스트하우스로 내려가는 길.
3 제주에서 가장 맛있는 커피로 소문난 카페, 커피하우스.
4 ㅁ자 형태로 이루어진 독특한 스페인 풍 건물.

Other Guesthouse

 제주시_이도2동

달리 게스트하우스

도서관에서 보내는 특별한 하룻밤

'달리' 세상을 보고 '달리' 느끼고 '달리' 생각하자라는 의미에서 '달리'라는 근사한 이름을 붙였다. 이도2동에 자리한 달리도서관은 전국 각지에서 보내온 책들로 벽면을 빼곡하게 채우고 있다. 이곳은 기증과는 또 다른 형태의 '책 나눔'이라는 방식으로 운영되고 있다. 읽던 책을 다른 누군가와 공유하고 싶을 때, 감명이 깊었던 책이 다른 누군가에게도 힘이 되길 바라는 마음에서 이곳으로 책을 보낸단다. 책을 자유롭게 보낼 수 있고, 원하면 언제든지 가져갈 수도 있다. 한마디로 책들이 여행하는 공간!

오전엔 북 카페, 오후 5시부턴 여행자를 위한 게스트 룸으로 변신한다. 게스트에게는 북 카페의 차와 머핀을 제공하며, 마음에 드는 책을 밤새도록 읽을 수도 있다. 제주 시내 한복판에 자리한, 그리 거창하지 않은 건물의 2층이지만, 달리도서관 문을 열면 특유의 책이 주는 따스한 온기가 가득하다. 세미나실과 간단한 조리가 가능한 주방 그리고 북 카페가 자리한 이곳의 게스트 룸은 파란 천이 벽에 둘러져 있어 포근한 느낌이다. 바닥에 이불을 펴고 자는데 가만 보니, 책장 한 칸 마다 나무로 만든 작은 이름표가 다닥다닥 붙어 있다. 낱권의 책을 보내는 것도 가능하지만 스무 권 이상을 보내면 이처럼 작은 책장을 하나씩 만들어 준다고. 게다가 스무 권 이상을 보낸 책 주인들은 달리도서관 게스트 룸을 무료로 이용할 수도 있단다.

그 밖에 여행 작가 입문 과정, 어린이가 만드는 그림자 극장, 문화인 초청 강연까지 펼쳐지는 작지만 똑똑한 공간! 여행 중 하루 정도 시간을 내서 3~4천 권의 책으로 덮인 이곳 달리에서 지겹도록 책장을 넘겨보는 건 어떨까? 아마, 당신의 여행도 '달리' 보일 거다.

Location

제주공항에서 제주 시청으로 가는 500번 버스를 타고 '제주자치경찰대' 버스정류장에 내려 오른쪽 방향으로 돌아 골목으로 들어간다. 우측에 편의점이 보이는 작은 사거리 바로 왼쪽으로 동그란 간판 달리도서관이 보인다.

GUESTHOUSE INFO

add _ 제주시 이도2동 1017번지 2층 달리도서관
price _ 게스트룸 1인 2만원 (여성 전용)
in & out time _ 5시 · 10시
meal _ 머핀과 차 제공
tel _ 064-702-0236
web _ cafe.daum.net/dallibook

1 달리도서관이 있는 2층 현관문. 올라가는 계단과 벽엔 작은 화분과 헌책들이 놓여있다.
2 간단한 주방시설.
3 파란천으로 덮인 게스트룸엔 여행자들의 흔적들이 벽을 감싼다.
4 전국 각지에서 보내온 책들이 있는 달리도서관.

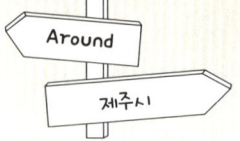

삼성혈

삼성혈은 제주 역사의 신화가 시작되는 곳이다. 고씨, 양씨, 부씨의 세 시조가 땅에서 솟아나 수렵생활을 하다 벽랑국에서 온 세 공주를 맞이하여 나라를 기반을 잡아나갔다는 신화가 전해진다. 삼성혈에서는 세 선인이 땅에서 솟아났다는 세 개의 구멍 흔적도 볼 수 있다. 울타리가 있어 구멍을 가까이에서 볼 수는 없으나 한쪽에 마련된 전시관에서 고대 제주의 국가 형성 내용과 신화를 애니메이션으로 상영하고 있으니 함께 관람하면 이해하기 쉽다. 공항에서 가까운 제주 시내에 있으니 제주의 옛 이야기가 담긴 삼성혈 정원을 산보하며 제주의 신비한 신화에 젖어보는 것도 좋겠다.

add _ 제주시 이도1동 1313 | tel _ 064-722-3315 | web _ www.samsunghyeol.or.kr

르꼬숑

제주에서 세련된 동네로 꼽히는 노형동에 있는 유일한 파스타 집. 불어로 돼지를 뜻하는 '르꼬숑'은 프랑스에서 파스타를 공부한 쉐프와 유학시절 제빵을 공부한 그의 부인이 함께 운영한다. 깔끔하게 꾸며진 앤티크한 인테리어와 들어서자마자 보이는 오픈형 주방이 감각적이다. 오픈형 주방이기에 파스타를 정성스레 만드는 쉐프의 모습도 볼 수 있다. 파스타를 주문하면 빵이 에피타이저로 나온다. 파스타에서만큼은 고집이 두둑한 주인장 덕분에 메뉴에 없는 새로운 파스타를 오늘의 메뉴로 선보이기도 한다.

add _ 제주시 노형동 2589-4 | tel _ 064-712-4224

한라도서관

제주 한라도서관은 2008년에 개관한 '지역 대표 도서관'이다. 제주 시외버스 터미널에서 5번 버스를 타고 종점까지 가면 한라도서관이다. 커다란 유리창에 푹신한 소파, 멋진 서가 등 제주도다운 여유와 멋을 느껴볼 수 있다. 일반도서, 제주문헌도서, 외국도서 등 총 12만 1천 628권을 보유하고 있다. 관광지만 정신없이 돌아다니는 제주 여행에서 벗어나 제주의 문헌도서를 살피며 제주의 참맛을 느껴보는 것도 좋겠다. 정기휴관일은 매주 수요일이다.

add _ 제주시 오남로 221 | tel _ 064-710-8666 | web _ hallalib.jeju.go.kr

한라수목원

한라수목원은 1993년 12월 20일 개원했다. 연동 산기슭에 자리한 대지 14만 9782㎡의 수목원이다. 제주 자생식물의 보존과 관찰을 위한 자연학습장으로 만들어졌으며, 872종의 식물들이 전시되어 있다. 온실에는 국내 단 한 그루뿐인 초령목과 희귀식물인 만년콩, 천지연에서만 사는 죽절초가 자라고 있으며, 수목원 안에는 삼림욕장에서 오름 정상까지 오를 수 있는 1.7km의 산책로도 마련되어 있다. 입장료는 무료고, 관람 시간은 오전 9시~오후 6시까지다. 제주시에서 꼭 들러볼 만한 아주 멋진 수목원이다.

add _ 제주시 연동 1000번지 한라수목원 | tel _ 064-710-7575 | web _ sumokwon.jeju.go.kr

용두암
높이 10미터 가량의 용머리를 닮았다 하여 용두암이라 한다. 한라산 신령의 옥구슬을 훔쳐 승천하려다 신령이 쏜 화살에 맞아 굳어졌다는 전설이 전해진다. 용머리를 제대로 보려면 맑은 날보다 흐린 날이나 석양이 질 무렵 비스듬히 비껴 보는 것이 좋다. 용두암을 중심으로 해안가를 따라 계단을 따라 걸으면 여러 각도에서 용두암을 관찰할 수 있다. 화산석으로 50~60만 년 전 용암류로 추정되는데, 암석이 모두 붉은색의 현무암질로 이루어져 있는 것이 특징이다. 용두암은 용암이 위로 뿜어 올라가면서 만들어진 것으로 지질학적으로도 가치가 있는 곳이다.

add _ 제주시 용담1동 | tel _ 064-728-2753

용연구름다리
용두암 근처에 있는 용연구름다리는 제주시 야경으로 손꼽히는 장소다. 옛날, 용의 놀이터였다 해서 붙여진 이름 '용연'은 높이 7~8m의 기암계곡이 떨어져 바다로 흘러가는 형태다. 이 용연을 건너는 용연구름다리는 오색 불빛을 은은하게 내비친다. 다리를 건너면 용연의 둘레를 따라 1킬로미터의 산책로가 조성되어 있는데, 밤이 되면 산책로를 따라 이어지는 가로등이 용연의 물안개를 만나 산란히 부서지며 더없는 운치를 만든다. 커플여행자라면 이곳을 절대 놓치지 말자.

add _ 제주시 용담2동

베이커리 카페 아라파파
불어로 '느리게, 여유롭게'라는 뜻을 가진 신제주에 위치한 카페다. 다양한 수제 빵을 즐길 수 있는 베이커리 카페 '아라파파'엔 고소한 빵 냄새가 카페 안을 메운다. 보기 만해도 먹음직스러운 빵들과 밝고 사랑스러운 컬러의 인테리어가 기분 좋게 만든다. 착한 가격대는 아니지만 제주도민들도 즐겨 찾는 만큼 맛도 보장되는 빵집이다.

add _제주시 연동 1498-2 | tel _ 064-725-8204

무인카페 노을언덕

올레 17코스 용담해안도로에 자리한 무인카페 '노을언덕'은 시원한 풍광을 자랑한다. 실내에는 다녀간 사람들의 쪽지가 무성하다. 피아노가 있어 운 좋으면 누군가의 연주도 들을 수 있다. 창가로 시원한 바다풍경이 펼쳐지는 이곳은 이름처럼 노을이 아름답다. 무인카페의 특성상 모든 먹을거리와 마실거리는 자신이 직접 준비하고 정리해야한다. 가격대는 커피 2천원, 주스 2천원, 국산차 2천500원 정도다.

add _ 제주시 도두2동 697 | tel _ 064-712-7898

고기드림

제주산 오겹살과 목살로 유명한 이도2동의 고깃집. 고기를 주문하면 불에 구워먹는 제주산 생 족발이 이곳의 자랑. 제주에서만 볼 수 있는 멜젓(멸치젓갈)에 찍어먹는 고기 맛을 느껴보자! 가격대는 목살 1만원, 오겹살 1만 5천 원 정도이며, 사이드메뉴 '매운 라면'도 지나치기 아쉬운 메뉴다.

add _제주시 이도2동 76-16 | tel _ 064-727-0892

노형동 흑돼지골목

제주에 가면 꼭 맛봐야할 흑돼지. 흑돼지를 맛보려면 무조건 제주시 노형동으로 가자! 노형동은 흑돼지가게들이 줄지어 모여 있는 흑돼지 음식점의 메카! 제주 한라산에서 자연 방목한 흑돼지만을 사용한다고 내세우는 가게도 있고, 두툼하게 썬 육질 좋은 오겹살에 연탄불을 자랑하는 가게도 있다. 가격대는 대부분 흑돼지 생구이 1~2만 원대다.

흑돈가 add _ 제주시 노형동 1509 | tel _ 064-747-0088
돈사돈 (본점) add _ 제주시 노형동 2470 | tel _ 064-746-8989
제주늘봄 add _ 제주시 노형동 2301 | tel _ 064-744-9000

Private House

특급 호텔보다 더 근사한
제주도 프라이빗 하우스

독채를 통째로 빌려주는 시스템으로 프라이빗 하우스 또는 독채 펜션으로 불린다. 대부분의 프라이빗 하우스가 마당과 침실, 주방 공간을 갖추고 있으며, 전체 공간을 아울러 하루 한 팀만 머무는 것이 특징이다. 숙소마다 다르지만 청소를 이미 마친 숙소에 들어가기 때문에 주인과 마주칠 일이 없다. 독립된 공간이 매력적인 프라이빗 하우스는 하루 한 팀만 예약이 가능하기 때문에 주말에는 대부분 한두 달 전에 예약이 마감되니 여행 계획을 미리미리 세우는 것이 좋다. 대부분 4~5인 기준이며 가족, 친구, 모임 등에서 새로운 형태의 숙소로 인기를 모으고 있어 계속 늘어날 전망이다.

날으는 자전거 _ 고산리

트렌디하면서도 미니멀한 인테리어가 돋보이는 깔끔하고 단정한 숙소

'날으는 자전거'는 2011년 7월 고산리 조용한 마을에 문을 열었다. 여행자를 위한 만족스러운 휴식을 선사하기 위해 편안한 공간을 꾸몄다. 트렌디하고 미니멀한 센스있는 인테리어가 돋보인다. 돌담 위로 우뚝 솟은 원두막 위 새하얀 자전거는 이곳 '날으는 자전거'의 상징이다. 150평에 달하는 공간엔 2개의 건물이 ㄱ자로 자리해 있다. 그중 정면에 있는 건물이 2개의 방과 거실로 이루어진 마스터룸, 그 옆으로 오른쪽 별채가 주방 공간 다이닝룸이다.

먹고 자는 공간이 분리되어 있기에 쾌적하고, 같은 일행이라할지라도 자고 싶은 사람은 편안하게 휴식할 수 있을 것 같다. 별채에 있는 다이닝룸은 파티룸으로 사용해도 될 만큼 분위기 있다. 주차는 한 대 가능하며, 유아를 포함해 4인까지로 인원을 제한하고 있다. 겨울이 아니면 마당에서 바비큐도 가능하다. 입실 전에 말하면 그릴을 세팅해 준다. 날으는 자전거는 애완견 출입이 제한되며, 실내 금연이 철칙이다. 꼭 한번 가보고 싶은 세련된 느낌의 숙소.

▶ add _ 제주시 한경면 고산리 2339-1 ▶ price _ 비수기(평일 15만원 / 금. 토. 공휴일 17만원) , 성수기 5. 1~9. 30 (평일 20만원 / 금 토 공휴일 22만원), 극성수기 (7. 27~8. 4까지 30만원) , 동절기 12. 1~2. 28 (평일16만원 / 금. 토. 공휴일 18만원) ▶ in & out time _ 3시 · 11시 ▶ tel _ 010-4195-887(9~19시) ▶ web _ flyflybike.blog.me

어랭이 _ 협재리

제주의 향기를 머금은 따뜻하고 친숙한 공간

어랭이는 제주도에서 가장 흔한 물고기다. 작년 제주로 이주한 주인장이 낚싯대를 건져 올리기만 하면 이 어랭이가 딸려 올라왔단다. 화려한 색상의 미끼도 잘 먹는 활발한 녀석들을 자꾸 보니 정도 가고 맛도 생각보다 좋아서, 제주의 향기를 머금고 있으면서 즐겁게 쉴 수 있는 공간으로 친숙한 '어랭이'라는 이름을 지었다. 협재 포구까지 몇 걸음이면 닿을 만큼 가깝고, 협재 해수욕장까지도 500미터 안팎이라 유리알 같은 바다를 즐길 수 있다.

100여 평의 대지에 잔디마당에는 미니골대도 설치되어 있어 자녀가 있는 가정이라면 만족스럽게 지낼 수 있을 것 같다. 옥상에서 비양도의 모습과 일몰도 볼 수 있다. 옥상만큼 시원스럽진 않지만 거실 창으로도 바다의 모습을 볼 수 있다. 거실을 중심으로 침실 2개와 주방, 다이닝룸, 욕실, 파우더룸을 갖추고 있으며, 성인 기준 4인으로 어린이 포함 5인까지 머무를 수 있다. 바비큐 통과 토치는 빌려주고 숯과 그릴은 직접 준비해야 한다.

▶ **add** _ 제주시 한림읍 협재리 1465-1 ▶ **price** _ 1~4 or 10~12월 (평일 15만원 / 주말 18만원) 5~9월 (평일 18만원 / 주말 20만원) 여름성수기 (7.20~8.18 / 20만원) ▶ **in & out time** _ 3시 · 12시 ▶ **tel** _ 016-769-3471 ▶ **web** _ 어랭이.com

신엄 1980 _ 신엄리

제주도의 옛집을 현대적으로 꾸민, 아날로그 감성을 풍기는 소박한 공간

제주 애월읍의 작은 마을 '신엄리'의 1980년도에 지어진 낡은 집을 리모델링한 곳이다. 평범한 건물의 문을 열면 화이트 톤의 현대적인 인테리어는 반전이다. 천장이 높아 시원하고 거실의 감각적인 나무 선반이 세련미를 더한다. 주인장이 별장 공간으로 지은 집이라 구석구석 세심한 손길이 닿아있다. 건물 왼쪽으로 올라가는 노란 옥상에서는 신엄리 해변과 마을 풍경이 보인다.

신엄 1980의 구성은 방 두 개, 거실, 주방을 갖춘 식사 공간, 욕실, 다용도실이다. 방엔 모두 침대가 있고, 마당에선 바비큐를 즐길 수 있다. 마당의 풀밭과 야자수가 이국적이다. 5인 가족에 알맞게 공간

구성이 되어 있으며, 최대 6명까지 숙박이 가능하다. 인원 추가 시 1만원의 추가 요금이 발생한다. 10분이면 해안가를 누빌 수 있고, 소박하고 친근한 신엄리 마을 구경도 하나의 재미다. 공항에서 비교적 가까운 애월에 있는데다 가격 대비 만족도가 높아 주말의 경우 두 달 전에도 예약이 쉽지 않을 만큼 인기를 모으고 있다.

▶ add _ 제주시 애월읍 신엄리 2552-1 ▶ price _ 비수기 13만원 (성수기를 제외한 기간), 성수기 16만원(5.1~9.30)※ 성수기 기간은 매년 조금씩 변동되며, 3박 이상 머물 경우 비수기 2만원, 성수기 3만원의 할인 혜택이 있다. ▶ in & out time _ 3시 · 12시 ▶ tel _ 070-8867-0826, 010-5757-1347 ▶ web _ www.신엄.kr

기린 _ 대평리

싱그러운 제주 라이프를 즐길 수 있는 아기자기한 핫 플레이스!

이제 막 결혼한 신혼부부가 운영하는 곳답게 싱그러운 기운이 가득한 곳이다. 오래된 농가주택을 개조한 곳으로 현대적이진 않지만 고즈넉한 서까래의 아름다움과 아기자기한 소품이 매력적인 공간이다. 기린 인형들과 애니멀 소품들이 이곳의 분위기를 한껏 띄운다. 두 개의 공간으로 나뉘며, 하나는 잠을 자는 본채 또 하나는 주방 공간 다이닝룸이다. 본채는 두 개의 방과 거실, 두 개의 화장실로 이루어져 있으며, 왼쪽 다이닝룸에선 음식을 조리하고 식사할 수 있다.

젊은 부부가 세심하게 고른 그릇과 생필품이 고급스럽다. 리모델링한 농가주택에서 보기드물게 한 벽이 통창으로 만들어져 다이닝룸에서 차를 한 잔 하면서도, 침대에 누워서도 잔디 마당과 함께 탁 트인 전경을 즐길 수 있다. 다이닝룸엔 냉장고, 세탁기, 조리기구가 완벽하게 갖춰져 있고, 여름엔 마당에서 놀 수 있는 빅 사이즈 어린이 풀장도 무료로 빌려준다. 바비큐도 가능하며 정원 4명 기준으로 최대 6명까지 숙박이 가능하며, 한 명 추가 시 1만원의 추가 요금이 있다. 단, 난로가 설치되는 겨울 시즌엔 총인원 4명만 예약이 가능하다.

▶ add _ 서귀포시 안덕면 창천리 719 ▶ price _ 비수기 15만원 (7~8월을 제외한 달), 성수기 18만원 (7~8월 & 추석, 설, 크리스마스, 연말연초 시즌 등) ▶ in & out time _ 3시 · 12시 ▶ tel _ 010-5295-7219(카톡ID : seokddol) ▶ web _ www.jejugirin.com

위미단독주택 그리고 B&B _ 위미리

앤티크하면서도 이국적인 인테리어가 돋보이는, 한번쯤 꼭 가보고 싶은 단독주택

위미리에 있는 단독주택으로 흔히 '위미집'이라고 불린다. 비앤비 형태의 숙소도 같이 운영하고 있어서 '제주락' 으로 검색해서 들어가면 위미집의 정보를 얻을 수 있다. 올레 5코스를 지나다보면 붉은 색의 '樂(락)'자를 만나게 되는 데 바로 이곳이 제주락이다. 철과 돌 그리고 자연이 어우러진 믹스매치 인테리어는 감각적인 하루를 선사한다. 넓은 마당으로 보이는 위미 바다 한 자락도 이곳만의 풍류다. 두 개의 방과 주방 겸 식당 그리고 거실이 있으며, 화장실을 포함 모든 공간에 방문이 없이 다 연결되어 있다는 점을 염두에 두자. 앤티크하면서도 깔끔하고 이국적인 느낌을 풍기는 인테리어가 인상적이며 최대 6인까지 입실 가능하다. 대중교통으로 가기 힘들다는 것이 단점.

  제주락은 위미단독주택 외에도 B&B 형태의 숙소를 운영한다. B&B 제주락은 단독주택에서 25분 떨어진 법환동에 자리해 있고, 6개의 객실과 카페 7373도 함께 운영한다. 위미집이 가족 단위 여행자들에게 적합한 숙소라면 B&B는 커플이나 젊은 부부에게 추천하고픈 숙소다. B&B 제주락은 한 객실이 12~15평 정도로, 1층 3개의 객실에선 테라스가, 2층 객실엔 큰 창이 있어 범섬의 아름다움을 숙소 내에서 마음껏 감상할 수 있다. 실내 욕조가 설치된 룸도 있다. 위미리 단독주택에서는 여름성수기를 제외한 기간 중 연박할 경우 둘째 날부터 할인 혜택이 있다.

위미단독주택
▶ add _ 서귀포시 남원읍 위미리 2949 번지 ▶ price _ 비수기 20만원 / 금, 토, 일, 공휴일과 전날 22만원 / 추석연휴, 크리스마스, 연말연시 24만원 / 여름성수기 30만원 ▶ in & out time _ 3시 · 12시 ▶ tel _ 064-738-8333, 010-3423-8333 ▶ web _ www.jejurak.com

B&B 제주락
▶ add _ 서귀포시 법환동 1542번지 ▶ price _ 비수기 10만원 / 금, 토, 일, 공휴일과 전날 12만원 / 추석 연휴, 크리스마스, 연말연시 14만원 / 여름성수기 18만원 ▶ web _ www.jejurak.com

🏠 Epilogue

#1

'좁다'
여행을 떠나기 전 내가 알던 제주는 그랬다.
기껏해봐야 섬인데, 며칠이면 다 구경할 수 있겠다는 생각을 했다.
하지만, 여행을 하며 본 제주는 넓었다.
제주 도민들이 왜 제주시에서 성산가는 것도 멀다고 하는지 이해가 됐다.
볼 건 왜 이렇게 많은지 계획을 세우고 가는 길에 새로운 여행지가 눈앞에 펼쳐지는 바람에 정작 계획한 여행지는 못 가보기 일쑤였다.
그렇게 넓다고 생각했던 제주는 게스트하우스에서 만난 여행자들과의 이야기를 통해 다시 좁아졌다. 오늘 만난 여행자의 지난 여행 이야기 속엔 내가 만난 여행자가 있고, 같은 게스트하우스에 묵거나 같은 시간에 같은 공간에 있는 경우도 많았다.
그렇게 좁았다 넓어졌다를 반복하던 제주는
여행을 마친 지금 또 다시 좁아졌다.
좁아지고 좁아져 날카로운 못처럼 어딘가에 훅 하고 깊게 박혔다.
제주는 좁다. 좁고도 깊다.

#2

'제주도는 로스트 섬이야. 한 번 오면 나갈 수가 없지.'
게스트하우스에서 누군가 말했다.
'나는 도대체 언제쯤 이곳을 나갈 수 있을까'
게스트하우스의 방명록에 누군가 써 놓은 말이다.

'제주 때문에 후유증에 앓고 있어. 일이 손에 안 잡혀서 큰일이야.'
제주여행을 먼저 마친 한 여행자의 말이다.
제주도는 그런 곳이다.

#3
자신들만의 방식으로 살아가는 호스트들과
자신들만의 방식으로 여행하는 게스트들이 만드는
제주는 푸른 하늘과 바다보다 더 흥미롭다.
밤바다의 고기잡이 어선 등불들이 검은 수평선 위를 뚫고 하나 둘 들어오면
낮에 바다로 숲으로 떠났던 여행자들도 하나둘 게스트하우스로 돌아와 자리잡는다.
그리고 게스트하우스에서 이어지는 이야기는
찬란한 제주 풍경처럼 지금도 머릿속에 화려하게 그려진다.
제주를 온몸으로 살아가는 호스트와
제주를 마음 깊이 여행하는 게스트들이 만드는 새로운 제주.
그것은 나의 이야기, 그리고 내가 만난 어느 여행자의 이야기
어쩌면, 언젠가 그곳에 있었을 너의 이야기인지도 모른다.

제주도 가기 전에 알아두기

1. 제주도 여행 계획 짜기

A 코스 짜기

★ 제주도가 처음이다, 핵심코스

2박 3일 코스

▶ 1 day

제주공항에 도착 → 협재 해변으로 출발. 시간적 여유가 있다면 금능해변까지 산책하자 → 산방산과 용머리해안 → 천제연 폭포 → 서부 or 서귀포시 게스트하우스에서 하룻밤

▶ 2 day

① 베이직 코스
서귀포 시내 구경(이중섭거리, 매일올레시장이나 오일장) → 두모악 → 비자림 → 용두암과 용연 다리의 야경 구경 → 제주시 게스트하우스에서 하룻밤

② 오름 포함 코스
서귀포 시내 구경(이중섭거리 매일올레시장 or 오일장이 열리는 날이라면 오일장) → 두모악 갤러리 → 다랑쉬 오름 or 산굼부리 → 비자림 → 동부 게스트하우스에서 하룻밤

③ 우도 포함 코스
성산 일출봉 → 우도 → 비자림 → 동부 & 제주시 게스트하우스에서 하룻밤

▶ 3 day

월정리 or 삼성혈 → 공항

3박 4일 코스

▶ 1 day

제주 공항 → 협재 해변, 시간적 여유가 있다면 금능해변까지 산책 → 산방산과 용머리해안 → 천제연폭포 → 서부 & 서귀포시 게스트하우스에서 하룻밤

▶ 2 day

① 서귀포 시내 구경(이중섭거리 매일올레시장 or 오일장이 열리는 날이 라면 오일장) → 두모악 → 다랑쉬오름 or 산굼부리 → 비자림 → 동부 게스트하우스에서 하룻밤

② 성산일출봉 → 우도 → 비자림 → 동부 게스트하우스에서 하룻밤

▶ 3 day

① 만장굴 → 김녕 미로 공원 → 함덕해변 or 월정리 → 용두암과 용연다리에서 야경을 즐기기 → 제주시 게스트하우스에서 하룻밤

② 사려니숲길 → 용두암과 용연다리에서 야경을 즐기자 → 제주시 게스트하우스에서 하룻밤

▶ 4 day

삼성혈에서 여유롭게 거닐자. 시간적 여유가 있다면 한라수목원에 가 보는 것도 좋다. → 공항

★ 제주도가 처음이 아니다, 이색코스

2박 3일 코스

▶ 1 day

① 제주 공항 → 곽지 해변에서 한담산책길 걷기 → 신창용수 해안풍차마을 → 수월봉에서 일몰보기 → 서부 or 서귀포시 게스트하우스에서 하룻밤

② 제주 공항 → 곽지해변에서 한담해안 산책길 걷기 → 제주현대미술관과 저지리 예술가마을 → 차귀도 배낚시 혹은 산방산 온천으로 마무리 → 서부 or 서귀포시 게스트하우스에서 하룻밤

▶ 2 day

쇠소깍에서 테우 체험 & 검은 해안 공천포 즐기기 → 가시리 따라비 오름, 자연사랑 갤러리 관람 → 교래자연휴양림 → 동부 게스트하우스에서 하룻밤

▶ 3 day

비자림 → 공항

3박 4일 코스

▶ 1 day

제주 공항 → 곽지 해변에서 한담해안산책길 걷기 → 더럭분교와 연화지 → 제주현대미술관 or 신창용수해안풍차마을 → 서부 게스트하우스에서 하룻밤

▶ 2 day

①마라도 or 가파도 여행 → 따라비 오름과 자연사랑 갤러리 → 동부 게스트하우스에서 하룻밤

②대평리 박수기정 → 쇠소깍과 검은 해안 공천포 즐기기 → 따라비 오름과 자연사랑 갤러리 → 비자림 → 동부 게스트하우스에서 하룻밤

▶ 3 day

①제주돌문화공원 & 교래자연휴양림 → 삼나무 숲길 → 동부 or 제주시 게스트하우스에서 하룻밤

② 제주돌문화공원 & 교래자연휴양림 → 사려니 시험림 숲길 (미리 예약) → 동부 or 제주 게스트하우스에서 하룻밤

▶ 4 day

① 월정리 → 공항 출발

② 일주버스로 제주를 한 바퀴 돌며 마무리하거나 여건이 안된다면 일부 구간만 돌아봐도 좋다. → 공항

B 예산 짜기

▶ 저가 항공 이용하기

제주 항공, 진에어, 이스타 항공, 티웨이 등 저가 항공을 이용하면 왕복 항공권을 10~20만원 선에 구입할 수 있다. 미리 예약하거나 특별 이벤트 등 운이 좋으면 왕복 10만원 미만의 항공권을 구할 수도 있다. 날짜 별로 금액을 비교해 보며 일정을 조정하는 것도 좋다.

C 짐 싸기

▶ 캐리어 vs 배낭

끌고 가기 편안한 캐리어와 포장 도로가 아닌 곳을 갈 때면 더 편리한 배낭. 여행을 떠나기 전날까지 고민되는 일이다. 하지만 대중교통을 이용하려는 제주도 여행자라면 배낭을 추천한다. 캐리어를 들고 버스를 타고 내리는 건 보통 일이 아니다. 배낭이 오히려 자유로울 때가 많다. 렌트카 이용 계획이라면 캐리어가 좋다.

▶ 짐 꾸리기

세면 도구 _ 대부분의 게스트하우스에서 샴푸, 치약, 수건 등을 제공하니 세면용품은 간단히 챙기도록 하자. 수건은 1장 정도만 챙겨가는 것이 좋다.

의류 _ 화보를 찍을 생각이 아니라면 과감히 포기하자. 잠을 잘 때 입을 트레이닝 복을 제외하고 하의 한두 벌과 상의 두세 벌이면 짐을 줄일 수 있다. 변덕이 심한 제주 날씨를 대비해 여름에도 꼭 겉옷을 준비하는 것이 좋다.

기타용품
· 카메라, 비상 약, 우비 & 우산, 지도, 화장품(자외선 차단 크림 필수),
· 보조가방 : 큰 짐은 숙소에 맡기고 중요한 물건만 담아서 여행할 수 있는 작은 가방을 준비하자.

▶ 예산 알아보기

비용종류	예상금액	비고
숙박비	2만원(게하 이용시)	2만원(게하 이용시)
식비(바비큐 파티포함)	3만 원~5만 원	조식은 게스트하우스에서 해결
교통비	1만 원(대중교통 이용시)	렌트카 이용시 기름값 3만 원~5만 원정도 스쿠터 이용시 5천 원~1만 원정도
입장료 및 기타	3만 원~5만 원	
하루 경비	총 9만 원~13만 원	

하루경비 X 숙박일수 = 예상 경비
입장료를 내지 않는 자연경관 위주의 일정이라면 예산을 더 줄일 수도 있다. 하지만 테마파크나 전시관 등 입장료가 있는 곳 위주라면 더 넉넉하게 잡는 것이 좋다.

- 물티슈 : 휴지보다는 물티슈가 유용하다.
- 지퍼팩 : 음식이나 빨랫감을 넣어둘 때 편리하다.
- 슬리퍼 : 해변이용 시 혹은 가까운 거리를 이동할 때 편리하다.
- 필기구 : 여행 일기를 쓰거나 혼자만의 생각을 정리해 보는 것도 좋다. 침대마다 작은 개인 조명이 달려있는 숙소도 있지만 그렇지 않은 곳이 더 많다. 요즘은 펜 끝에 작은 조명이 달린 라이트펜도 있으니, 미리 준비해 가면 소등시간에 제약 받지 않고 메모를 할 수 있다.
- 목팔토시, 모자, 선글라스 : 제주의 햇볕은 무척 강하다. 여름뿐 아니라 겨울에도 피부가 많이 그을리니 제주의 햇볕을 대비하자.
- 물통이나 텀블러 : 게스트하우스에 정수기와 주방 기구들이 있지만, 공동으로 사용하기 때문에 그때 그때 닦아두어야 한다. 방에서 물을 마시려면 개인 물통이나 텀블러가 유용하다.
- 간단한 간식 : 오름이나 숲길을 걸을 때 사탕이나 초콜릿 등을 준비하자.
- 등산용품 : 한라산을 오르는 여행자는 꼭 준비하자.
- 비상용 카드 : 혹시 모르는 사건에 대비해 지갑 외 배낭에 따로 비상용 카드를 하나를 챙겨 두자.
- 모기 퇴치 용품 : 벌레에 민감한 여행자라면 꼭 준비하자.

2. 제주도 대중교통 이해하기

▶ 제주 일주버스의 이해

제주도 외곽을 따라 하나의 길로 이어져 있는 일주도로를 달리는 버스다. 제주시를 기준으로 성산 방향 동쪽으로 향하는 버스를 동일주버스, 서쪽인 협재 방향으로 향하는 버스를 서일주버스라 부른다. 꼭 버스터미널이 아니더라도 일주도로 어디에서든 정류장이 있는 곳이라면 탑승할 수 있다. 일주버스는 시내버스나 마을버스처럼 정해진 요금을 내는 것이 아니라, 탑승지점에서 목적지점까지의 거리에 따라 요금이 달라진다. 버스를 타면서 교통카드나 현금을 내기 전 기사님에게 목적지를 말한 후, 교통카드를 찍거나 알려주는 요금을 요금함에 넣으면 된다.

▶ 제주 버스 카드

교통카드로는 T머니를 쓸 수 있으며, 교통 카드 기능이 포함된 신용카드도 사용 가능하다. 서울의 경우 승하차시 2번 카드를 단말기에 접촉해야 하지만, 제주의 경우 승차시 한번만 카드를 접촉하면 된다. 버스 환승의 경우 승차 후 60분 이내 2회까지 가능하다.

▶ 제주 핵심 도로 알기

- 1132 도로 [일주도로] _ 제주 외곽을 따라 한 바퀴 원을 그리는 도로다. 일주버스가 달리는 도로로 해안도로와 이어져 있어 스쿠터나 자전거 여행자들도 주로 사용한다.

- 해안도로 _ 일주도로 중간 중간 해안가로 이어지는 도로다. 바다를 가장 가까이에서 감상할 수 있는 최고의 드라이브 코스다.

- 5.16 도로 [제1횡단도로] _ 제주시와 서귀포시를 가장 빠르게 연결하는 한라산을 횡단하는 도로다. 계절에 따라 변화무쌍한 한라산의 자연을 그대로 보여주는 녹음 짙은 도로다. 다만 굴곡이 심하니, 초보 운전자는 피하는 게 좋다.

- 1100 도로 [제2횡단도로] _ 제주시와 중문을 이어주는 도로로 5.16도로와 마찬가지로 한라산을 횡단한다. 해발 1100m 습지를 지나 1100도로라는 이름이 붙여졌다. 도로 중간에 휴게소가 있어서 차를 세워두고 1100고지 습지대를 산책할 수 있고, 운이 좋으면 노루를 관찰할 수 있다.

- 95 도로 [서부관광도로] _ 공항 리무진 버스가 다니는 길로 잘 정비된 도로는 고속도로를 방불케 한다. 제주시와 중문 단지를 이어주는 도로다.

- 97 도로 [동부관광도로] _ 번영로라 불리는 도로로 제주에서 표선까지 연결하는 도로다. 이용자가 많지는 않지만, 산굼부리 쪽으로 달리는 도로 옆으론 봉긋 솟은 오름과 한가로이 풀을 뜯는 조랑말들을 감상할 수 있는 여유있는 도로다.

- 1118도로 [남조로] _ 남조로의 매력은 제주의 오름과 목장이 양옆으로 펼쳐지는 것이다. 일부 구간에 오르막길과 내리막길이 만들어내는 근사한 풍경이 일품이다. 조천에서 남원까지 이어주는 도로다.

- 1117도로 [제1산록도로] _ 5.16도로와 연계되어 제

주 월평동에서 애월읍을 연결하는 도로다. 한라산과 바다를 동시에 만끽할 수 있고, 끝없이 펼쳐지는 초원이 장관이다. 한겨울 눈이 쌓이면 도로 주변으로 자연적으로 생긴 눈썰매장을 이용하는 가족들로 북적거리는 재미있는 도로다.

· 1115도로 [제2산록도로 _ 차량이 많지 않지만 스쿠터여행자들에게 사랑받는 도로다. 고지대에서 확 트이는 시야로 한쪽에 바다가 보이는 구간을 가졌다. 해질 무렵 세상에서 가장 아름다운 일몰을 보며 달릴 수 있는 도로다.

3. 렌트카, 스쿠터, 자전거 여행

▶ 렌트카 여행

푸른 숲이 만드는 터널 사이로 요동치는 에메랄드빛 바다로 헤엄치듯 달리는 차 안에서의 편안함은 제주가 주는 진정한 여유다. 제주도는 걸어도 좋고, 뛰어도 좋고, 자전거나 스쿠터도 좋지만, 도로가 잘 만들어진 제주에서 차로 달리는 여행도 매력적이다. 렌트카 여행은 대중교통으로 닿지 않는 오름 혹은 중산간 지역을 여행하기에도 좋고, 빡빡한 일정을 조금 더 여유롭게 만들어준다. 제주공항 5번 게이트로 나와 렌터카하우스로 들어서면 50여 개에 달하는 렌터카 회사들이 한자리에 모여 있다. 미리 예약한 업체를 찾아가 차량을 인수받을 수 있다. 인터넷에서 렌트카 업체를 고를 때는 싸다고 무조건 예약하지 말고 차량 상태나 신뢰도를 꼼꼼하게 확인해 보는 게 좋다.

▶ 자전거 여행

체력이 되고 여행스타일이 맞는다면 가장 추천해 주고 싶은 방법이다. 차는 너무 빠르고, 걷는 건 시간을 많이 뺏긴다면 자전거 여행을 해보자. 해안가를 따라 바람 한자락을 피부로 느끼며, 천천히 제주도에 스며드는 매력적인 여행 수단이다. 자전거로 제주를 완주하는 데는 3박 4일 정도가 소요되며, 체력이 좋은 여행자들은 2박 3일에 완주하는 경우도 있다. 여기서 완주는 해안가를 따라 한 바퀴 일주하는 것을 의미하며, 한라산 근처의 중산간 지역에도 다양한 코스가 있어 완주 코스와 또 다른 맛을 느껴볼 수도 있다. 자전거여행은 서쪽에서 동쪽으로 바다를 오른쪽에 두고 일주하는 것이 일반적이며, 꼭 완주를 못하더라도 자전거대여점에서 지정한 여러 게스트하우스에서 자전거 반납을 대신 해주기도 하니 시간에 쫓기지 않고 제주 여행을 할 수 있다. 자전거 여행이 처음이라면 두세 명씩 팀을 이뤄 여행하는 것이 안전하다. (자전거 대여료 1일 기준 : 1~2만원)

자전거 대여점
· 용두암 하이킹 tel _ 064-711-8256
· 하이킹 제주 tel _ 064-721-4802
· 아이러브바이크 tel _ 064-723-7775

▶ 스쿠터 여행

스쿠터를 좋아하는 스쿠터 족들에게 좋은 여행 수단이다. 해안가를 따라 중산간을 따라 달리는 도로는 차를 타고 달리는 것보다 멋진 풍광을 선사한다. 모든 여행이 마찬가지지만 첫째도 안전, 둘째도 안전이다. 헬멧과 안전용품을 꼭 착용하자! (스쿠터 대여료 1일 기준 : 1만 8천원~ 성수기에 따라 변동)

스쿠터 대여점
· 스쿠터여행 tel _ 064-722-3700
· 타잰바이크 tel _ 064-727-8253

4. 별이셋 올댓 제주

제주 여행의 필수품 중 하나는 지도다. 하지만 한 장으로 해결이 되지 않아 지도를 여러 장 가지고 다니는 여행자가 많다. 비틀맵에서 제작한 '별이셋 올댓 제주'(정용식, 지오마케팅) 는 그런 여행자들의 불만을 해결해 주는 알찬 지도다.

제주 대표관광지를 모두 볼 수 있는 4개 베이직 코스, 구석구석 찾아가는 4개 스페셜 코스, 제주 올레 코스 등 자전거와 스쿠터 여행자를 위한 정보를 쉽고 자세하게 안내한다. 또한 제주 버스로 만끽할 수 있는 여행 정보와 도로의 특징을 살린 추천 드라이브 코스의 볼거리, 해안도로 주변의 맛집·숙소·카페, 테마별 관광지 등 제주 곳곳의 위치 정보를 꼼꼼하게 실어놓았다. 제주의 사계절 풍경을 비롯해 일출·일몰 명소, 특산물이 가득한 전통 시장, 비나 눈이 오는 날에 느낌이 좋은 곳 등 제주의 생생한 모습과 최신 정보가 실려 있다.

※가까운 서점이나 인터넷서점에서 구매가능. 5천 원

제주도 더 깊게 알아보기

올레길

"새가 하늘을 날듯, 두 발로 걷는다는 것은 인간이 가진 가장 중요한 특성 중 하나입니다. 온전히 걷는 사람들만을 위한 길, 걷고 싶은 만큼 걸을 수 있는 긴 길. 제주 올레는 도보 여행자를 위한 길입니다." - 제주 올레 소개글

올레는 집 대문에서 마을 큰길까지 이어지는 좁은 골목을 뜻하는 제주어다. 산티아고 순례길을 모티브로 2007년 9월에 1코스를 개통하면서부터 알려지기 시작했다. 우리나라에서 '걷기좋은 최고의 길'로 손꼽히는 올레길은 21코스와 1-1, 7-1, 10-1, 14-1, 18-1코스까지 포함해 총 26개의 코스로 이루어져 있다. 올레길엔 우도와 추자도, 가파도도 포함되어 있다.

제주올레 tel _ 064-762-2190 | web _ www.jejuolle.org

한라산둘레길

한라산 둘레길은 서귀포자연휴양림, 돈내코, 사려니숲길, 한라생태숲, 천아오름수원지, 돌오름 등을 연결해 한라산 허리(해발 600~800m)를 한 바퀴 감는 80km 코스다. 아직 1~2구간까지밖에 개통되지 않았지만 사람의 발이 수년간 닿지 않은 한라산 중턱에 만들어진 길로 원시숲 속을 거닐 수 있는 길이다. 1구간은 총 9km로 법정사-돈내코 계곡까지, 2구간은 거린사슴-돌오름까지 5.6km로 구성되어 있으며, 둘레길은 오후 2시 이전에만 출입 가능하다.

제주·서귀포시 녹지환경과 tel _ 064-760-3191, 064-710-6762

제주 오름

화산 활동을 통해 봉긋봉긋 올라온 기생화산을 오름이라고 부른다. 제주의 오름은 368개로 한라산은 세계에서 가장 많은 기생화산을 가진 화산이다. 대부분 50~200미터 정도로 둥글게 올라온 거대한 무덤 같은 형태다. 소나 말을 방목하는 오름, 10분이면 정상에 닿을 수 있는 오름 등 각 오름마다 제각각 치명적인 매력을 뿜낸다. 올라서면 어렴풋이 그려지는 한라산의 모습과 옆 오름 봉우리들이 물결을 이룬다. 오름을 보지 않고는 제주를 여행한 것이 아니라는 말이 있을 정도로, 오름은 제주의 가장 큰 보물이다.

제주만의 이색카페, 무인카페

제주를 여행하며 곳곳에서 볼 수 있는 것이 바로 주인이 없는 카페다. 믿음을 바탕으로 음료 준비부터 계산 정리까지 고객이 직접하는 셀프시스템이다. 그리고 메뉴판에 적힌 금액을 머니박스에 자율적으로 넣으면 된다. 악기를 갖추고 있는 곳이 많아 운 좋으면 누군가의 연주도 들을 수 있다. 도시에서 흔히 볼 수 없는 무인카페에서 제주의 여유를 느껴보자.

오월의 꽃 add _ 제주시 한경면 저지리 2989-1 | tel _ 064-772-5995
산책 add _ 제주시 애월읍 고내리 1155 | tel _ 010-7625-7711
노을언덕 add _ 제주시 도두2동 697 | tel _ 064-712-7898
리솔라 add _ 서귀포시 성산읍 수산리 2572 | tel _ 064-784-5903
두모악 무인찻집 add _ 서귀포시 성산읍 삼달리 437-5 | tel _ 064-784-9907

제주 대표 숲길

사려니숲길 : 제주 대표 치유의 숲길이다. 15km의 숲길을 따라 다양한 수종이 자라는 울창한 자연림이 넓게 자리해 있다. 훼손되지 않은 청정 숲길을 걸으면 힐링이 절로 되는 것 같다.

add _ 제주시 조천읍 교래리 일대 | tel _ 064-730-7272

비자림 : 비자나무로만 이루어진 단일수종의 숲으로 세계 최대 규모를 자랑하는 비자나무 숲이다. 500~800년 된 비자나무 2800여 그루가 메우고 있는 독특한 산림욕장으로 비오는 날 가면 하늘을 가린 비자 나뭇잎들이 우수수 빗소리를 내며 마음까지 적신다.

add _ 제주시 구좌읍 비자림로 | tel _ 064-783 3857

절물자연휴양림 : 40~45년생 삼나무가 휴양림의 90퍼센트 이상을 차지한 숲길이다. 산책로 양옆으로 곧은 삼나무가 빽빽하게 자리해 있다. 완만한 산책로로 이루어져 노약자나 어린이도 무난하게 걸을 수 있다. 1시간 정도면 왕복이 가능하다.

add _ 제주시 봉개동 78-1 | tel _ 064-721-7421

삼다수 숲길 : 전국의 아름다운 숲을 찾는 2010년 '제 11회 아름다운 숲 대회'에서 천년의 숲 부문 어울림상을 수상했다. 1코스 5.2km, 2코스 8.2km의 완주 코스로 가을 단풍이 무척 아름답다.

add _ 제주시 조천읍 교래리 산 70 | tel _ 064-740-6000

교래자연휴양림 : 곶자왈지대와 늦서리오름, 큰지그리오름을 배경으로 만들어졌다. 생태계의 허파라 불리는 곶자왈에 조성된 산책로를 따라 완벽한 천연림의 모습을 볼 수 있는 곳이다.

add _ 제주시 조천읍 교래리 산119 | tel _ 064-710-7475

제주 오일장

오일에 한 번씩 열리는 장. 규모가 가장 큰 대표오일장은 제주민속오일장과 서귀포향토오일장이다. 오일장에서 그 지역 주민들의 삶을 엿보는 건 어떨까?

제주민속오일시장 - 2일, 7일

서귀포향토오일시장 - 4일, 9일

함덕오일시장 - 1일, 6일

세화민속오일시장 - 5일, 10일

성산오일시장 - 1일, 6일

고성오일시장 - 4일, 9일

표선오일시장 - 2일, 7일

중문오일시장 - 3일, 8일

대정오일시장 - 1일, 6일

한림민속오일시장 - 4일, 9일

저자 추천 제주도 BEST 7

1. 한담해안산책로
파도가 크게 치면 얼굴에 바닷물이 닿을 정도로 바다 가까이에 난 길이다. 바다 위를 산책하는 느낌이 드는 편안한 곳이다.

2. 박수기정
제주에서 가장 아름다운 일몰을 볼 수 있는 곳이다. 늠름한 박수기정에 기댄 붉은 태양은 눈을 뗄 수 없게 만든다.

3. 자연사랑 갤러리
작은 마을 가시리에 자리한 사진 갤러리다. 제주토박이 서재철 관장이 운영하는 곳으로 제주의 아름다움을 넘어 옛 도민들의 깊숙한 곳까지 보여주는 사진을 전시한다.

4. 따라비 오름
말을 방목하는 우아한 자태의 오름이다. 올라가며 뒤로 보이는 모습이 장관이다. 정상에 서면 세상을 다 가진 것처럼, 없던 자신감까지 생긴다.

5. 산방산탄산온천
뽀글거리는 기포가 피부에 맺히며 혈액순환을 촉진시킨다. 더운 여름엔 시원하게, 추운 겨울엔 따뜻하게 피로를 풀 수 있다.

6. 교래자연휴양림
제주에서 가장 추천하고 싶은 숲길이다. 우거진 숲 속에서 길을 헤치며 가는 느낌이 들 정도로 좁은 길로 이어진 숲은 제주 어느 길보다 자연스럽다.

7. 마라도
평온 그 자체다. 아무것도 없어서 심심하다는 여행자도 있지만, 아무것도 없는 건 마라도의 매력이다. 마라도 등대에 앉아 바라보는 제주의 모습이 특별한 느낌을 준다.